Peregrinos

TIEMPO DE HISTORIA

Peter Stanford

Peregrinos

Viajes llenos de significado

Traducción castellana de
Pedro Pacheco González

CRÍTICA
BARCELONA

Primera edición: marzo de 2024

Peregrinos. Viajes llenos de significado
Peter Stanford

Título original: *Pilgrimage: Journeys of Meaning*

Frontispicio: Fragmento de un itinerario ilustrado de Londres a Jerusalén, de Matthew Paris, 1250-59

Av. Diagonal, 662-664, 08034 Barcelona (España)
Crítica es un sello editorial de Editorial Planeta, S. A.

editorial@ed-critica.es
www.ed-critica.es

ISBN: 978-84-9199-625-5
Depósito legal: B. 2.493-2024
Impresión y encuadernación: Liberdúplex
Printed in Spain - Impreso en España

PEFC Certificado
Este libro procede de bosques gestionados de forma sostenible
PEFC
PEFC/14-38-00305
www.pefc.es

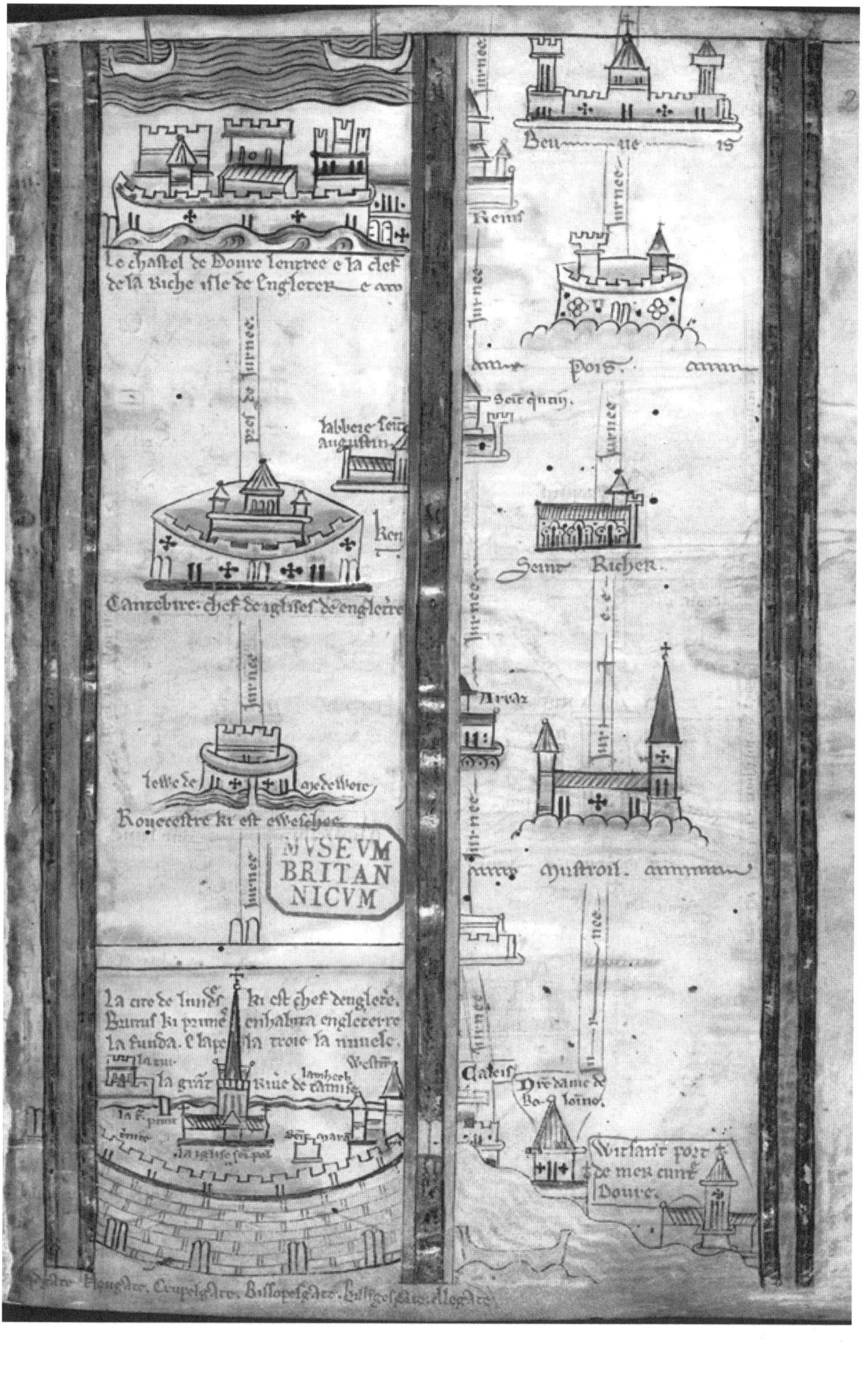
Le chastel de Doure lentree e la clef de la riche isle de Engleterre
Cantebire. chef de igliseS de engletere
Roucestre ki est eveschee
MVSEVM BRITANNICVM
Beu ue is
Pois.
Seint Richer.
Arras
Mustroil.
Calais
Witsant port de mer cuntre Doure.

Para Kit, la mejor compañía que puede tener un peregrino.

Introducción
La nueva geografía del poder espiritual

> Cuando la naturaleza conmueve sus corazones,
> las personan sienten el ansia de peregrinar,
> andar hasta tierras distantes
> y visitar famosos santuarios.
>
> GEOFFREY CHAUCER,
> *Los cuentos de Canterbury* (*c.* 1387-1400)

Mi iniciación en el ancestral ritual religioso de la peregrinación se produjo cuando era un ingenuo adolescente de diecisiete años. Un grupo de nuestra escuela católica de Liverpool viajó a Lourdes, en Francia. Todos crecimos sabiendo que, desde 1858, cuando la Virgen María se le apareció a la joven Bernadette Soubirous, este santuario era un lugar de otro mundo, unido al cielo por un hilo invisible. Dolencias espirituales e incluso graves enfermedades se podían curar tomando un baño en las aguas que la madre de Jesús hizo brotar en una gruta.

Dado que, por entonces, mi círculo católico era reducido y tradicional, desconocía que el viaje que estaba a punto de iniciar era similar al realizado durante los siglos anteriores por millones de peregrinos, quienes, intentando dar sentido a sus vidas, recorrieron caminos muy trillados para llegar a lugares sagrados asociados a sus dioses, situados en distintas partes del globo. Y algunos no tan trillados. A finales del siglo VI a. C. cuando tenía veintinueve años, Siddhartha Gautama, más conocido como Buda, dejó a su esposa y a su hijo recién nacido en lo que actualmente es Nepal, se vistió con la túnica amarilla característica de los monjes y caminó y caminó durante seis años hasta que alcanzó la iluminación. El árbol bajo el que lo consiguió es ahora el principal lugar de peregrinación de los budistas de todo el mundo.

La peregrinación es un componente básico, aunque en grados diferentes, de todas las religiones. En el islam, el *hach*, o peregrinación a La Meca, es una obligación religiosa de todos los musulmanes. El esfuerzo físico realizado por los peregrinos se nutre de la esperanza —alimentada a veces en silencio, otras en voz alta— de que al final del viaje verán las cosas de una nueva forma y entenderán cuál es el lugar que ocupa la humanidad dentro de un conjunto mucho mayor. O de que, por lo menos, les invadirá una sensación de conexión con fuerzas divinas que son mucho más accesibles en ese lugar que en aquellos asociados a la rutina diaria. Se cree que esos lugares están llenos de energía, apartados del mundo, se mueven a un ritmo diferente y poseen una atmósfera especial debido a su conexión con otra dimensión superior. Una vez allí, la distinción entre lo visible y lo invisible se puede desvanecer dando paso a una nueva mentalidad.

Y digo todo esto en retrospectiva. En la época en la que fui a Lourdes difícilmente habría podido hablar en estos términos, y mucho menos asociar mi peregrinación con un movimiento global. A finales de los años setenta, nuestras clases de religión eran poco más que la serie de preguntas y respuestas escuetas que aparecen en el catecismo básico. Además, en nuestro viaje hubo concesiones a la modernidad que lo distanciaban de los realizados por tantas generaciones anteriores de peregrinos. No mostramos público arrepentimiento ni vergüenza, ni realizamos una ardua marcha a pie durante semanas; tampoco llevábamos hojas de palma (recordando la entrada triunfante de Jesús en Jerusalén), como habrían hecho nuestros predecesores medievales, razón por la que también se les llamaba «palmeros». En lugar de eso, viajamos cómodamente por autopistas francesas en el minibús de la escuela, contentos por no tener que llevar uniforme.

Sin embargo, en otros aspectos, nuestra experiencia sí fue similar a la de la gente piadosa que se dirigía a la catedral de Canterbury, cuyas historias relató Geoffrey Chaucer a finales del siglo XIV en el que sigue siendo el relato más famoso de una peregrinación de toda la literatura. Como ellos, nosotros no éramos devotos en el sentido estricto de la palabra, pero sí estábamos bajo la influencia de la Iglesia (algo que teníamos que agradecer a la Congregación de los Hermanos Cristianos). Disfrutamos de la ruta esperando que lo que íbamos a vivir fuera, de algún modo, trascendental.

Y lo fue. Tanto es así, que sigue grabado en mi memoria casi cuatro décadas después. Nunca había visto un lugar como Lourdes. Su principal característica era la presencia de una cantidad ingente de enfermos que habían viajado hasta allí para curarse, a menudo cuando ya habían sido desahuciados por los médicos. No dejaban de repetirnos que todo lo que hacía falta era tener fe, y su ejemplo nos impactó. Cuando, una semana después, regresamos a casa, cargados con botellas de plástico de color azul pálido con la forma de la Virgen María llenas de agua bendita, estaba decidido a cambiar. Incluso me traje lo que me permitió mi modesto presupuesto, una especie de reliquia de santos como las que atesoraban los peregrinos medievales: en este caso era una foto del cuerpo incorrupto de Bernadette yaciendo en una urna de cristal. La colgué en la pared de mi dormitorio con la esperanza de que me ayudaría a mantenerme fiel a mi nuevo propósito y decidí apuntarme el verano siguiente como voluntario en Lourdes para asistir a los enfermos cuando los introducían en las aguas curativas.

Nunca regresé. Había demasiadas experiencias pendientes. Desde entonces, he peregrinado a muchos otros lugares, fruto de una modesta fe residual y una pizca de curiosidad, pero ninguna de estas peregrinaciones fue tan intensa como la primera. Siempre di por supuesto que lo que había cambiado era mi perspectiva, pero hace unos seis años me di cuenta de que eran las propias peregrinaciones, y los peregrinos que las realizaban, las que estaban cambiando. Después de un festival literario celebrado en el Distrito de los Lagos, una voluntaria de la organización me llevó en coche hasta la estación de tren más cercana. Durante el trayecto, que duró una media hora, mencionó que hacía poco había cruzado dos cadenas montañosas mientras recorría a pie el Camino, una ruta milenaria que llega a Santiago de Compostela, en el noroeste de España.

Me explicó que el Camino le brindó la oportunidad de explorar la historia y la cultura de las regiones que atravesó a pie, lentamente. Durante su recorrido pudo sentirse en armonía con el entorno y escapar de las distracciones y parafernalia de la vida moderna, con todo lo que necesitaba metido en una sencilla mochila. Me comentó, entusiasmada, que el caminar a ritmo pausado durante todo el día le permitió aligerar su mente sobrecargada y poder reflexionar con profundidad. Una parte de lo que me contaba se parecía a lo que yo recordaba haber experimentado en Lourdes, pero no ocurría lo mismo con el grueso de su relato. Para empezar, la religión no fue lo que la motivó a peregrinar. Fue más tarde, mientras pensaba en todo lo que me había contado y escribía una lista de sus motivaciones confesadas, cuando me di cuenta de que eran las mismas que mueven a una nueva generación de peregrinos. Se pueden resumir en cuatro «E»: Ejercicio, Exploración, Entorno natural y Escapada.

De repente, allí donde iba oía alguna historia similar sobre el atractivo del propio Camino de Santiago, el cual ha experimentado un enorme incremento en el número de peregrinos, pasando de solo cinco al día a mediados de la década de 1980 a casi mil en la actualidad, o sobre alguna otra ruta de peregrinación. Descubrí que incluso la popularidad de Lourdes entre los no católicos había aumentado, algo impensable en la época en la que yo la visité. Algunas rutas de peregrinación olvidadas hace tiempo estaban viviendo un nuevo auge y por ellas transitaba una nueva generación de viajeros. En algunos casos, hubo que desenterrarlas literalmente, ya que estaban en desuso o se reutilizaban con otro propósito. Las historias de esas rutas europeas, norteamericanas y sudamericanas, serán las protagonistas de los siguientes capítulos, así como las de algunas rutas que transcurren en Asia que se han adaptado para dar cobijo a un nuevo y más amplio espíritu de peregrinación. Sin embargo, en todas ellas persiste una pregunta que une cada uno de los relatos individuales con los demás. ¿Por qué, en una época tan notablemente secular y escéptica como la nuestra, sobre todo en el mundo desarrollado, donde el número de personas que confiesan ser religiosas no deja de disminuir, la gente busca lugares cuya historia está impregnada de una fe en la que no creen?

La respuesta habitual que suelo recibir es que el turismo es la nueva religión y la peregrinación tan solo un nuevo sinónimo de turismo. Muchos la confunden con unas vacaciones de aventuras, y a los peregrinos con senderistas, que es exactamente lo que le pasó al perspicaz escritor inglés Alan Bennett cuando visitó la abadía medieval de Moissac, en el suroeste de Francia. Escribió en su diario que había visto lo que creyó que era un grupo de excursionistas, pero resultaron ser peregrinos recorriendo las primeras etapas del Camino de Santiago. Para él, no se diferenciaban en nada. «Se parecen bastante a los ansiosos senderistas de mediana edad que vemos en casa —se quejaba—, para los cuales su peregrinación es la cima de Ingleborough» (el pico cercano a su pueblo de Yorkshire).[1]

Esta fusión de turistas y peregrinos no está exenta de cierta ironía, dado que el origen de la industria turística moderna se encuentra, al menos en parte, en la peregrinación. En ambos casos se trata de grupos de individuos que salen de sus ciudades para realizar un recorrido organizado y, en cierto modo, supervisado, a lo largo de senderos de confianza. Deben contar con un lugar donde pasar la noche y una guía gracias a la cual podrán visitar algún lugar situado lejos de su casa donde esperan sentirse mejor. Pero no son lo mismo. «Peregrinación» es una palabra que debería ser utilizada con precaución, no a la ligera como ocurre en algunos llamativos folletos de viajes. Es algo más que un paseo por el campo con amigos, es más que una oportunidad para realizar una actividad saludable y, de paso, hacer algo de turismo. Las rutas de peregrinación y los santuarios, como pude comprobar en el viaje que hice a Lourdes durante mi juventud y he vuelto a comprobar muchas veces después, son algo más que una alternativa a los habituales destinos vacacionales estivales.

Quiera o no quiera el peregrino del siglo XXI conectar con ella, existe una dimensión trascendente ligada a la peregrinación. Poco importa si a aquellos que se ponen en ruta les importa o no la religión o la fe o, si lo ampliamos más, esa prima cercana de ambas que resulta tan atractiva, la espiritualidad. Recorrer una ruta de peregrinación nos conecta con un legado que va más allá de unos músculos y unos cuerpos tonificados. Un número significativo de personas que recorren el Camino de Santiago, y que forman parte de ese más del 50 % que no se consideran religiosas, aseguran que la experiencia las ha cambiado. Algunos, incluso, se convierten o regresan al catolicismo. Para otros, el cambio puede ser algo más modesto, apenas perceptible. Del cuarto de millón aproximado de turistas/senderistas/peregrinos que acuden cada año desde diferentes lugares del país y del extranjero a la catedral de York, corazón del cristianismo en el norte de Inglaterra desde el siglo VII, nueve de cada diez llegan, según admiten, sin intención expresa de rezar. Para ellos, el edificio es un imponente museo. Sin embargo, casi la mitad de ellos afirman que, una vez dentro, se sintieron impulsados, por algo que les cuesta nombrar, a encender una vela o dejar escrita una oración.[2]

Son más los que, cuando regresan a sus hogares después de haber recorrido el Camino de Santiago, tienen ganas de explorar otras rutas similares en sus siguientes vacaciones, en lugar de optar por el senderismo convencional. En la isla de Shikoku, en Japón, existe un antiguo camino budista de 1.200 años de antigüedad que pasa por ochenta y ocho templos y que es muy popular entre los veteranos del Camino de Santiago. En la actualidad, ambas rutas de peregrinación están hermanadas de manera oficial.

Está claro que es necesaria una explicación del reciente auge que viven las rutas de peregrinación. Esta, después de todo, era una práctica que, hace cuarenta años, al menos en Europa, se estaba desvaneciendo como el «Mar de la Fe» de Matthew Arnold, pero en este caso sin «un rugir lleno de tristeza, largo y en retirada».[3] El origen de ese auge se encuentra en la atmósfera creada por la incertidumbre de la época actual. Las quiebras financieras, el auge del populismo, los conflictos aparentemente irresolubles y las pandemias aterradoras, son factores que, tanto en conjunto como por separado, nos hacen cuestionar los cimientos sobre los que se asienta nuestra vida posreligiosa del siglo XXI. Hasta hace muy poco, creíamos en el inevitable progreso de la ciencia y la humanidad, lo que implicaba, por tanto, que la fe pasaba a un segundo plano. Pero esta creencia se ha visto frenada en seco. Cuando las cosas se complican, la historia nos enseña, una y otra vez, que muchas personas vuelven a refugiarse en la religión.

Sin embargo, ¿es posible que eso ocurra en un mundo en el que, al menos en las zonas más desarrolladas, la religión se rechaza públicamente y con mucha frecuencia es incluso menospreciada? Los políticos afirman estar alejados de Dios, para así atraer votos. Al menos, de las confesiones religiosas que cuentan con un mayor rechazo, ya sea por sus fechorías pasadas, por sus normas inflexibles sobre la moralidad o por la renuencia de sus líderes (normalmente hombres) a unirse a la corriente principal de la sociedad a la hora de tratar a las mujeres como iguales y a aceptar las relaciones entre personas del mismo sexo. Aunque es igualmente cierto que cada vez hay más personas que quieren explorar la fe y la gracia de forma libre, sin verse sujetas a ninguna confesión religiosa y al margen de cualquier obligación o lealtad institucional. Una prueba de la existencia de esa tendencia es el número cada vez mayor de personas que, cuando se les pregunta, afirman creer en la vida después de la muerte o en los ángeles. Y se podría decir que lo mismo ocurre en la peregrinación moderna. Es cierto que algunos elementos siguen presentes, como la realización de la peregrinación en compañía de otros, pero ya no es necesario ser fiel a ninguna tradición religiosa, y mucho menos seguir su código de conducta. En ese sentido, se ha adaptado al espíritu de la época.

Y de cualquier época. Ese entrelazamiento entre el viaje lleno de dificultades y la apertura a la transformación personal satisface una necesidad intrínseca de la condición humana. Tal como escribió Matsuo Bashō, el poeta más famoso del período Edo en el Japón del siglo XVII, un país que, por entonces, como ahora, abrazaba con fuerza la peregrinación: «Cada día es un viaje y el viaje en sí mismo es el hogar».

El regreso de la peregrinación supone, pues, volver a algo que es a la vez antiguo y moderno, una tradición que vuelve a estar en auge, aunque con algunos ajustes necesarios. Uno de ellos implica deshacerse de la idea de que todos los peregrinos antiguos eran insoportablemente devotos y desgraciados en comparación con la nueva generación. Aunque los fieles más píos siguen reuniéndose en los santuarios tradicionales, siempre han existido otras clases de peregrinos. Tal como señala Chaucer en repetidas ocasiones, las motivaciones religiosas de los peregrinos medievales estaban indisolublemente unidas a su afán de conocer nuevos lugares y a su apetito por sumergirse, durante un breve lapso de tiempo, en un grupo despreocupado e incluso en ocasiones obsceno.

La peregrinación, pasada y presente, tiene que ser vista como una subsección de un impulso humano mayor que podría llamarse «caminar con un propósito». Y caminar vuelve a estar de moda, pero por razones que, aunque no tienen nada que ver con la religión, se solapan con ella. En su forma política más popular, la marcha de protesta, se camina con entusiasmo contra el poder atrincherado y, generalmente, aunque no siempre, a favor de la apertura, el individuo y la sociedad civil. En la actualidad, eso puede hacer que caminar sea toda una declaración de intenciones en un mundo tan dependiente de los aviones, barcos, trenes y, lo más dañino de todo, coches, todos los cuales están destruyendo el planeta. «El caminante que se afana por una ruta hacia algún lugar distante es una de las imágenes más fascinantes y universales de lo que significa ser humano», escribe Rebecca Solnit, activista e intelectual estadounidense, en su historia del caminar, «al mostrar al individuo pequeño y solitario en un mundo inmenso, dependiente de la fuerza de su cuerpo y su voluntad».[4]

El caminante utiliza las mismas piernas que nuestro mundo globalizado parece considerar obsoletas (en su propósito original de permitirnos desplazarnos de un lugar a otro), para protestar por la degradación medioambiental y el cambio climático. Ese mismo imperativo ecológico también puede incitar a la peregrinación, ya que uno se sumerge en paisajes que la generación anterior de peregrinos creía que eran tan extraordinarios que debían haber sido creados por una mano divina.

Esa es una conexión que fomenta la European Green Pilgrimage Network, pero la relación entre la gestión de todo lo creado y la experiencia religiosa es tan antigua como las colinas que atraviesan las rutas de peregrinación. «Mientras caminaba —escribió el jesuita Gerard Hughes sobre su peregrinación a Jerusalén—, empecé a recuperar la sensación de asombro ante la naturaleza y a sentirme unido a ella. El paisaje desolado, desnudo y helado me reconfortaba, sobre todo cuando estaba cansado y desanimado, porque sabía que, bajo esa sombría superficie, la nueva vida se preparaba para abrirse paso en primavera.»[5]

Agotar tu cuerpo recorriendo largas distancias también debería afectar a la mente. Sin embargo, la historia de la peregrinación demuestra todo lo contrario, una verdad intuitiva. Los teólogos y los místicos enseñan que, al llevar nuestras piernas al límite, se puede aprender a dominar el cuerpo, dejando al peregrino libre para concentrarse en el alma, que, de otro modo, permanecería esquiva. De hecho, los primeros peregrinos cristianos deseaban tanto librarse de las restricciones corporales que limitaban su potencial espiritual que se aficionaron a ponerse en peligro, caminando, por ejemplo, hacia santuarios situados en islas a las que solo se podía llegar sorteando corrientes peligrosas o impredecibles. El agotamiento extremo, el riesgo de morir ahogado o, simplemente, el hecho de dejar de pensar y estar en silencio mientras caminaban se consideraban condiciones idóneas para poder dirigir sus pensamientos hacia el dios o los dioses del cielo.

En la época actual, eso ha cambiado. El esfuerzo físico que realizan los peregrinos del siglo XXI dirige los pensamientos hacia el interior, mientras se escalan montañas, se recorren kilómetros y se soportan ampollas. Todo se hace a paso normal, sin correr, en claro contraste con un mundo que, ahora más que nunca, avanza incesantemente más rápido de lo que podemos calcular. Por eso, en una peregrinación, el progreso también puede medirse en términos de autoexploración y autoconocimiento. Esto permite que algunos peregrinos, al recorrer antiguas rutas relacionadas con la fe, puedan acceder a esa presencia informe que incluso en una época de incredulidad ha estado rondando en la frontera de sus sentidos. Para vislumbrar lo trascendente, tarea imposible en la vida moderna debido al ajetreo y las continuas distracciones, hay que hacer un esfuerzo extremo y contraintuitivo como, por ejemplo, peregrinar en una época secular.

Fuera de la religión organizada, existen diversos modos de alcanzar «otra supuesta dimensión»: los corredores de resistencia, los ciclistas extremos o los alpinistas hablan a menudo de cómo sus actividades los llevan a una dimensión más elevada. Lo mismo puede decirse de quienes regresan del festival de música de Glastonbury, de una velada en una sala de conciertos o de un taller en el que se pretende conectar con ángeles.

Hay diversos modos de conseguirlo, pero el peregrinaje es menos extremo y más convencional que muchos otros, aunque no deja de ser lo bastante extravagante como para despertar el escepticismo de la gente. «¿Vas a peregrinar? ¿Tú? Nunca lo habría sospechado.» Con su larga historia y su extraordinaria geografía espiritual, la peregrinación sigue propiciando la búsqueda de significado.

1

Santiago de Compostela
El Camino de Santiago

> El Camino de Santiago no es ni una competición de velocidad ni una carrera. Es una ruta de hermandad y universalidad.
>
> Inscripción que se encuentra en la iglesia de Triacastela, en pleno Camino de Santiago[1]

«Voy a dar un paseo muy largo.» Así es como el personaje de Martin Sheen, el amable oftalmólogo Tom Avery, justifica en *The Way*, la famosa película de 2010, su repentina decisión de seguir el trazado antiguo del Camino de Santiago, desde los Pirineos franceses hasta Santiago de Compostela, Galicia, en el noroeste de España. La auténtica razón de su peregrinación, sin embargo, es el dolor provocado por la muerte de su único hijo mientras realizaba ese mismo recorrido. Y luego están sus tres compañeros de viaje, a quienes conoce en su ruta de peregrinación. Los componentes de este peculiar trío están intentando huir de sus propios problemas, pero al mismo tiempo esperan que la experiencia les ayude a encontrar nuevas formas de afrontarlos cuando regresen a sus hogares: uno es un escritor que sufre un bloqueo creativo; otro, un holandés deseoso de perder peso para salvar su relación sentimental; y el tercero, un frágil espíritu libre que no es tan capaz de afrontar las dificultades como aparenta. Cada uno de ellos va a necesitar recorrer los más de ochocientos kilómetros que componen esta ruta para llegar a comprender a los demás y a sí mismos, gracias, en parte, a la atmósfera tan alejada del mundo real que se respira en el Camino y al contacto constante con personas que buscan algo parecido, pero también gracias a las resonancias espirituales, algo erosionadas, que son un componente esencial de esta peregrinación.

El éxito comercial de la película tuvo mucho que ver con que su estreno se produjera el año en el que se batió el récord de peregrinos, nada menos que trescientos mil. En aquel momento fue todo un hito. Tal fue el resurgimiento del interés por esta ruta de peregrinación medieval que ya se hablaba de ella como uno de los grandes acontecimientos culturales europeos de los últimos años del siglo XX y los primeros del XXI.

Sin embargo, durante las primeras décadas del siglo XX el interés por Santiago se había reducido drásticamente, y lo mismo le ocurrió a la Galicia preindustrial y pesquera en general, que vio partir a más de un millón de gallegos y gallegas hacia las Américas en busca de una vida mejor. Después de su victoria en la guerra civil española de la década de 1930, el dictador Francisco Franco (nativo de Galicia) intentó reavivar el interés por el Camino de Santiago. Uno de los motivos era impulsar la economía local, pero su proyecto era mucho más amplio: también pretendía mantener viva la ideología fascista y, por tanto, su poder, valiéndose del nacionalismo español y de una parte del catolicismo más conservador. Sin embargo, tras su muerte, en 1975, y el regreso de la democracia y el pluralismo a España, ese factor se evaporó y Santiago volvió a caer en el olvido.

En 1986, el año en que la España posfranquista vivió un nuevo amanecer político con su ingreso en la Unión Europa, la Oficina del Peregrino de Santiago expidió unas 1.800 compostelas en todo el año. La compostela, que se sigue escribiendo en latín, es un certificado que se entrega a todo aquel que completa al menos los cien kilómetros finales de la ruta. Sin embargo, las nuevas inversiones de la Unión Europea se destinaron a modernizar las infraestructuras turísticas situadas a lo largo de toda la ruta, gracias tanto al entusiasmo de los españoles como a los esfuerzos de los franceses por reforzar el punto de inicio del trazado que ellos conocen como Camino Francés. El resultado fue que, a finales de la década de 1980, el Camino vivió un marcado resurgimiento gracias a la nueva generación de peregrinos que componían una mezcla fascinante. Eso es lo que captó tan bien la película *The Way*. Algunos de ellos podían decir que cumplían con el prerrequisito tradicional de ser católicos (el propio actor, Martin Sheen, es un devoto católico), aunque muchos consideraban que la iglesia en la que se habían educado era, por decirlo suavemente, irrelevante o incluso algo peor. Muchos más no tenían ningún vínculo formal con ninguna clase de religión organizada. Entonces, ¿qué los atraía?

Una parte de ese renacimiento se debía al hecho de que los caminantes (y los cada vez más numerosos ciclistas) se sentían atraídos por la milenaria historia del Camino. Esa también fue una época en la que los documentales realizados por una nueva generación de historiadores bendecidos con un don para dar vida al pasado contaban con grandes audiencias. Esa ruta a pie por el norte de España se convirtió en una actividad vacacional que ofrecía la oportunidad de conocer de primera mano la historia medieval. Pero ese resurgir también se vio alimentado por preocupaciones más profundas. Según la escritora Nancy Louise Frey, en el Camino pudo observar que «cuando los peregrinos empiezan a andar, su percepción del mundo empieza a cambiar, y es algo que se mantiene así durante todo el viaje: desarrollan un nuevo sentido del paso del tiempo, se agudizan sus sentidos y surge en ellos una nueva consciencia de sus cuerpos y del paisaje... Un joven alemán lo expresó de esta forma: "Cuando caminas, cada paso es un pensamiento. No puedes escapar de ti mismo"».[2]

Cuando ya piensan de esa forma, mientras recorren un sendero que cuenta con una larga historia y además es un lugar «donde el rezo ha sido aceptado», como dijo T. S. Eliot en «Little Gidding» (inspirado en el peregrinaje que realizó en 1936 a lo que había sido una comunidad religiosa del siglo XVII), a los caminantes les cuesta separar lo espiritual de los elementos históricos, de la salud, del esfuerzo compartido con extraños y del espectacular paisaje.

Después se publicaron muchos relatos sobre esta «nueva era» del Camino en los que se describe cómo su propósito religioso original renació de algún modo en la nueva generación de caminantes y cómo cada uno de ellos entendía la espiritualidad de una forma diferente. En 1987, *El peregrino de Compostela: Diario de un mago*, una novela del escritor esotérico brasileño Paulo Coelho, líder en ventas en todo el mundo, dio el pistoletazo de salida. Tomando como punto de partida su propia peregrinación a Compostela, Coelho consiguió darle un nuevo aire para su público *new age*.

Este impulso se aceleró todavía más en 1993, fecha elegida para conmemorar el milésimo aniversario del redescubrimiento de la tumba de Santiago, cuando la ruta fue declarada Patrimonio de la Humanidad por la UNESCO. La consecuencia fue que los albergues y los senderos sufrieron una profunda remodelación. Se señalizó el recorrido con flechas amarillas y con el antiguo símbolo de los peregrinos, la concha de vieira. El número anual de caminantes que recorrían el Camino siguió aumentando, al igual que el número de relatos populares que contribuyeron a engrandecer su atractivo. En su libro autobiográfico, publicado en el año 2000 y titulado *El Camino: Un viaje espiritual*, Shirley MacLaine, actriz estadounidense galardonada con un Oscar y gurú de la Nueva Era, describió su estancia en España no como una peregrinación religiosa, sino como «una experiencia mitológica y creativa». Escribió que, básicamente, fue «una meditación a pie» a lo largo de las líneas ley que, según ella, seguía la ruta y transmitían la energía espiritual de la Tierra. Para MacLaine, el viaje fue una oportunidad para «retroceder en el tiempo hasta un lugar en el que comenzaron las experiencias que nos hicieron ser, a mí y al conjunto de la raza humana, lo que somos en la actualidad», y concluyó diciendo que su peregrinación «puso fin a una gran parte de su vida e inició una nueva».

Es toda una recomendación. También tuvo una gran acogida la historia del antes y el después de la peregrinación que narró en 2006 el conocido cómico y actor alemán, Hape Kerkeling. Educado como católico, dio la espalda a la religión institucional y se convirtió en uno de sus críticos más feroces. En *Bueno, me largo: El Camino de Santiago, el camino más importante de mi vida*, que vendió tres millones de ejemplares en su país natal y se ha traducido a diversos idiomas, inicia la marcha ridiculizando al resto de los peregrinos que se va encontrando en la ruta. Pero, al tiempo que las suelas de sus zapatos se desgastan, la narración se convierte en un relato de cómo entra nuevamente en conexión con un Dios personal, ajeno al catolicismo oficial.

Desde que se estrenó *The Way*, en 2010, la popularidad del Camino no ha dejado de crecer. En 2018 llegaron a Santiago 327.378 peregrinos.[3] Cuando estos solicitan la compostela en la Oficina del Peregrino, se les pregunta por el motivo de su peregrinación. Solo el 43% de los peregrinos actuales responde «religioso». El 9% reconoce que su motivación es «cultural». El resto alude a un batiburrillo de motivos, más vagos y generales, que suelen tener que ver con la religión, la cultura, la historia e incluso la salud.[4] Esto demuestra cuán diversas son las personas que recorren el Camino. Otra prueba más es la edad de aquellos que recorren al menos los últimos cien kilómetros de la ruta: el 55% tiene entre treinta y sesenta años, el 27% es menor de treinta (un grupo de edad desproporcionadamente propenso, en nuestros tiempos seculares y escépticos, a alejarse de todo lo religioso) y el 18% tiene más de sesenta años.[5] Parece ser, pues, que la gran virtud del Camino es que es lo suficientemente grande, extenso y flexible como para dar cabida a todo el mundo.

Puede que siempre haya sido así. Se ha dicho que, en la Edad Media, el Camino era «la ruta más transitada de toda la cristiandad».[6] Se calcula que, en esa época, cada año recorrían el Camino medio millón de personas, ataviados con la vestimenta característica de los peregrinos de la época, una larga capa con esclavina y un sombrero de ala ancha vuelto hacia arriba en su parte delantera y unido a un pañuelo en su parte trasera que enrollaban alrededor del cuerpo para que se mantuviera en su sitio. También portaban un zurrón o bolsa de cuero colgado de la cintura en la que llevaban el dinero y otras posesiones esenciales, y un bastón de madera (bordón) con punta de metal que les era de gran ayuda en los terrenos irregulares y al que recurrían para ahuyentar a los animales depredadores con los que se cruzaban (los lobos encabezaban la lista de los que había que evitar). Pero no todos los peregrinos eran auténticos creyentes. Entonces, como ahora, llegaban desde tierras lejanas, no solo desde todos los rincones de la península ibérica. Una de esas peregrinas fue la comadre de Bath, tejedora y mujer de negocios que, según nos cuenta el prólogo de los *Cuentos de Canterbury*, además de a Santiago, también peregrinó a Jerusalén, Roma y Colonia (para ver la supuesta tumba de los Reyes Magos que visitaron al Niño Jesús).

> Atravesó muchos ríos extraños;
> [...] estuvo [...]
> en Galicia, en Santiago...
> Sabía mucho sobre andar por el Camino,
> cierto es que sus dientes estaban separados.

Chaucer se burla de su experiencia viajera, ya que deja claro que no se alejaba tanto de casa porque fuera devoto, sino porque deseaba pasarlo bien. Otros relatos de quienes durante esos siglos se aventuraron a recorrer el Camino nos muestran que las motivaciones de los peregrinos eran muy diversas. Había sacerdotes, monjes e incluso feligreses adinerados que peregrinaban por obligación. Su obispo o superior les enviaba a recorrer el Camino como castigo por su comportamiento impío o por sus dudas sobre la existencia de Dios. El objetivo era, por un lado, redimirse mediante el duro esfuerzo que suponía recorrer esa enorme distancia y, por otro, al final del viaje, visitar las reliquias de uno de los apóstoles de Jesús. Otros se dirigían a Galicia por iniciativa propia, para evitar así que el clero autoritario y entrometido moldeara o condicionara sus vidas en el asfixiante mundo cotidiano de su parroquia local, donde tanto el conocimiento religioso como la autoridad residían únicamente en aquellos que estaban ordenados por la iglesia. Jonathan Sumption nos cuenta en su historia de la peregrinación medieval que «al parecer, un número sorprendentemente elevado de peregrinos abandonaba sus hogares con la única intención de negar al párroco el monopolio sobre su bienestar espiritual. Los eclesiásticos de la época les acusaban con frecuencia de querer confesarse con un sacerdote desconocido para evitar la censura moral que merecían».[7] Según algunos relatos, en el siglo VII empezaron a llegar a Santiago los primeros peregrinos, pero en la ciudad que lleva su nombre no se empezó a venerar a Santiago más o menos hasta el año 812. Fue entonces cuando el devoto Alfonso II de Asturias (reino que por entonces abarcaba una gran parte del norte de España) visitó la tumba del apóstol, recientemente descubierta. Conocido popularmente como Alfonso el Casto, dio su bendición real al culto que crecía en torno a ella. Poco después, la ciudad empezó a ser conocida como Santiago de Compostela.

Existen diversas teorías sobre el origen latino de la palabra «compostela». Según una de ellas, actualmente desacreditada, procede de *campus stellae* o «campo de la estrella», en referencia a una leyenda local según la cual una estrella guio a un ermitaño gallego hasta los restos de Santiago. Otra teoría es más sensata: *composita tella* significa «tierras hermosas», y sería un eufemismo con el que referirse al lugar de enterramiento del santo. También podría proceder de *compositella*, o «bien compuesta», en alusión al supuesto estado de conservación milagroso del cadáver del santo. Sin embargo, no existe consenso sobre cuál es la más probable, una falta de claridad que también puede aplicarse a una gran parte de la historia que se cuenta sobre la peregrinación misma y sobre el Camino, y que forma parte de su atractivo.

La historia preferida por las autoridades eclesiásticas es que Santiago fue enterrado en algún lugar del norte de España durante el siglo I d. C. y que allí permaneció hasta el siglo IX, cuando sus restos fueron desenterrados y colocados en un sepulcro ornamentado en lo que entonces era la catedral de Santiago (sustituida por el edificio actual). Desde ese momento, empezaron a llegar peregrinos de todas partes, pues el cristianismo medieval propagó la creencia de que las reliquias eran una fuente de curaciones milagrosas y que, además, al visitarlas se acumulaban méritos para ir al cielo. Sin embargo, no fue hasta finales del siglo XI cuando la ciudad tuvo su primer obispo, una muestra de que las autoridades eclesiásticas aprobaban el desarrollo de este importante lugar de peregrinación. El segundo titular, Diego Gelmírez, fue un promotor tan entusiasta y enérgico del culto jacobeo (y del comercio asociado a los peregrinos que lo acompañaba) que pronto fue nombrado arzobispo de Santiago.

Monseñor Gelmírez también aportó otro elemento esencial que pasaría a formar parte de la historia de Santiago, su texto fundacional, *Historia Compostelana*, que se cree que fue escrita por uno de sus ayudantes a principios del siglo XII. En ella se mezcla la leyenda local con los relatos que aparecen en tres de los cuatro evangelios del Nuevo Testamento sobre Santiago el Mayor, pescador y uno de los hermanos del círculo más íntimo de Jesús (entre los doce apóstoles había otro Santiago, conocido como Santiago el Menor). Se trata del primero de los apóstoles martirizado por su fe: fue decapitado por Herodes, rey judío y títere de Roma, para complacer a sus súbditos. Sin embargo, según una tradición católica cuyo origen es claramente español y que aparece en *Historia Compostelana*, antes de que se produjera la última confrontación con Herodes, Santiago habría viajado hasta el punto más occidental de Europa para llevar la Buena Nueva a las personas que allí habitaban y para convertir a los no creyentes, como parte del proyecto que Pablo y Pedro pusieron en marcha inmediatamente tras la muerte de Jesús. Santiago murió cuando regresó a Jerusalén desde Galicia.

Como narración, se parece bastante a la historia que, también en el período medieval, atraía a los peregrinos a Glastonbury, en Inglaterra. Al igual que la anterior, carece de todo fundamento. Cuenta cómo, alrededor del año 60 d. C., otro de los discípulos de Jesús, José de Arimatea (el que, según los Evangelios, cedió su sepulcro para que allí se depositara el cuerpo de Jesús cuando fue bajado de la Cruz), navegó hasta lo que por entonces era una isla en medio de las marismas del suroeste de Inglaterra y plantó una espina de la corona que fue colocada en la cabeza de Jesús en su crucifixión.[8] Esa espina germinó y dio lugar al primero de toda una serie de espinos «sagrados» que todavía hoy perduran y que inspiraron la construcción, en el siglo v, de la primera abadía en Glastonbury, con una capilla dedicada a san José de Arimatea, que iba a atraer a peregrinos de Gales e Irlanda, así como del resto de Inglaterra, por caminos que todavía son identificables.

Se cuenta que, en el caso de Glastonbury, san José de Arimatea visitó el lugar, pero, en la leyenda española, lo esencial es la tumba de Santiago, ya que su cuerpo fue traído de vuelta en barca hasta la costa de Galicia después de su muerte. Según una de las versiones, esta repatriación de sus restos fue realizada bajo el cuidado de dos ángeles, en una barca carente de timón que sobrevivió milagrosamente a varios naufragios antes de llegar a las costas del noroeste de España. Y es la misma barca fantasma la que aparece en dos de las tres explicaciones que se dan para justificar por qué la concha de vieira se convirtió en el símbolo del Camino. En una de ellas, la barca pasa cerca de la costa española cuando un caballero cae por un acantilado. En lugar de ahogarse, se salva milagrosamente gracias a que los restos del santo se hallaban cerca, por lo que emerge del agua cubierto de arriba abajo con conchas de vieira muy abundantes en esta parte de la costa gallega. En una segunda versión, se está celebrando una boda en la playa cuando, de repente, la barca aparece en el horizonte. El novio (en algunos relatos es la novia) llega a caballo, pero la presencia de la barca dirigida por ángeles asusta al animal, que se lanza al mar con el jinete atado a la silla. En este caso, también se salva gracias a la presencia cercana del cuerpo de Santiago y regresa a la ceremonia engalanado con conchas de vieira.

La historia más común sobre el origen de la concha aparece en la historia que narra cómo la barca que portaba los restos de

Santiago desde Jerusalén naufragó en alta mar. Su preciada carga sobrevivió milagrosamente y llegó intacta a la orilla, protegida por una capa de conchas de vieira. No está del todo claro ni cómo ni cuándo se convirtió la concha en el símbolo del Camino. Algunos peregrinos medievales viajaban desde Santiago hasta el mar, en el cabo de Finisterre, el punto más occidental de esa costa, a lo largo de una ruta pagana hasta lo que, como su nombre indica, era el límite del mundo conocido. Lo hacían para recordar el viaje que realizó el cuerpo del santo, en dirección contraria, desde la barca hasta la catedral de Santiago. Y para demostrar que habían realizado un esfuerzo excepcional, llevaban consigo una concha de vieira que recogían en Finisterre.

Según esta historia, la concha era, a la vez, una recompensa y un recuerdo. Los peregrinos se las llevaban a casa como símbolo de la gracia que habían obtenido al peregrinar. Se dice que algunos de ellos las guardaron hasta el día de su muerte y fueron enterrados con ellas, como una especie de ofrenda que llevar a las puertas del cielo con la que demostrar la fortaleza de su fe en vida. Posteriormente, la concha se convirtió en un símbolo de la peregrinación en general, algo que aparece citado en el poema «La peregrinación del hombre apasionado», de sir Walter Raleigh, uno de los preferidos en la corte de la reina Isabel I. Se supone que lo escribió en 1603, cerca ya de la muerte de esta, y en él comparaba el viaje que realizan los peregrinos en busca de Dios con el viaje que realizamos durante nuestra vida en busca de la recompensa eterna.

> Dadme mi concha de vieira de la tranquilidad,
> mi báculo de la fe en el que apoyar mi caminar,
> mi receta del júbilo, dieta inmortal,
> mi jarra de salvación,
> mi túnica de gloria, auténtico medidor de esperanza.
> Y así emprenderé mi peregrinaje.

Un aspecto particular del Camino que atrae a los peregrinos actuales es que trasciende las fronteras nacionales. Dos de cada tres peregrinos del Camino Francés que llega a Santiago eligen como punto de inicio la localidad gallega de Sarria, bien comunicada con el resto de España y situada a tan solo 110 kilómetros de Santiago, unos cuatro días a pie. Sin embargo, uno de cada tres no inicia su viaje en territorio español, sino en la vertiente francesa de los Pirineos. Hoy en día, lo que habitualmente se conoce como el «Camino Completo», empieza a unos treinta y cinco días a pie del sepulcro de Santiago, en la pequeña localidad francesa de Saint Jean Pied de Port (San Juan Pie de Puerto), a la sombra de los Pirineos. Se encuentra a tan solo ocho kilómetros de la frontera española, que se cruza atravesando las montañas y superando 1.300 metros de desnivel, para luego descender en España y llegar al monasterio agustino de Roncesvalles, lugar que lleva ofreciendo su hospitalidad a los peregrinos desde hace más de diez siglos.

El peregrino medieval no podía recurrir a coches, trenes y aviones para tomar un atajo. En la actualidad, los peregrinos que quieren ahorrarse kilómetros y obtener igualmente la compostela, parten de Sarria o de otro lugar bastante popular, Oporto, para recorrer el Camino Portugués, en cuyo caso caminarán 260 kilómetros para llegar a Santiago en unas dos semanas (lo que se ajusta mejor a las vacaciones anuales de muchas personas). En cualquier caso, para la comadre de Bath, los cuatro puntos desde los que podía iniciar su peregrinación estaban en Francia: la capital, París, concretamente en la iglesia de Saint Jacques (Santiago), situada en la Rue de Rivoli, de la que solo queda su torre tras los ataques que sufrió el clero durante la Revolución Francesa; Vézelay, en la región vinícola de Borgoña, donde se encuentra el santuario de María Magdalena; Le Puy, situada más al sur; y Arlés, en la región de Languedoc, en el sur de Francia, la ruta preferida para los que parten desde Italia. Las tres primeras convergen en Saint Jean Pied de Port y recorren, cada una de ellas, un total de unos mil doscientos kilómetros.

El entusiasmo inicial que impulsó el desarrollo de Santiago y que atrajo a personas de lugares muy distantes era claramente español, aunque, por entonces, España, como país, todavía no existía. En cambio, el auge del culto jacobeo se produjo porque Galicia era el bastión del cristianismo en la península ibérica tras su conquista por las fuerzas islámicas, llegadas desde el norte de África en el año 711. La Reconquista, la campaña cuyo objetivo era expulsar a los gobernantes moros de la España cristiana, se prolongó hasta 1492. La lucha comenzó en el norte, donde los moros gobernaron durante un breve lapso de tiempo. Aunque el rey Alfonso II, quien ordenó la construcción de la primera catedral de Santiago, era sincero en su entusiasmo religioso por las reliquias del apóstol, también tenía las suficientes dotes políticas para darse cuenta de los beneficios que se obtendrían si se fomentaba el creciente culto a Santiago en la ciudad, creando un rival cristiano de Córdoba, el corazón del califato omeya, en el sur, que contaba entre sus tesoros religiosos con lo que se suponía que era un brazo del profeta Mahoma. Es muy posible que eso potenciara la idea de que, por una parte, el Camino era una manifestación física de la fe compartida por los diversos gobernantes cristianos del norte de Europa y, al mismo tiempo, un emblema de la lucha destinada a reinstaurar el cristianismo en todo el país. El simbolismo fue tan exitoso que la palabra «Santiago» se convirtió en el grito de guerra de las tropas cristianas cuando se enfrentaban a los moros en los campos de batalla. En las iglesias y santuarios del Camino todavía se pueden ver imágenes de Santiago en las que aparece no solo como un gentil predicador de la palabra del evangelio, sino también como «Santiago Matamoros», con sus víctimas musulmanas pisoteadas bajo los cascos de su corcel.

Sin embargo, el auge experimentado por el Camino en la Europa medieval no se debió únicamente a la campaña iniciada por España para recuperar sus territorios. También fue por los cambios políticos que se iban produciendo en el resto de los países. Las ya bien establecidas rutas de peregrinación que atravesaban Europa, partiendo de Inglaterra, Países Bajos y el norte de Alemania y se dirigían a los centros cristianos originales de Roma y Jerusalén, se habían vuelto mucho más peligrosas debido a la inestabilidad que vivió el continente tras la muerte, en el 814, de Carlomagno, quien había unido la mayor parte de Europa occidental y central. Estallaron conflictos militares y políticos en todo el territorio, que provocaron guerras, saqueos y devastación, y dieron lugar a la creación de ejércitos de saqueadores y bandas de soldados mercenarios. Para estos hombres, los peregrinos eran un blanco fácil al que atacar. En cambio, el Camino ofrecía una mayor seguridad, ya que su tramo francés estaba alejado del escenario bélico europeo, y el español, que en su mayor parte seguía una ruta comercial romana a través del norte de España, se hallaba dentro de la parte de la península gobernada por los cristianos.

El aumento de peregrinos medievales que buscaban una alternativa más segura que Roma o Jerusalén animó especialmente a los franceses a facilitar que las órdenes monásticas fundaran abadías, iglesias y albergues que en la actualidad siguen atendiendo a los peregrinos del Camino. Por entonces, igual que ahora, no todos los peregrinos veían con buenos ojos la perturbación que suponía verse en compañía de otros. Siempre ha habido quien prefiere buscar a Dios en soledad, igual que hicieron muchos de los primeros monjes cristianos en el siglo III, cuando se adentraban en el desierto del Sinaí para vivir como ermitaños y ascetas, renunciando a todas las comodidades mundanas. En el medievo, los devotos y penitentes que recorrían el Camino lo hacían solos, descalzos, y descansaban en los refugios más rudimentarios.

Sin embargo, una buena parte de sus contemporáneos, como si fueran turistas modernos, preferían viajar en grupo no solo para obtener protección, sino también para tener compañía. Caminaban juntos y se amontonaban en los mismos alojamientos: los más ricos se quedaban con las camas, mientras que aquellos cuyas alforjas estaban más vacías tenían que descansar sobre la paja. Esa experiencia comunitaria era (y sigue siendo, como se puede comprobar en el Camino actual) una parte esencial de la peregrinación. En un mundo en el que cada vez nos vemos más como individuos aislados, en el que el contacto con los demás se realiza a través de medios electrónicos, el Camino ofrece un tipo de experiencia que funciona como un antídoto. Se trata de codearse con extraños a lo largo de la ruta, como habrían hecho los peregrinos medievales, compartir oraciones, dormitorios y curas para las ampollas, darte cuenta de que formas parte de algo mucho más grande que tu tierra natal. Tal como se cree que dijo el poeta y dramaturgo alemán Johann Wolfgang von Goethe, «Europa nació en la ruta de peregrinación a Santiago».

También se podría decir que la peregrinación medieval fue, en cierto modo, la precursora de los viajes organizados actuales. O, dicho de una forma más general, que el turismo actual es, en algunos aspectos, un sustitutivo de la religión. Hoy en día, las filas de turistas que se agolpan ante las galerías de arte, los museos y los monumentos históricos son una nueva versión de las procesiones de peregrinos. Los turistas creen que su capital cultural va aumentando gracias a sus visitas a los museos, mientras que, al acudir a iglesias y santuarios, los peregrinos medievales acumulaban gracia espiritual. Y, tanto los viajeros antiguos como los modernos, llevan con ellos lecturas esenciales. Las guías actuales sustituyen a los libros de rezos de los peregrinos.

Pero no nos dejemos llevar por el entusiasmo. Aunque es cierto que existen ciertos paralelismos, no hay que olvidar que el Camino de los siglos XI y XII era muy diferente a lo que experimentan los turistas y los peregrinos actuales. Por ejemplo, en aquella época no había ni carreteras asfaltadas ni tráfico y, por lo tanto, el ruido era muy escaso. Es cierto que en el trazado moderno del Camino existen lugares de la ruta en los que los senderos señalizados se encuentran lo suficientemente alejados de los residuos del siglo XXI como para que los caminantes pueden gozar de silencio y disfrutar del paisaje que están atravesando, algunos de ellos de una belleza sublime. Sin embargo, también hay tramos que pasan por polígonos industriales, como en Ponferrada, en la provincia de León, otros que obligan a los peregrinos a atravesar modernas autopistas y otros (especialmente en las últimas etapas) en los que los peregrinos se ven zarandeados por la proximidad de veloces coches y ruidosos camiones.

Otro de los atractivos que tiene el Camino para los peregrinos actuales, ya sean aquellos que buscan la espiritualidad, los adictos a nuevas experiencias o los aficionados a la historia, son las oportunidades que les ofrece cuando el recorrido atraviesa lugares de gran interés. A su paso por Pamplona, la primera gran ciudad del Camino en su trazado español, la ruta pasa por la calle por la que corren los toros en la fiesta anual de San Fermín, en julio, inmortalizada por Ernest Hemingway en *Fiesta*, su novela de 1926. Otro lugar destacado que se halla en el extremo opuesto en cuanto a lugares de gran atracción es la aldea de O Cebreiro, donde tan solo viven unas pocas docenas de personas que se ven superadas en número por los peregrinos que pasan por allí o se alojan en su albergue de más de cien plazas. O Cebreiro se encuentra en una de las cimas de la Sierra de Ancares, entre las provincias de León y Lugo. Es la última gran ascensión que han de afrontar los peregrinos antes de alcanzar las onduladas colinas de Galicia. Su atractivo es tanto arqueológico —pues allí se conservan algunas pallozas, cabañas circulares de piedra cuyo diseño se cree que es anterior a la época romana— como religioso, pues alberga un milagroso santuario que se construyó cuando ya existía el Camino. A principios del siglo XIV, un monje cuya fe era más que endeble estaba oficiando allí una misa cuando el pan y el vino utilizados en la eucaristía para representar el cuerpo y la sangre de Cristo se convirtieron en carne y sangre. La hostia milagrosa todavía se conserva en un recipiente especial, regalo, a finales del siglo XV, de Isabel de Castilla, la reina que unificaría España. Tres veces al año, los peregrinos se pueden unir al puñado de lugareños que la llevan en procesión por las calles.

Luego están lo que podríamos llamar ramales del Camino, aunque el que utilice esa expresión en Oviedo para describir el

Camino del Salvador será rápidamente reprendido. Alfonso II trasladó la capital del reino a esta ciudad y fue allí, en la Cámara Santa de su Catedral de San Salvador, donde guardó su colección de reliquias religiosas. Eso bastó para que, en la Edad Media, se convirtiese en lugar de peregrinación por derecho propio. Según un dicho famoso del lugar, «Quien va a Santiago y no al Salvador honra al criado y no al señor». El punto de inicio del Camino del Salvador es la ciudad catedralicia de León, y con sus 121 kilómetros se ha ganado la fama de ser el más recóndito de las rutas jacobeas. Cruza la cordillera Cantábrica y termina en Oviedo, donde, tras visitar la catedral y sus reliquias, los peregrinos pueden unirse a otra de las rutas principales que llegan a Santiago, el Camino Primitivo.

El Camino de Santiago se ha convertido en la ruta patrimonial por excelencia. Muchos de sus elementos son históricos y autorreferenciales, como la Cruz de Ferro, una emblemática cruz de hierro que se encuentra en la ruta entre las localidades de Foncebadón y Manjarín, a poco más de doscientos kilómetros de Santiago. En lo alto de un poste de madera, el último de una larga serie de postes de madera que hubo en ese lugar desde el siglo XI (aunque hay quien cree que su origen fue un monumento celta precristiano), hay una gran cruz de hierro. Se trata de una réplica de una cruz original que se conserva en el Museo del Camino de Astorga. Según la tradición, los peregrinos han de traer una piedra de su lugar de origen (o cogen una en el Camino) y la han de tirar en el montón que rodea la cruz. De esa forma, se deshacen de problemas y males pasados y se abren al cambio.

Los caminantes no solo disfrutan de la belleza natural del paisaje que atraviesan, sino también de lugares plagados de auténticas maravillas arquitectónicas, como Burgos, con su suntuoso monasterio de Las Huelgas, o la propia León, donde, junto a su catedral gótica, lo que tiempo atrás fue un albergue de peregrinos ahora es un hotel de cinco estrellas. El trazado que sigue el Camino de Santiago también atraviesa lugares de interés que no están relacionados con la peregrinación. Aquellos que recorren el Camino del Norte, alejado de la ruta principal del Camino y que trascurre por la costa del País Vasco y Cantabria, encontrarán en la ciudad de Comillas una inesperada muestra del modernismo catalán de principios del siglo XX. Se trata de una villa de ensueño conocida como El Capricho, diseñada por el devoto arquitecto Antoni Gaudí, creador de la basílica de la Sagrada Familia, que se encuentra en Barcelona.

Toda peregrinación tiene su destino final, de la misma forma que cada ascensión acaba en la cima de la montaña, y aunque el punto final del Camino no posee la resonancia histórica de Roma, Jerusalén o La Meca, Santiago de Compostela es capaz de parar en seco a los caminantes que se acercan por primera vez a pie desde el este, con el casco antiguo elevándose por encima de la anodina arquitectura moderna de sus suburbios. En un día despejado, las torres gemelas de la catedral pueden verse desde el Monte do Gozo, a cinco kilómetros de distancia. Sus campanas originales, que repicaban para animar a los peregrinos en esta última escala antes de hacer un último esfuerzo que les llevase al final del viaje, fueron incautadas en el año 997 por el ejército del califato musulmán de Córdoba cuando este tomó Santiago y destruyó el templo original de Alfonso. Milagrosamente, el santuario de Santiago no sufrió daño alguno (quizá debido a la presencia de muchos vasallos cristianos en sus filas). Tuvieron que pasar doscientos años para que el ejército cristiano recuperara las campanas de la Mezquita Aljama de Córdoba, donde estaban siendo utilizadas como lámparas de aceite. Fueron devueltas a Santiago y a la catedral del siglo XI, que para entonces ya había resurgido de sus cenizas.

Cuando el peregrino se halla en pleno corazón de las torcidas calles del centro de Santiago de Compostela, todos los caminos le conducirán a la catedral, uno de los edificios románicos más grandes de toda Europa. Tiene cuatro fachadas, pero casi todas las calles dan a la enorme y armoniosa plaza del Obradoiro, dominada por la fachada occidental de la catedral. La novelista británica Rachel Billington plasmó en el diario de su peregrinación, realizada en 1989, el impacto duradero que le causó ver por primera vez el destino final de los peregrinos. «El sol, rojizo ahora, está en el ángulo exacto para poder entrar por la esquina de la plaza y hacer que la deteriorada fachada barroca brille tenuemente. El verde brota de sus orificios y sus protuberancias son como el vello facial de una persona mayor. El espacio es muy abierto, no hay mesas, solo la gran fachada de la catedral, el palacio Episcopal y el albergue de los Reyes Católicos.»[9] Desde entonces, no solo se han reparado todas las cicatrices de la fachada, sino que se ha mejorado el estado de toda la urbe, aunque algunos veteranos del lugar se han quejado de que, en los últimos años, la creciente popularidad del Camino ha «carnavalizado» la ciudad. Se anima a que los peregrinos hagan coincidir su llegada con los días festivos asociados a Santiago. Es algo común en este tipo de rutas: dado que para el cristianismo son muy importantes las épocas de Adviento y Cuaresma, la peregrinación sirve como preparación penitencial de las Navidades y Pascua.

El Camino tiene sus propias temporadas altas y bajas: la época preferida para recorrerlo es de abril a octubre, pero eso lo dicta el tiempo meteorológico, no el calendario religioso. También existe un «Camino de Invierno» que se desvía del principal para evitar la subida y las nieves de O Cebreiro, que en esa época queda para los intrépidos o los que están convencidos de tener a Dios de su parte.

La festividad de Santiago Apóstol se celebra el 25 de julio. En la víspera, miles de peregrinos se reúnen en torno a la catedral para realizar un ritual en el que colocan sus dedos en las huellas dejadas por los visitantes durante siglos en la columna central de la puerta principal —tallada con gran esmero— de la fachada occidental, el conocido como Pórtico de la Gloria, que data de 1188. Allí todavía pueden vislumbrarse rastros de los colores que unos conservadores demasiado impacientes han ido añadiendo a lo largo de los años a las vestimentas de los santos que aparecen retratados. Luego entran en el majestuoso interior y suben por una escalera situada detrás del altar mayor, desde donde pueden abrazar la estatua de Santiago, que domina la catedral, envuelta en plata y oro e incrustaciones de joyas. La escena tiene algo de pagano. El Viernes Santo, los cristianos hacen cola en sus iglesias para besar los pies de la representación de Jesús en la cruz, pero aquí, el hijo de Dios queda en un segundo plano y toda la atención se la lleva uno de sus seguidores.

La catedral, al igual que ocurre con la iglesia madre del catolicismo, San Pedro en Roma, se construyó sobre lo que se considera la tumba de un apóstol. Lo siguiente que hacen los peregrinos es bajar a la cripta para presentar sus respetos y contemplar la tumba de Santiago, el único elemento que queda de la iglesia original. Y luego está esa parte característica de la liturgia que se celebra en la catedral de Santiago que tiene algo teatral o casi circense. El mayor incensario del mundo, conocido como botafumeiro, es balanceado hacia delante y hacia atrás sobre el altar por un grupo de seis hombres que manejan un elaborado mecanismo de cuerdas y poleas.

Se dice que, en 1499, cuando se dirigía a Inglaterra, Catalina de Aragón asistió a la misa que se celebraba en la catedral de Santiago. El botafumeiro se soltó en pleno vuelo y se estrelló contra una ventana. Visto en retrospectiva, ese hecho podría haber sido considerado como una advertencia para anular su viaje y regresar a casa. Su primer matrimonio con un príncipe inglés acabó con la muerte de este; el segundo, con el hermano menor de su difunto marido, Enrique VIII, acabó en un divorcio que originó una reforma.

Sin embargo, a algunos peregrinos actuales, la experiencia de estar allí, el hecho de encontrarse en el punto final del viaje después de seguir las huellas de millones de peregrinos que realizaron durante los siglos anteriores el mismo trayecto, les ha impulsado a convertirse al catolicismo o les ha devuelto la fe si la habían perdido. Para otros, la sanación se ha producido de una forma diferente. Después de tomarse un largo tiempo para recorrer el Camino, ahora pueden regresar al mundo cotidiano con fuerzas renovadas gracias a todos los recuerdos y experiencias acumuladas y a la concha de vieira que llevan consigo.

2

Jerusalén
La tierra prometida

¡Qué alegría cuando me dijeron:
«Vamos a la casa del Señor»!
Ya están pisando nuestros pies
tus umbrales, Jerusalén.

Salmo 122, «Canto de ascensión» de los peregrinos judíos que iban a Jerusalén

Cuando el viaje de peregrinación que realizó la mística inglesa Margery Kempe a Jerusalén en el siglo XV llegaba a su fin, rompió a llorar. Para ser justos, en *El libro de Margery Kempe*, el relato de sus viajes por la Europa medieval, incluido el Camino de Santiago, la autora muestra sin ruborizarse que era propensa a llorar, impulsada, según creía, por su cercanía a Cristo. Pero la visión de Jerusalén, la ciudad en la que murió y resucitó Jesús, la hizo llorar hasta el punto de que, según cuenta en el libro (una de las primeras autobiografías conocidas escritas en inglés), «estuvo a punto de caerse del asno sobre el que iba montada». Dos peregrinos tuvieron que intervenir para impedir su caída. «Señores, se lo ruego —dijo—, no se incomoden si lloro amargamente en este santo lugar donde nuestro Señor Jesucristo vivió y murió.»[1]

Para Kempe, esposa de un acomodado comerciante de Kings Lynn (Norfolk) y madre de catorce hijos, que esperó a cumplir los cuarenta años para peregrinar y poder explorar así las visiones místicas de Jesús que había estado experimentando, llegar a Jerusalén en el año 1413 le brindaba la oportunidad de recorrer el mismo camino que hizo su salvador y sentir así su dolor. Y lo hizo literalmente, desplomándose en lo que había sido el monte Calvario, donde Jesús murió en la cruz, y extendiendo los brazos como si ella misma fuera la crucificada. En su relato cuenta cómo su corazón estaba «explotando en pedazos».[2] En la actualidad, los peregrinos que acuden a Jerusalén son, en su mayoría, menos extravagantes, pero el objetivo de muchos de ellos sigue siendo en gran medida el mismo que guio a Kempe: revivir los relatos evangélicos, sacarlos de las páginas de la Biblia y de las historias que habían asimilado durante su infancia en la escuela dominical y hacerlos realidad.

Todas las rutas y destinos de peregrinación están asociados a una tradición religiosa concreta. Jerusalén, en cambio, está vinculada a tres. En su historia aparecen Abraham, Jesús y Mahoma. Por esa razón, es, para más peregrinos que los que acuden a cualquier otro lugar del mundo, *la* Ciudad Santa, el lugar que atrae a más y más diferentes buscadores espirituales.

En el interior de la ciudad vieja amurallada de Jerusalén, con una superficie de apenas un kilómetro cuadrado y situada en el lugar donde el rey David estableció una capital para los israelitas en el siglo X a. C., los judíos, los cristianos y los musulmanes tienen su propio barrio, aunque estas delimitaciones topográficas ya no reflejen con exactitud quién vive realmente en cada uno de ellos. El último de los cuatro barrios es el de los armenios, cristianos que rompieron con la Roma católica en el siglo IV d. C. En esa misma época, un grupo de monjes armenios se asentó en la esquina suroeste de la ciudad vieja, entre las puertas de Sion y Jaffa, y allí creció una comunidad a la sombra de la catedral de Santiago, lugar en el que se martirizó a dicho apóstol y que fue la sede del patriarca armenio. Después, su cuerpo fue (supuestamente) trasladado a Galicia. En la actualidad, tan solo quedan unos pocos cientos de armenios.

Esos primeros monjes armenios formaron parte del numeroso flujo inicial de peregrinos cristianos que llegaron a Jerusalén. En los siglos posteriores a la muerte de Jesús, la ciudad ni era un centro de devoción ni una urbe especialmente activa; de hecho podemos decir que, en retrospectiva, las preocupaciones inmediatas de la incipiente Iglesia giraban en torno a la actividad misionera y a la mera supervivencia. En el siglo II, la ciudad ya albergaba las primeras bibliotecas cristianas, pero no fue hasta que el cristianismo se consolidó como religión oficial del Imperio romano por decreto de Constantino el Grande, promulgado en el año 313 d. C., y sus practicantes dejaron de ser perseguidos, cuando muchos empezaron a sentir una fuerte atracción por volver a la cuna de su fe.

Para algunos occidentales, el cristianismo es sinónimo de civilización europea, pero, en su origen, fue un movimiento reformista surgido en Oriente Medio a partir del judaísmo. Estos primeros peregrinos cristianos se dirigían al lugar donde se originó su fe. Iban allí en busca de alimento espiritual y para encontrar pruebas materiales de las historias sobre Jesús que escuchaban en las lecturas en voz alta de los evangelios que se realizaban en las iglesias recién construidas en Europa. Deseaban caminar por los mismos lugares en los que, según los escritos de Mateo, Marcos, Lucas y Juan, estuvieron Jesús y sus seguidores. Uno de los «lugares sagrados» que más visitantes recibía era la Vía Dolorosa, por la que Jesús llevó su cruz hasta el lugar de crucifixión. Otro era el huerto de Getsemaní, donde fue entregado por uno de los suyos a las autoridades. Lugares como el Cenáculo o aposento alto, donde Jesús celebró la última cena e instituyó la celebración de la eucaristía con pan y vino, o el estanque de Betesda, donde, según el Evangelio de Juan, curó a un paralítico que llevaba treinta y cinco años sin poder caminar, ofrecían al peregrino la posibilidad de ver en vivo los escenarios en los que ocurrieron los episodios que narran los Evangelios. La peregrinación de esas primeras oleadas de visitantes era una experiencia muy física y visceral.

Una de las peregrinas más destacadas fue la madre de Constantino, la emperatriz Helena (según algunos relatos, una antigua tabernera), que más tarde fue declarada santa. Viajó a Jerusalén alrededor del año 326 d. C. y contribuyó más que nadie en el establecimiento de un recorrido que, todavía hoy, siguen los peregrinos cristianos dentro y fuera de la ciudad. Pero Helena también fue para construir. En Roma, su hijo financió la construcción de las primeras iglesias y basílicas de la ciudad, incluida la original de San Pedro, sobre la que supuestamente era la tumba del apóstol. Cuando su madre viajó a Jerusalén, Constantino le encargó que hiciera lo mismo y le dio, como regalo de despedida, el equivalente a un cheque en blanco del tesoro imperial para que transformara la ciudad en la que Jesús murió y resucitó.

Cuando localizó los lugares en los que se produjeron su crucifixión y su resurrección, Helena no perdió ni un segundo y se puso a trabajar inmediatamente. Ordenó que se derribara el templo romano que se había erigido en el Calvario. Lo reemplazó con la primera iglesia del Santo Sepulcro (la actual, vasta, abarrotada y laberíntica, fue construida en 1149). Si San Pedro, en Roma, iba a ser la sede de la autoridad eclesiástica, Helena se puso manos a la obra para lograr que Jerusalén fuera el auténtico centro del mundo cristiano, el lugar en el que el Salvador murió por los pecados de la humanidad y demostró su divinidad resucitando de entre los muertos tres días después, dejando tras de sí un sepulcro vacío.

Según una leyenda cristiana, durante la construcción de esa primera iglesia del Santo Sepulcro se desenterraron fragmentos de las tres cruces en las que Jesús y dos ladrones, Dimas y Gestas, uno a cada lado, murieron. Algunos relatos incluso aseguran que los restos de las cruces incluían los clavos utilizados para sujetar a los tres crucificados a las estructuras de madera. En un lugar tan sagrado como ese, la tentación es dejar de lado la incredulidad ordinaria y aceptar más que poner en cuestión. Pero se dice que la emperatriz exigió pruebas de la supuesta autenticidad de lo encontrado. A través de un obispo local, Macario, se llevó ante Helena a una mujer muy enferma que estaba a punto de morir. Junto a ella colocaron los fragmentos de las dos primeras cruces desenterradas, pero no tuvieron ningún efecto beneficioso sobre su estado. Cuando los sustituyeron por los de la tercera cruz (supuestamente la de Jesús), la mujer sanó repentina e inexplicablemente. Esta cura milagrosa, como las que se producen en el resto de los lugares de peregrinación, hizo que Helena proclamara que, en efecto, se había encontrado la «Vera Cruz». Y redobló sus esfuerzos para reconstruir Jerusalén de tal forma que fuera siempre un monumento al cristianismo.

Jesús era, por supuesto, judío, y la Jerusalén que visitó la emperatriz Helena tenía escrita en piedra la historia de los judíos. Aunque, en la época en la que ella llegó como peregrina, las autoridades romanas les habían prohibido el acceso al centro de la ciudad, en tiempos de Jesús eran los judíos quienes mandaban allí (aunque dependían del gobernador romano Poncio Pilato). El lugar desde el que ejercían su autoridad (y al mismo tiempo el lugar central de la fe judía) era el Segundo Templo. El primero fue construido por el hijo de David, Salomón, en el monte Moriá, el lugar en el que, según la tradición judía, Dios creó a Adán y a Eva, y donde el patriarca bíblico Abraham iba a sacrificar a su hijo, Isaac. Albergó el Arca de la Alianza, un elaborado cofre de madera cubierto de oro que contenía dos tablas de piedra sobre las que fueron escritos los Diez Mandamientos, entregados por Dios a Moisés, prueba física que demostraba que los judíos eran el pueblo elegido de Dios.

A pesar de contar con esta protección divina, el templo fue arrasado en el año 597 a. C. por el rey babilonio Nabucodonosor, que venció a los judíos y los deportó a Babilonia. En el año 538 a. C., regresaron de su cautiverio y construyeron un Segundo Templo, pero sin el Arca, ahora perdida. El Templo siguió siendo el centro de la peregrinación de los judíos, sobre todo en las tres grandes fiestas; Pascua (Pésaj), Pentecostés (Shavuot) y Tabernáculos (Sucot). Según las instrucciones que se dan en las Escrituras hebreas, en esas ocasiones, los judíos tenían que peregrinar desde todos los rincones de Israel, y más allá, para participar en las festividades y el culto ritual que se celebraba en el Templo. En el camino, se preparaban para su destino recitando los conocidos como «Cantos de la Ascensión», también llamados «cantos del peregrino», que en la actualidad se encuentran en los Salmos. «Vayamos hasta su morada —reza el Salmo 132—, y postrémonos ante sus pies.»

La presencia de tantos peregrinos procedentes de lugares remotos hizo que, fuera del Segundo Templo, se reunieran prestamistas para atender las necesidades de los forasteros que acudían a la fiesta de la Pascua. Necesitaban cambiar dinero para pagar los impuestos del Templo y comprar corderos para el sacrificio, uno de los rituales establecidos desde hacía mucho tiempo. Estos eran los mercaderes a los que Jesús, en uno de los pasajes más gráficos de los evangelios cristianos, había expulsado del recinto del Templo, volcando sus mesas. Además de los retos físicos y espirituales asociados a la peregrinación, también el aspecto financiero era importante por entonces.

En el año 70 d. C. fracasó un levantamiento de los judíos contra la dominación romana, y este templo, que sustituía a otro anterior, quedó reducido a cenizas, igual que había ocurrido con su predecesor. Cuando, en el año 132, se volvieron a levantar para reclamar su independencia en la rebelión de Bar Kojba, los romanos celebraron la victoria humillando e injuriando a los vencidos, y construyeron su propio santuario en el Monte del Templo para adorar a Júpiter. Con la desaparición de su templo, los peregrinos judíos perdieron el destino al que se dirigían en su anhelo de estar cerca de Dios. Pero al menos se asimilaron y fueron adaptando algunos de los rituales que se celebraban tradicionalmente en las festividades asociadas a la gran peregrinación. Sin embargo, en el siglo IV, otros rituales se volvieron a representar ante los fragmentos que quedaban del templo en ruinas.

Además de los primeros peregrinos cristianos, los judíos se reunían en la ciudad vieja junto a lo que en su tiempo fue un muro exterior del templo. San Jerónimo, que se trasladó a Tierra Santa en el año 385 d. C. en busca de inspiración para traducir la Biblia al latín en lugares cercanos a los que aparecen en sus relatos, describió la escena que presenció (y, de paso, reveló lo arraigado que estaba el antisemitismo cristiano): «Ves a un pueblo triste que viene a visitar el lugar, pequeñas mujeres decrépitas y ancianos cargados de harapos y años [...] Lloran sobre las ruinas del Templo. Y, sin embargo, no son dignos de compasión». San Jerónimo fue uno de los principales promotores de las peregrinaciones cristianas a Jerusalén. La visión de las lúgubres vigilias de devotos judíos ante el vestigio de su patrimonio perdido llevó a estos peregrinos a apodarlo, mordazmente, Muro de las Lamentaciones.

Se pretendía construir un Tercer Templo, pero, como los judíos ya no tenían ningún tipo de control sobre la ciudad, que también era su hogar espiritual, el plan fue desechado. De esa forma, el Muro Occidental (en hebreo Ha-Kotel Ha-Ma'aravi) se convirtió por defecto en el lugar más sagrado de oración y peregrinación para los judíos. El arraigado impulso religioso de peregrinar a Jerusalén no perdió fuerza durante la mayor diáspora judía. Aunque sufrió altibajos en los siglos posteriores, acabó creciendo, sobre todo tras la creación del estado de Israel después de la segunda guerra mundial, convirtiéndose en un lugar de gran relevancia tanto religiosa como política.

En el medievo, en medio de uno de los repuntes periódicos que caracterizaban a la peregrinación judía, el médico, escritor y filósofo Judá Leví escribió, alrededor del año 1141, cuando vivía en la España controlada por los musulmanes, el poema titulado «Mi corazón está en Oriente», en el que expresaba con toda claridad lo que significaba el lugar para los judíos:

> Mi corazón está en Oriente y yo en los confines de Occidente.
> ¿Cómo voy a encontrar gusto en los manjares? ¿Cómo voy a disfrutarlos?
> ¿Cómo voy a cumplir mis votos y promesas,

si Sion sigue bajo el poder cristiano y yo sometido a las cadenas
de los árabes?
¡Qué sencillo sería abandonar todo lo bueno que hay en España!
¡Qué maravilloso contemplar las ruinas del Santuario destruido!

La Jerusalén celestial, Sion, y su manifestación terrenal eran para el peregrino algo a la vez espiritual y auténtico. El contexto más amplio del poema refleja ese doble aspecto. A pesar de las referencias a las «cadenas», Leví vivió lo que se suele denominar la «edad de oro» de la cultura judía en el clima mayormente tolerante que se vivía en España, o Al-Ándalus, bajo sus gobernantes musulmanes. Pero Leví era consciente (y sus palabras sugieren que sus compañeros judíos sefardíes de España y Portugal también lo eran) de que esa tolerancia se veía cada vez más amenazada, tanto por las cruzadas cristianas, promovidas por el papa para reclamar Jerusalén a sus entonces gobernantes musulmanes con la excusa de que era el lugar en el que murió y resucitó Jesús, como por el catolicismo español que se oponía al Al-Ándalus musulmán establecido en la península ibérica, ya que, con razón, creían que era bastante intolerante con los judíos.

En sus últimos años, habiéndose convertido en un hombre más religioso después de una vida más bien secular, Leví pudo emprender por fin la peregrinación que tanto había ensalzado, aunque resultó ser (puede que intencionadamente) un viaje solo de ida. Navegó desde España hacia Alejandría, en Egipto, llegó a Jerusalén y murió allí. Algunos relatos cuentan que fue atropellado accidentalmente por un caballo, otros que murió apuñalado por un árabe en el Muro de las Lamentaciones.

Al final, la peregrinación supuso para Leví el regreso al hogar. En sus escritos filosóficos, sobre todo en *Kuzari*, sostiene que la verdadera realización religiosa, que para él consistía en acercarse lo más posible al Dios de Israel, solo podía alcanzarse si los judíos se encontraban físicamente en «la tierra de Israel». Dicha creencia está en consonancia con la idea tan generalizada de que los lugares de peregrinación tienen una naturaleza especial que es la que atrae a la gente hacia ellos. A finales del siglo XIX y principios del XX, esa misma mezcla de imperativos espirituales y políticos estaba detrás de la numerosa migración de peregrinos judíos que se dirigió a Jerusalén, huyendo de los pogromos rusos. Lograron establecerse de nuevo allí, alimentando de esa forma el creciente movimiento sionista que acabó dando lugar a la creación del moderno estado de Israel.

En la actualidad, situado en el centro de Jerusalén, considerada por los judíos la capital de Israel (algo en lo que no están de acuerdo la mayoría de los gobiernos extranjeros), el Muro Occidental sigue atrayendo a un gran número de visitantes. De los tres millones de personas que llegan a la ciudad cada año, el 69% visitan el Muro Occidental (un número similar visita la Iglesia del Santo Sepulcro). Para los judíos, sin embargo, tiene un significado muy especial: en las grietas que hay entre las piedras, introducen tiras de papel en las que escriben oraciones y peticiones a Dios. El carácter sagrado de esta sección de bloques grandes, pálidos y erosionados por la intemperie, que en conjunto miden casi cincuenta metros de largo y veinte de alto, se ha visto reforzado porque los rabinos proclaman en sus enseñanzas que «la presencia divina nunca se aleja del Muro Occidental». No es más que un eco de una creencia más antigua, según la cual, la presencia divina se encontraba en el Primer Templo, en la tapa del Arca (el llamado «propiciatorio»), entre dos imponentes querubines dorados.

La geografía de Jerusalén es tan extraordinaria y cautivadora que el Muro Occidental, el lugar más sagrado del judaísmo, se encuentra junto a la cúpula dorada de la mezquita de Al-Aqsa. En el año 638 d. C., tras la primera revelación de Alá a su profeta, Mahoma, Jerusalén fue conquistada y absorbida por el califato islámico. La idea era propagar el islam desde La Meca hacia Oriente Medio, África y Europa.

Según el Corán, Alá «llevó a Su siervo [Mahoma] durante la noche, desde la Mezquita Sagrada [La Meca] a la Mezquita Lejana [Jerusalén])».[3] Al-Aqsa significa en árabe «el más lejano»». En la tradición islámica, este viaje se compone de dos partes: Isra, cuando el profeta es llevado en sueños de La Meca a Jerusalén; y Al-Miraj, cuando pasa de la Jerusalén terrenal a los cielos. En la primera etapa, se traslada a Jerusalén a lomos de una criatura mística de alas blancas similar a un potrillo, Buraq. Antes de iniciar la segunda etapa, en compañía del ángel Jibril (Gabriel), deja su corcel en el Monte del Templo. Se dice que la mezquita de Al-Aqsa se encuentra en el lugar exacto en el que Buraq esperó pacientemente el regreso de Mahoma.

Fue construida por los gobernantes musulmanes de Jerusalén a finales del siglo VII. Sin embargo, una vez más, lo que ven los visitantes actuales (un vasto edificio rectangular) se construyó más tarde. Al igual que ocurre con una gran parte de Jerusalén, la original se perdió y la versión actual se empezó a construir en el año 1033, después de que varios terremotos y conflictos destruyeran la mezquita anterior. Junto a ese edificio (el típico de la arquitectura islámica primitiva que incorpora elementos de casi mil años de antigüedad), se encuentra la Cúpula de la Roca o Qubbat al-Sajra, de planta octogonal. Este edificio, en cambio, es más típico de la arquitectura bizantina, reflejo de los fuertes lazos que se crearon durante varias etapas de su historia entre Jerusalén, el cristianismo ortodoxo y el corazón de esa rama de la fe, situado en Bizancio/Constantinopla/Estambul. La Cúpula de la Roca es un Noble Santuario islámico que también data de finales del siglo VII. Su inmensa cúpula domina el horizonte de la ciudad, especialmente desde 1959, cuando su ennegrecida capa exterior de plomo se cubrió con un enchapado de oro.

Este santuario, con capacidad para cinco mil personas, es el tercer lugar más sagrado del islam, después de la Kaaba de La Meca y el lugar de Medina en el que fue enterrado el profeta. Por esa razón, la ciudad de Jerusalén tiene un significado especial para los peregrinos musulmanes. Se dice que una oración en Al-Aqsa vale por quinientas oraciones realizadas en cualquier otra mezquita que no sea la de La Meca o la de Medina. En la tradición islámica, este lugar es tan importante que, en el período inmediatamente posterior a su primera revelación, Mahoma dirigía sus oraciones mirando hacia Jerusalén hasta que Alá le ordenó que lo hiciera hacia la Kaaba, en La Meca, rompiendo así, simbólicamente, el vínculo con el judeocristianismo presente en Arabia y definiendo el islam como una religión por derecho propio.

A pesar de ser religiones independientes, la yuxtaposición de los principales santuarios judíos y musulmanes de Jerusalén, con un tercero, la iglesia del Santo Sepulcro, a la que se puede llegar fácilmente cruzando las estrechas calles de la ciudad vieja, hacen que esta ciudad sea un destino irresistible para todos los peregrinos. Desde hace siglos, esa convivencia ha sido un detonante que ha provocado conflictos políticos, culturales y religiosos, cuyo objetivo ha sido siempre el control de la ciudad: desde los invasores babilonios del siglo VI a. C., pasando por los diversos intentos (algunos exitosos) de los cruzados cristianos durante la Edad Media, hasta el enfrentamiento actual entre israelíes y palestinos (judíos y musulmanes). Las tensiones pasadas y presentes y el derramamiento de sangre consiguiente han hecho que ese lugar de peregrinación sea muy peligroso, algo que algunos peregrinos cristianos medievales, creyendo que Dios les protegía mientras recorrían miles de kilómetros a pie por un terreno inhóspito, encontraban irresistible.

La emperatriz Helena demostró ser una auténtica pionera que inspiró a otros a seguir sus pasos y peregrinar desde Europa a Jerusalén. Uno de ellos, un monje francés llamado Arculfo, lo hizo en la década de 680. En su viaje de regreso, el barco en el que iba se desvió de su rumbo y fue arrastrado hasta Escocia, donde relató lo que vio, con todo lujo de detalles, al monje Adomnán, que lo transmitió en *De Locis Sanctis* (*Sobre los lugares sagrados*). En los siglos posteriores, se distribuyeron copias de esa obra por toda Europa que, sumadas a lo dicho en los Evangelios, sirvieron para confirmar el estatus de Jerusalén como principal destino para quienes deseaban estar cerca de Jesús. Uno de los que se hicieron eco de las palabras utilizadas por Arculfo y escritas en el año 731 por Adomnán fue Beda, monje de Jarrow, en el noreste de Inglaterra, en su *Historia eclesiástica del pueblo de los anglos.*

«Para aquellos que entran en la ciudad de Jerusalén por el norte —señala Beda citando a Arculfo—, el trazado de las calles hace que la iglesia de Constantino, conocida como el Martirio [y en la actualidad como la iglesia del Santo Sepulcro], sea el primero de todos los Santos Lugares que hay que visitar. Fue erigida por el emperador Constantino con un magnífico y majestuoso estilo, ya que fue aquí donde su madre, Helena, descubrió la Cruz en la que murió Nuestro Señor.»[4]

En el mismo escrito también se menciona una iglesia «alta y circular» situada en el monte de los Olivos, más allá de las murallas orientales de la ciudad vieja, sobre lo que, durante tres mil años, fue un cementerio judío. Arculfo afirma sin reservas que fue en ese lugar «donde el Señor ascendió a los cielos [según los Hechos de los Apóstoles, Cristo resucitado ascendió a los cielos cuarenta días después de salir de su sepulcro]. En el centro de la iglesia se pueden ver las últimas huellas del Señor, viéndose arriba el cielo al que ascendió».[5]

Relatos como esos y muchos otros similares daban, y siguen dando, a los peregrinos cristianos que acuden a Jerusalén la sensación de estar muy cerca de Jesús. Tanto es así que, en los primeros tiempos, podían sufrir una especie de histeria. Algunos testigos cuentan que las primeras generaciones de peregrinos que acudían a la iglesia del Santo Sepulcro intentaban arrancar trozos de los fragmentos de la Vera Cruz cuando alcanzaban el primer puesto de la fila en la que esperaban pacientemente para poder besarla en un acto de reverencia. Fue necesario poner guardias especiales. San Jerónimo volvió a dar una concisa descripción de los peregrinos que, delante de la tumba vacía, la besaban «como un sediento que ha esperado mucho tiempo y al fin encuentra agua». El deseo de san Jerónimo era que los peregrinos «no se conformasen con ir a Jerusalén, sino que se quedaran allí para vivir una vida santa».

En Jerusalén, el peregrino reafirma su fe en los distintos nombres que aparecen en el itinerario que transcurre por la ciudad. El mejor ejemplo de ello es la tumba vacía de la actual iglesia del Santo Sepulcro. Para verla, hay que hacer cola (durante unas horas fijadas por las autoridades) antes de entrar en un ornamentado santuario cerrado, conocido como el Edículo, y situarse frente al lugar donde se dice que estuvo el cuerpo de Jesús antes de resucitar. Para los devotos, esto demuestra que Jesús *debió de* resucitar, porque, de lo contrario, la tumba no estaría vacía.

Para muchos visitantes contemporáneos, esa deducción supone un gran acto de fe. Después de todo, podría ser simplemente la tumba vacía de otra persona. De hecho, las pruebas realizadas con las losas de mármol que la componen (llevadas a cabo en 2016 durante una restauración), demuestran que son aproximadamente del año 345 d. C. En otras palabras, es un símbolo de las creencias cristianas, pero no una prueba irrefutable.

Desde la revolución científica del siglo XVII, hemos puesto el listón muy alto para que algo merezca ser considerado cierto. Es decir, debe ser analizado en profundidad y hay que demostrar de forma incontrovertible que es exactamente lo que afirmamos que es. Sin embargo, muchos lugares de peregrinación contradicen esa ortodoxia moderna. Hablan de una forma más antigua de entender la verdad, y eso explica en parte su permanente atractivo. Sus historias coinciden con las emociones e intuiciones de una época anterior en la que las creencias eran diferentes. No se trata de ser condescendiente con aquellos peregrinos medievales que antaño viajaban para ver en persona los Santos Lugares de Jerusalén. Ni eran unos necios ni unos inocentes crédulos, a pesar de que, en la actualidad, la palabra «medieval» se emplee de forma despectiva. Todo lo contrario. Eran capaces (de un modo que la mayoría de los peregrinos modernos ya no consiguen) de creer simultáneamente en dos tipos de verdad, la física y la metafísica: lo que algo es realmente y la creencia imperecedera en esos lugares, profesada por todos aquellos que han recorrido antes la misma ruta de peregrinación. Lo que representaba la tumba vacía situada en el corazón de la iglesia del Santo Sepulcro (y, en cierto modo, sigue representando hoy en día) es la promesa de Dios de que la muerte no es el final. Y eso, por muchos conocimientos científicos que hayamos atesorado, sigue siendo vigente.

Se puede aplicar la misma lógica a muchos otros lugares santos de Jerusalén que son sagrados para las tres religiones. Los estudiosos de la Biblia pueden seguir discutiendo la conexión que existe entre los distintos lugares actuales y los acontecimientos relatados en los Evangelios, al igual que los científicos pueden decir que el hecho de que Mahoma soñara con venir a Jerusalén no significa que lo hiciera. Pero, para los peregrinos, ese no es el tema.

No todos aquellos que siguieron los pasos de Helena gozaban de fondos ilimitados como ella para contratar barcos que los llevaran, cómodamente, de aquí para allá. Por esa razón, la tradición de recorrer a pie todo el trayecto se desarrolló a gran velocidad. Los peregrinos tan solo cubrían pequeños tramos en barca. En la Edad Media, se conocía a esos viajeros como «palmeros» por la hoja de palma de Tierra Santa que solían lucir a su paso por pueblos, ciudades y aldeas de toda Europa en su largo viaje de regreso. La llevaban sujeta al bastón o la portaban doblada en forma de cruz (como las cruces que ahora se distribuyen en las iglesias el Domingo de Ramos) prendida en los sombreros que les protegían del sol.

Otro signo externo popular de la gracia interior obtenida por haber peregrinado a Jerusalén era un tatuaje. Ya en el siglo VI, el escritor y profesor cristiano Procopio, instalado en la famosa escuela de pensadores religiosos de Gaza, relataba en sus cartas, conservadas hasta nuestros días, que se encontró, a 110 kilómetros al este de Jerusalén, con peregrinos que regresaban de su viaje a esa ciudad. En sus muñecas llevaban tatuadas pequeñas cruces, como señal de que habían peregrinado a Jerusalén. Es una costumbre que ha perdurado hasta nuestros días. En la actualidad, el negocio de la familia Razzouk, cerca de la Puerta de Jaffa, afirma llevar en activo desde el siglo XIV tatuando una sencilla cruz griega (en la que los cuatro brazos tienen la misma longitud) en la muñeca de los peregrinos.

Sin embargo, antes de conseguir su palma o su tatuaje, esos peregrinos, que acudían en masa desde la Europa cristiana, necesitaban contar con una ruta consolidada que los llevara hasta Jerusalén a través de un territorio mayormente intimidatorio. No existía un único camino que atravesase los cerca de cinco mil kilómetros que separaban Jerusalén del canal de la Mancha. A lo largo de los siglos, dependiendo de lo que ocurría en los países por los que pasaban, las distintas opciones ganaban o perdían popularidad. Por ejemplo, la conversión al cristianismo de Géza, el gran príncipe de los húngaros, en el año 985, y la posterior coronación de su hijo Esteban como rey cristiano del país en el año 1000, permitieron que los peregrinos viajaran con seguridad siguiendo el curso del río Danubio. Esteban I incluso creó albergues para peregrinos con la intención de promocionar la ruta.

En general, los caminos que conducían a Jerusalén se dividían en tres grandes categorías: los que transcurrían por Francia, atravesaban los Alpes y bajaban por Italia, pasando por Roma, hasta llegar a los puertos meridionales de Apulia, en la costa adriática, desde los que zarpaban barcos hacia Tierra Santa; los que a travesaban, a pie, Francia y Alemania, bajaban luego por la costa este del Adriático a través de los Balcanes para enlazar con la Vía Egnatia romana, creada en el siglo II a. C., y que más tarde se convertiría en la principal ruta comercial a través de las actuales Albania, Macedonia y Grecia hasta Estambul, y, desde allí, en barco o a pie, hasta Jerusalén; y los que, partiendo de Francia, de nuevo a pie, se internaban en Alemania, pero luego seguían varios caminos a través del valle del Danubio y acortaban en dirección a Estambul por la conocida como Vía Diagonalis (en ocasiones llamada Vía Carlomagno porque, según una leyenda medieval, es la que recorrió el primer emperador del Sacro Imperio Romano Germánico cuando se supone que fue a visitar Jerusalén).

Incluso durante el período de las Cruzadas, entre finales del siglo XI y finales del XIII, los soldados que se dirigían a Tierra Santa tenían varias opciones para llegar a Jerusalén. En 1095, el papa Urbano II hizo un llamamiento, en el Concilio de Clermont, a los reticentes monarcas católicos de toda Europa para que reunieran un ejército con el fin de liberar Jerusalén y todos sus santos lugares, que estaban bajo control musulmán desde el año 636. Aunque los gobernantes islámicos de la ciudad eran bastante tolerantes con los cristianos, tanto residentes como peregrinos, durante los últimos años la tensión en la zona había aumentado debido a una serie de violentos ataques de bandoleros a caravanas de peregrinos cristianos que habían partido desde Jaffa, en la costa oriental del Mediterráneo, para llegar a Jerusalén. En Europa, se consideró que las autoridades de la ciudad eran culpables por hacer la vista gorda ante los ataques que sufrían los peregrinos, e incluso les acusaron de quedarse con una parte de lo robado.

Esa era una de las razones aducidas para actuar, pero los verdaderos motivos de las Cruzadas eran mucho más enrevesados. Lo que Urbano estaba promoviendo era una mezcla revolucionaria de peregrinación y guerra santa, que utilizaba como respaldo la fiebre del milenarismo. Pretendía desviar el descontento existente entre los oprimidos de Europa hacia una guerra santa cuyo objetivo sería reclamar la tierra que fue la cuna de la cristiandad. Todos los estratos de la sociedad aprobarían la empresa, según sus cálculos. En particular, esperaba aprovecharse del milenarismo, doctrina según la cual la Segunda Venida de Cristo era inminente y se produciría en Jerusalén, de donde partió unos mil años antes.

Urbano añadió un atractivo más: decretó que aquellos que lucharan por recuperar Jerusalén y preparar el camino para la llegada del Salvador estarían expiando sus pecados terrenales. Era la misma idea que inspiraba a los peregrinos a ir andando hasta los primeros santuarios medievales de Europa, como el de Walsingham (Inglaterra), donde se dice que apareció la Virgen María en el año 1061, para conseguir el perdón de sus pecados y tener más posibilidades de ir al cielo en lugar de al infierno. También era la razón por la que los creyentes visitaban abadías, monasterios e iglesias en las que se guardaban reliquias de santos de renombre. Como recompensa por el esfuerzo de llegar andando hasta allí y rezar ante las reliquias (además de contribuir con algo de dinero), se podía obtener la indulgencia, una promesa de que los pecados cometidos serían borrados y se facilitaría la entrada en el cielo.

Las Cruzadas se desarrollaron a una escala geopolítica mucho mayor, exigiendo a los voluntarios que tomaran las armas y mataran a sus enemigos si querían entrar en el cielo. «Para todo aquel que marche a Jerusalén para liberar la iglesia de Dios impulsado únicamente por su devoción, no por la obtención de gloria o dinero —prometió Urbano, invocando toda su autoridad como representante de Dios en la Tierra—, el viaje hará las veces de penitencia.»

La que se conoce como primera cruzada (hubo otras seis grandes cruzadas y un sinfín de versiones menores) militarizó la peregrinación y mejoró considerablemente el incentivo que suponía realizarla. Uno de los que se sintió atraído fue el duque Godofredo de Bouillon, quien, en el año 1096, partió de sus tierras de Lorena con un ejército compuesto por cuarenta mil hombres. Descartó la ruta que pasaba por Roma, renunciando de esa forma a la despedida papal, y, en su lugar, optó por la Vía Diagonalis. En el camino tuvo que superar muchas pruebas, sobre todo por la inesperada resistencia de los gobernantes musulmanes de Antioquía primero y de Jerusalén después, pero el triunfo final, contra todo pronóstico, de los cruzados en el campo de batalla, fue considerado por todos una prueba de que la empresa contaba con la bendición divina.

Cuando, en el año 1099, Godofredo conquistó Jerusalén para el cristianismo, prometió a la población musulmana de la ciudad que se mantendría a salvo si se reunía en la mezquita de Al-Aqsa, pero lo que hizo fue masacrarla. Sin embargo, el duque rechazó ser coronado rey de Jerusalén, como premio, en la iglesia del Santo Sepulcro. Demostró, de esa forma, que, en el caso de los peregrinos-cruzados, los motivos religiosos coexistieron (desde nuestro punto de vista actual, con bastante dificultad) con las acciones sanguinarias. Declaró que nunca podría «llevar una corona de oro cuando mi salvador [Jesús] llevaba una corona de espinas».

Prefirió el título de defensor del Santo Sepulcro. Y así es como se fue a la tumba. Al año siguiente, Godofredo murió mientras intentaba conquistar Acre para que sirviera de puerto cruzado en la costa mediterránea. Los gobernantes cristianos que le sucedieron, incluido su hermano Balduino, intentaron consolidar su dominio protegiendo y cuidando los lugares de la ciudad que eran sagrados para el cristianismo, al tiempo que destrozaban los de judíos y musulmanes.

A mediados del siglo XIII, los peregrinos europeos que habían visitado la ciudad informaban a su regreso (en muchos casos con notable satisfacción) de que en la ciudad tan solo vivían un puñado de familias judías. Los cruzados entregaron la Cúpula de la Roca a los frailes agustinos para que la convirtieran en una iglesia. Durante gran parte del siglo XII, Al-Aqsa fue el hogar de los caballeros de la recién fundada Orden del Temple (en el muro sur aún pueden verse los restos de la sala de los templarios, un recuerdo del controvertido pasado del edificio).

Los templarios, que tomaron su nombre de los dos templos judíos que habían existido en ese lugar, obtuvieron rápidamente la aprobación papal como orden religiosa y militar católica. Para muchos de los cruzados, su peregrinaje acabó una vez alcanzada la victoria, sobre todo cuando la esperada Segunda Venida no se materializó. Mientras se dirigían a su hogar, eran los templarios, ataviados con sus características túnicas blancas con una cruz roja, los que se encargaban de proteger a los treinta mil peregrinos cristianos que recorrían la ruta cada año.

La conexión entre la victoria de Godofredo y la creación de los templarios (nueve de los miembros originales fueron compañeros suyos) ha hecho que muchos se refieran a la ruta que atraviesa Europa y llega hasta Jerusalén, y que se cree que es la que siguió Godofredo, como Ruta Templaria. Aunque los templarios se convirtieron en una temida fuerza de combate que atrajo a muchos reclutas desde Europa, el poder que ejercían no solo en Tierra Santa, sino también en Roma y en la Iglesia europea en general, hizo que en muy poco tiempo se convirtieran en personajes muy controvertidos y famosos. Su pretensión de ser simples peregrinos devotos como aquellos a quienes protegían se vio fatalmente socavada por la reputación que adquirieron por su tendencia a la conspiración, connivencia y crueldad en el campo de batalla, así como por sus maquinaciones eclesiásticas.

Sin embargo, al final no fueron tan poderosos como para salvar a toda la empresa cruzada del colapso que llegó en 1291, con la derrota en Siria del último reino cristiano de la región. La lucha para hacer retroceder al islam, proteger Jerusalén y a sus peregrinos y respaldar a los gobernantes ortodoxos de Constantinopla había fracasado. Los musulmanes recuperaron el control de Jerusalén, volvieron a utilizar la Cúpula de la Roca y Al-Aqsa para su propósito original y se apoderaron de algunas iglesias católicas como venganza (por ejemplo, Santa Ana, construida supuestamente sobre el lugar en el que nació la madre de la Virgen María, se convirtió en una madrasa). Sin embargo, más adelante volvieron a mostrarse tolerantes con los peregrinos cristianos y judíos. Los ingresos que estos aportaban eran demasiado valiosos para perderlos.

Los visitantes modernos de Jerusalén ya no llegan ni a pie ni en barca, sino en avión hasta Tel Aviv y luego cogen un autobús. Lo que importa es el destino final, por lo que el viaje ha de realizarse lo más rápidamente posible y con el mínimo esfuerzo. Sin embargo, un puñado de personas siguen optando por recorrer a pie el viejo camino medieval que atraviesa Europa, ahora menos transitado, con la creencia de que la forma de llegar es tan importante como lo que se hace y se ve cuando se llega al destino final. Una de ellas es el conocido jesuita y escritor espiritual escocés Gerard Hughes, un peregrino infatigable autor de dos libros populares de gran calidad sobre sus duras caminatas: *In Search of a Way* (1986), sobre su peregrinación a Roma, y *Walk to Jerusalem* (1991).[6] En este último describe cómo, después de cruzar el mar del Norte desde Hull, en la costa oriental inglesa, y llegar a Rotterdam, en Holanda, emprendió en solitario —tirando de un carrito adaptado al que llamó Mungo y en el que transportaba sus escasas pertenencias— una peregrinación por algunas de las rutas tradicionales de Alemania, Austria y lo que entonces era Yugoslavia, para llegar a Grecia. Allí embarcó hacia el puerto israelí de Haifa para completar la última etapa a pie que, pasando por Nazaret, le llevaría hasta Jerusalén.

Hughes (que falleció en 2014), era, en muchos aspectos, un peregrino moderno, educado en la religión institucional pero nunca constreñido por ella. En sus viajes, siempre buscaba respuestas a las grandes preguntas (en su caso, lo que más le importaba era el desarme nuclear y la paz) que ningún pronunciamiento papal o catecismo iba a ser capaz de proporcionarle. Confeso «cristiano desconcertado, confundido y desilusionado», tenía lo que él describía como «una relación de amor-odio con la Iglesia», y en su peregrinación a Jerusalén aprovechó la oportunidad para reflexionar sobre sus dudas y dejar constancia de ellas ante sus lectores.

Guy Stagg es otro peregrino moderno de la nueva generación de buscadores que caminó desde Inglaterra a Jerusalén. Cuando llegó a la universidad, abandonó las prácticas anglicanas obligatorias de su colegio privado británico y también su propia fe religiosa. Pero en 2013, cuando tenía 25 años, sufrió una crisis nerviosa e intentó suicidarse. Había pedido ayuda a diversos profesionales de la salud mental, pero seguía sintiendo que «iba a la deriva»: «Buscaba una salida, fuera de mi trabajo, fuera de mi vida».

En su galardonado libro, *The Crossway*, relata cómo, por razones que entonces no podía explicar, la peregrinación le atrajo como una posible «vía de escape».[7] Su primer intento fue recorrer la misma ruta de peregrinación a Canterbury por la que fue Chaucer, cruzando el sur de Inglaterra. Una vez en la costa de Kent, y dado que se encontraba mejor, decidió seguir adelante, cruzar el canal de la Mancha y tomar la antigua Vía Francígena de peregrinación que pasa por los Alpes y llega a Roma. Desde allí cruzó el Adriático, retomó la Vía Egnatia y siguió hasta Jerusalén. Aunque inició ese viaje sin ningún propósito religioso, Stagg escribió que se sentía «atraído hacia arriba». Al parecer, en estas rutas de peregrinación centenarias que atraviesan Europa existe un remanente de poder espiritual que puede despertar la curiosidad de alguien cuya experiencia anterior con la religión, siendo un colegial, había consistido en «cantar los himnos y desconectar durante el sermón». Stagg pasó más de una noche en algunas de las iglesias, conventos y albergues que, durante siglos, habían ofrecido a los viajeros un lugar donde poder descansar sus fatigados miembros. Una vez allí, Stagg aceptó, por educación, la amable oferta de unirse a sus rituales:

> Hasta entonces, desconocía que el ritual religioso puede ser revitalizador, independientemente de que creas o no. O que existe una vida interior, que hay prácticas que te permiten explorar y expandir esa vida, y que lo que ocurre en ella puede reflejarse en tu vida exterior. Hace que la gente sea más amable, más bondadosa. Desconocía que la experiencia humana tuviera esa dimensión.[8]

¿Experiencia humana o espiritual? Tal vez no importe responder. Lo importante es que le ayudó a llegar a Jerusalén sintiéndose mejor. No curado, pero sí más seguro.

Tanto para Hughes como para Stagg, la propia Jerusalén fue

algo así como un anticlímax: el final del viaje palideció al lado del propio viaje. Para los judíos que hoy en día van a Jerusalén, la experiencia es diferente. Está inextricablemente mezclada con la visita a Israel, la patria judía creada tras el Holocausto. La idea de peregrinación evoluciona con el tiempo, pero lo que sigue siendo válido para una pequeña minoría de judíos es la creencia de que morir y ser enterrado en Jerusalén supone encontrarse en la mejor posición posible para resucitar cuando llegue el Mesías.

El cementerio judío del monte de los Olivos, uno de los mayores del judaísmo, tiene una antigüedad de tres mil años. Es de la época del Primer Templo, cuando los muertos se enterraban allí en cuevas, a la sombra del Monte del Templo. El cementerio actual se creó aproximadamente en el siglo XVI y todos los que allí acuden siguen creyendo que, al final de los días, el Mesías aparecerá en el monte de los Olivos y se dirigirá al Templo, dando la señal para que resuciten los muertos que se encuentren bajo la tierra por la que Él camina. Para aquellos que no pueden hacer el viaje en vida, o en muerte, se envían bolsas con tierra de ese lugar a las comunidades judías de todo el mundo para que la esparzan sobre sus tumbas.

Para los musulmanes, Jerusalén sigue siendo un lugar muy especial. La historia de Mahoma y Buraq forma parte de la educación religiosa de su infancia, pero, aunque es el tercer lugar más sagrado del islam, está muy por detrás de La Meca y Medina como destino de peregrinación, a años luz de las primeras décadas del siglo XI cuando, según los registros, llegaban cada año veinte mil musulmanes al santuario de Al-Aqsa en lugar de peregrinar a La Meca (hach). En la actualidad, otro elemento disuasorio es la dificultad que supone entrar en Israel si procedes de un país musulmán.

¿Y qué ocurre con los cristianos? De las tres religiones diferentes cuyas reivindicaciones sobre el lugar son contrapuestas, el cristianismo es la que ha gobernado Jerusalén durante menos tiempo y, sin embargo, es la que en la actualidad aporta más peregrinos. Para los musulmanes, Al-Aqsa ha quedado eclipsada por La Meca y Medina y, para los judíos, la creación del estado de Israel en 1948 ha añadido nuevas dimensiones a la importancia que tiene la ciudad para esa religión. Pero a los cristianos lo que más les atrae es poder peregrinar a Jerusalén, contemplar los lugares sagrados y seguir las huellas de Jesús, y eso ni ha cambiado ni ha disminuido sustancialmente con el paso de los siglos.

3

Roma

Ver es creer

Sentimos un gran asombro al descubrir [...] que nuestras fibras sensibles se han unido misteriosamente a la Ciudad Eterna y tiran de nosotros de nuevo hacia ella, como si de una forma más reconocible y más íntima fuera nuestro hogar, más incluso que el lugar donde nacimos.

NATHANIEL HAWTHORNE, novelista estadounidense, en Roma en 1860

Para el peregrino agotado y con los pies doloridos, vislumbrar en el horizonte su destino final es todo un acontecimiento. Cuando, en 1511, Martín Lutero, por entonces un joven fraile católico, vislumbró Roma en el horizonte lejano tras cruzar los Alpes desde Alemania en una caminata de 750 kilómetros, se arrojó al suelo y rezó una oración de agradecimiento a Dios, *Salve, sancta Roma.*[1] Sin embargo, su gratitud no duró mucho una vez traspasó las murallas de la ciudad, capital del catolicismo, donde tenía que atender asuntos oficiales relacionados con su orden agustina. Puede que Miguel Ángel estuviera por entonces trabajando en la Capilla Sixtina y Rafael en el Vaticano, pues la arquitectura renacentista estaba en auge, pero, para Lutero, la ciudad no era el templo de santidad e inspiración que esperaba, sino un antro de corrupción, vicio y degradación.

«No llevaba mucho tiempo en Roma, cuando vi muchas cosas que me hicieron estremecer.»[2] Su peregrinación se convirtió en una etapa más del camino que le llevó, unos años más tarde, a impulsar la Reforma.

Sin embargo, a muchos otros peregrinos el efecto que les causa es el opuesto: refuerza su fe y les hace sentir que forman parte de algo mucho más grande que ellos mismos. Casi cuatro siglos después de Lutero, Hilaire Belloc, el célebre escritor, parlamentario y polemista anglofrancés, llegó a las afueras de Roma y reaccionó de una forma completamente opuesta a la del reformador protestante. En *El camino de Roma*, un relato escrito en 1902 sobre su larga caminata en la que atravesó Francia y descendió por la bota de Italia, Belloc dejó constancia de su profunda decepción inicial al llegar a las afueras de la ciudad. «Al pie de la colina, me dispuse a entrar en la ciudad y mi corazón se aceleró. Había un espacio abierto; una vía y, sobre ella, un tranvía a punto de ser tirado por dos caballos flacos y cansados a los que, debido al calor, molestaban muchas moscas. Había polvo por todas partes.»[3] La cúpula de San Pedro, se quejó, «parecía recién construida».

Sin embargo, cuando este augusto peregrino atravesó las murallas aurelianas y se adentró en la inmensa Piazza del Popolo, su fe se vio reforzada de inmediato. «Había muchas iglesias a mano; me quedé con la más cercana, Nuestra Señora del Pueblo [Santa María del Popolo], justo detrás de la muralla. Dentro había muchos cuadros hermosos, no en un sentido naif, sino que eran obras sólidas, llenas de color y equilibradas.» La misa estaba terminando, pero se sintió lo suficientemente feliz como para sentarse y esperar veinte minutos a que empezase la siguiente, «ya que no se puede decir que una peregrinación a Roma haya finalizado hasta que no se escuche la primera misa».

Para algunos devotos peregrinos de hoy en día (una fracción de los veinticinco millones de visitantes que se calcula que llegaron a Roma por carretera, tren y avión en el año 2000 para celebrar el Año Santo al comienzo del nuevo milenio) la misa es, a menudo, el comienzo, no el final de su viaje.[4] Para muchos otros cuya fe es más frágil, o simplemente carecen de ella, la misa ni siquiera figura en su itinerario, ni entonces ni ahora. O, si lo hace, es porque se lo toman como si fuera un espectáculo más de la ciudad al que acudir. Puede que la religión esté íntimamente ligada a la historia de Roma por ser sede del catolicismo mundial y allí donde reside su máxima autoridad, el papa (que también es obispo de Roma), pero la nueva generación de peregrinos se contenta con disfrutar de los tesoros históricos y culturales que se encuentran en sus iglesias, como hizo Belloc, sin molestarse en esperar veinte minutos a que dé comienzo el oficio.

En ese sentido, como devoto católico desde que nació, se puede decir que Belloc era de otra época. Sin embargo, una de las razones por las que *El camino de Roma* se ha seguido leyendo desde su publicación es porque se trata de una mezcla de literatura de viajes, historia, humor y apreciación del arte (incluidos los dibujos que el propio autor hizo por el camino) que, junto con sus reflexiones teológicas, sigue agradando a los peregrinos. Robert Speaight resaltó en su biografía sobre Belloc, publicada en 1957, que *El camino de Roma* «nace de algo mucho más profundo que la experiencia física que narra».

La ruta que Belloc siguió para llegar a Roma fue muy singular, como gran parte de sus escritos. No siguió ningún trazado establecido: si lo hubiera hecho, lo más seguro es que hubiera optado por la Vía Francígena (literalmente, «el camino que viene de Francia»), una ruta antigua de peregrinación que une Canterbury con Roma y que era la preferida por los diferentes reyes para ir y venir de las cruzadas o para visitar al papa. También era la que solían tomar los arzobispos, abades, ejércitos, comerciantes y millones de peregrinos. De norte a sur, atravesaba Francia desde Calais, pasando por Arras, Reims y Besançon, cruzaba los Alpes por el paso del Gran San Bernardo hasta llegar a Italia. Una vez allí, bajaba por el Valle de Aosta, Pavía, Lucca, Siena y finalizaba en Roma. Se cree que esta vía ya existía en el siglo VIII, pero no fue hasta finales del siglo X que un peregrino dejó constancia en un relato sobre su aventura. En el año 990, Sigerico el Serio había sido nombrado arzobispo de Canterbury, y decidió ir a pie a Roma para recoger, de manos del papa Juan XV, su palio, la vestidura litúrgica característica de su cargo episcopal.

En los siglos posteriores, la popularidad de la Vía Francígena no dejó de aumentar, no solo entre los peregrinos, sino también entre los comerciantes. Sin embargo, en la época de Belloc, una gran parte de su trazado había caído en desuso, por lo que ni siquiera lo consideró. Y cuando su bisnieto, el escritor Louis Jebb, decidió en 1983 seguir los pasos de Belloc hasta Roma, se dio cuenta de que, en aquella época, solo los historiadores conocían la Vía Francígena. Gran parte del trazado original estaba enterrado bajo el asfalto de las carreteras, las vías férreas y las rutas de senderismo por las que transitan los habitantes del mundo moderno.

Ahora, casi cuatro décadas después, está resucitando. Ha recibido apoyo oficial tanto del Consejo de Europa, que en 1994 la declaró «Itinerario Cultural Europeo», como de la Asociación Europea de la Vía Francígena, fundada en 2001. La asociación asegura a los caminantes, ciclistas y peregrinos que van a realizar «el viaje de su vida», un desafío que les hará cruzar medio continente mientras recorren la historia de Europa. Todos coinciden en que detrás de este renacimiento está el enorme éxito (y los consiguientes beneficios económicos) cosechado por el Camino de Santiago cuando se reinventó a sí mismo. A menudo, la Vía Francígena se conoce como «el Camino a Roma». Y, al igual que ocurre con el Camino, hay una oficina en San Pedro donde los caminantes pueden presentar su pasaporte de peregrino, si han recorrido un mínimo de cien kilómetros y obtener no una compostela, sino un *testimonium*.

Hasta el momento, el número de peregrinos ha sido modesto en comparación con el que atrae el Camino de Santiago. Las cifras son difíciles de recopilar, ya que la infraestructura de esta nueva Vía Francígena sigue siendo escasa, pero en 2012 se registró la llegada de 2.500 personas que caminaron durante tres meses para llegar desde Francia.[5] La mayoría de los peregrinos llevan tienda de campaña, aunque, en la parte italiana del viaje, donde la señalización también está mejorando rápidamente, ha surgido una nueva generación de *spedali* (la palabra procede de *ospedali*, que significa hospital u hospicio, y son los equivalentes de los albergues del Camino) en monasterios y templos religiosos. Sin embargo, todavía no se ha alcanzado el mismo ambiente de convivencia y experiencia compartida que rodea al Camino de Santiago. Menos del 1 % de los visitantes que llegan a Roma lo hacen a través de la Vía Francígena.

Para aquellos que gustan de caminar en solitario, esta es una de sus ventajas. En 2010, Brian Mooney, de sesenta años y corresponsal de Reuters en Roma durante décadas, partió de la catedral de San Pablo, en Londres, hacia la basílica de San Pedro, siguiendo la Vía Francígena, en un recorrido que le llevó setenta y seis días. En el relato que publicó, afirmaba que durante su viaje no experimentó en ningún momento la «algarabía del concurrido Camino».[6] Sin embargo, otros han reconocido que la Vía Francígena comparte con su prima española un atractivo para el peregrino del siglo XXI, curioso, deseoso de retos, pero en su mayor parte ajeno a la iglesia. «El chico que atendía el bar de Cavaglià me preguntó cuál era el "motivo" de mi peregrinación», escribe el arquitecto jubilado Christopher Lambert en su libro ilustrado en el que relata el viaje que realizó en el año 2000, *Taking a Line for a Walk.*[7]

> Me sentí como un embustero cuando respondí que era un «pellegrino» [peregrino]. Había viajado bajo la protección que esta palabra todavía proporciona. La había «utilizado» para entrar y salir de los monasterios. Había rezado una oración al Todopoderoso con la esperanza de que me perdonara aquellas ofensas. Llevaba mi «pasaporte» de peregrino, pero en el fondo tan solo era una pálida imitación de los millones de personas que habían recorrido esta misma ruta durante cientos de años. Siendo optimista, creo que si Tomás [apóstol], el incrédulo, cumplía los requisitos para recorrer este camino, también se podría perdonar mi hipocresía.

Según la tradición cristiana, Roma (el corazón del imperio que gobernaba Jerusalén en tiempos de Jesús) fue el centro de la iglesia desde sus inicios. Se cree que tanto san Pedro, elegido por Jesús como su «roca» según los evangelios,[8] como san Pablo, el más persuasivo de los misioneros que moldearon y difundieron la nueva fe, fueron ejecutados en la capital imperial alrededor del año 67 d. C. Los historiadores cuestionan la veracidad de dichas afirmaciones,[9] pero no cabe duda de que se dio un flujo de cristianos hacia la supuesta tumba de san Pedro ubicada en la necrópolis vaticana, un cementerio de dos mil años de antigüedad. Con el tiempo, se les empezó a llamar peregrinos. Durante los siglos II y III d. C., la tumba (una más entre las de otros romanos paganos) se remodeló para que pareciese más un monumento conmemorativo adornado con columnas. Desde ese momento, el número de cristianos que acudían a visitarla empezó a aumentar. En el siglo IV, cuando el cristianismo ya se había convertido en la religión oficial del imperio, se puso en marcha un amplio programa de construcción, gracias al cual toda la zona de la necrópolis de la colina del Vaticano fue aplanada y sobre ella se construyó una basílica que llevaba el nombre de Pedro. Al estar situada sobre su tumba, se decidió que sería la iglesia madre del cristianismo (en lugar de la iglesia del Santo Sepulcro, situada en el lugar en el que murió Jesús).

Hoy en día, los peregrinos deseosos de sumergirse en esta historia primitiva de la iglesia pueden visitar lo que queda del cementerio, como parte de un recorrido que transcurre por debajo de la actual San Pedro, a través de las excavaciones (*scavi* en italiano) realizadas a mediados del siglo pasado. El recorrido rodea las tumbas desenterradas, mientras resuenan los pies de los que visitan la basílica situada sobre ellos, y finaliza debajo del altar mayor de esta, donde vuelven a subir casi a nivel del suelo, en el conocido como Campus Petri o Campo de Pedro. Detrás de una pared de cristal se encuentra una sección de los pilares blancos originales de la tumba, sostenidos por ladrillos que datan del año 150 d. C. Junto a ellos se puede ver parte de un «muro con grafitis», en el que los primeros peregrinos garabateaban las oraciones dedicadas al primer papa cuando acudían a la necrópolis para visitar su tumba, por entonces al aire libre. El único casi legible, escrito en griego, reza: «*Petros eni*» (Pedro está aquí).

A partir de 1950 se permitieron las visitas. Fue la primera vez en 1.500 años que los peregrinos podían observar las pruebas físicas que demostraban la afirmación de la iglesia; es decir, que la basílica se erigió sobre el lugar en el que se enterró a Pedro. En aquellos primeros años de exposición pública, nadie estaba seguro de que esos fragmentos óseos, expuestos tras un cristal, fueran del apóstol. *Podían* pertenecer a Pedro. Eso era todo. A finales de los años sesenta, se hallaron unos restos en un nicho del Muro de los grafitis. Fueron examinados por arqueólogos y su conclusión fue que pertenecían a un hombre de entre 60 y 70 años que había muerto en el siglo I d. C. Eso encajaba con la poca información que se tenía de Pedro, pero lo que confirmaba que se trataba de él (en lo que respecta a las autoridades eclesiásticas y a los devotos peregrinos católicos que lo visitan hoy) era que no se habían encontrado fragmentos óseos de partes del cuerpo situadas por debajo de los tobillos. Según la tradición católica, Pedro insistió en ser crucificado cabeza abajo, ya que se sentía indigno de morir de la misma forma que su Señor. Se dice que, cuando desclavaron su cadáver de la cruz, los guardias lo habrían cortado por debajo de los tobillos, por donde estaba clavado, entregando así el cuerpo sin pies a sus seguidores para que lo enterraran. Está muy lejos de ser una prueba científica, pero eso no impide que baste para atraer a una auténtica marea de peregrinos a ver este lugar, donde se unen a los pocos que realizan el tour de las excavaciones. En peregrinación, ver es creer.

Como ya hemos visto, en los siglos posteriores a Carlomagno Europa sufría una gran agitación que disuadía a los peregrinos procedentes del norte. En lugar de tomar las principales rutas que conducían a Roma, con sus peligros reales o imaginarios, se dirigieron hacia el Camino de Santiago, una ruta que, en teoría, era menos peligrosa. Esto hizo que Roma dejara de ser el destino preferido de los peregrinos de la Europa cristiana. El Jubileo o Año Santo de 1300 fue el intento del papa Bonifacio VIII para recuperar el negocio perdido. Decretó que, en esa ocasión especial, aquellos que viajaran a Roma serían recompensados con una «indulgencia plenaria», una promesa refrendada por la Iglesia que quedaría recogida en una hoja de pergamino que se entregaba (previo pago) en San Pedro. En ella se declaraba que los pecados del portador habían sido perdonados por el duro camino que había recorrido hasta Roma para celebrar el Jubileo. En algunos casos, incluso permitía a los vivos, gracias a sus esfuerzos como peregrinos, reducir el tiempo que sus seres queridos difuntos tendrían que pasar en la antesala del purgatorio antes de ser admitidos en el cielo.

La iniciativa de Bonifacio no era nueva. Amplió una práctica bastante común del cristianismo: que los monjes y clérigos superiores que habían cometido crímenes especialmente atroces fueran enviados, a modo de penitencia, a Roma, para confesar sus pecados al papa en persona. Solo su absolución podría limpiar sus almas, y la prueba de su contrición era la distancia que habían recorrido a pie. Sin embargo, las indulgencias plenarias del Año Jubilar de 1300 no consistían en demostrar penitencia al papa, sino en que los peregrinos recibieran lo que vendría a ser un pase libre al cielo como recompensa por el esfuerzo que suponía ir andando desde tan lejos. Resulta más que discutible, pero el papa estaba ganando dinero a cambio de impartir la justicia de Dios en su nombre.

Dejando de lado la ética de la oferta, muchos la encontraron irresistible, por lo que el número de peregrinos aumentó a gran velocidad a medida que los años jubilares (declarados a intervalos regulares) se convirtieron rápidamente en una característica más del calendario de Roma. La venta de indulgencias se extendió, y aquellos que las compraban no necesitaban peregrinar a Roma. Abusos como esos fueron los que alimentaron el ataque de Martín Lutero a la iglesia católica que acabó dando lugar, a principios del siglo XVI, a la Reforma. Durante la peregrinación que realizó a Roma en 1511, se escandalizó al ver que Julio II (1503-1513) utilizaba los ingresos generados por las indulgencias para financiar la suntuosa reconstrucción de Roma.

Por su parte, Julio intentó argumentar que sus esfuerzos harían que Roma atrajera cada vez más a las futuras generaciones de peregrinos. En otras palabras, afirmaba que se trataba de un círculo virtuoso: se invertía en la mejora de las iglesias y basílicas para atraer a los peregrinos y, por tanto, aumentaban así los ingresos que le permitirían invertir más. Muchas personas importantes se opusieron a la idea, ridiculizando la lógica errónea que la sustentaba. Uno de ellos fue el sacerdote y teólogo holandés Desiderius Erasmus (Erasmo de Róterdam), que vivió en Roma entre 1506 y 1509. En su sátira *Julio II excluido del reino de los cielos*, Erasmo imagina a Julio II llegando a las puertas del paraíso y jactándose ante el portero, san Pedro, de sus logros: «Gracias a mí, los ingresos han aumentado, he inventado nuevos cargos y los he vendido. He cubierto Roma de palacios y, a mi partida, he dejado cinco millones en el tesoro».[10]

Según Erasmo, a Pedro no le impresionó, pero a la generación actual de visitantes (sin ser conscientes de esta historia) les viene muy bien que Julio y sus sucesores construyeran todos esos edificios. Muchas de las iglesias, *palazzos*, basílicas y obras de arte que son paradas obligadas para cualquier peregrino que llega a Roma datan de ese período.

Aunque la mayoría de los peregrinos modernos consideran que cruzar Europa a pie es un recorrido demasiado largo, en cuanto llegan a su destino por otros medios la propia Roma les obliga a caminar. Su *centro storico* es compacto, fácilmente transitable a pie y demasiado estrecho para los autocares. Los coches privados han sido prácticamente expulsados de su laberinto de calles adoquinadas y amplias plazas. E incluso lugares «periféricos», como el Vaticano, al otro lado del río Tíber (desde 1929 y gracias a un tratado entre la Iglesia católica y el dictador italiano Mussolini, tiene el estatus de estado soberano a pesar de tener una superficie de tan solo 44 hectáreas), están a poca distancia para los caminantes. La residencia de los papas se encuentra al otro lado del Ponte Sant' Angelo, flanqueado por esculturas de ángeles de tamaño natural. Desde allí, la ruta de peregrinación más popular de toda la ciudad sube por la Via della Conciliazione, creada en los años treinta a través del antiguo Borgo, hasta llegar a la inmensa plaza, enmarcada por una columnata (obra del genial Bernini), situada frente a la basílica de San Pedro.

Existen, sin embargo, muchos otros caminos alrededor de la ciudad, cada uno de ellos relacionado con los peregrinos, que se remontan a 1.600 años atrás y en algunos casos mucho más, hasta épocas anteriores al cristianismo. La más conocida de estas rutas de tan larga tradición une las llamadas siete iglesias peregrinas de Roma. La tradición comenzó en la Semana Santa de 1552, cuando la cristiandad se preparaba para celebrar su mayor fiesta anual, la Pascua. El predicador florentino Filippo Neri, conocido posteriormente como san Felipe Neri, dirigió a un grupo de seguidores en una peregrinación de 19 kilómetros y un día de duración por las grandes iglesias de la ciudad. Su intención era contrarrestar el carnaval que se celebraba ese mismo día. Neri reunió a su grupo en la tumba de san Pedro para rezar y luego se pusieron todos en marcha para visitar sucesivamente San Pablo Extramuros (que alberga la tumba del apóstol Pablo), San Sebastián, San Juan de Letrán, Santa Cruz en Jerusalén (construida para albergar las reliquias de Jesús traídas desde Tierra Santa por la emperatriz Helena), San Lorenzo Extramuros y, por último, Santa María la Mayor, que data del siglo IV.

Cuatro de las siete (San Pedro, San Pablo, San Juan de Letrán y Santa María la Mayor) son, en términos eclesiásticos, basílicas «mayores» (de ahí el nombre de la última) y, por lo tanto, en los años jubilares, los peregrinos podían obtener una indulgencia extra si atravesaban sus Puertas Santas, entradas que se mantienen selladas el resto del tiempo y que solo se abren durante esa época tan importante del calendario peregrino. El simbolismo (en el catolicismo, cada acto ritual conlleva una gran carga de simbolismo) es que cuando el peregrino cruza la Puerta Santa, pasa del mundo cotidiano a sentir la presencia de Dios. Tal como aparece escrito en el evangelio de san Juan, Jesús promete «Yo soy la puerta; si uno entra por mí, estará a salvo».[11] Es la esencia de la peregrinación cristiana comprimida en una acción que dura apenas unos segundos.

En aquel primer año jubilar de 1300, la indulgencia de la Puerta Santa se aplicaba solo en la basílica de San Pedro, pero en el año 1500 se amplió también a las otras tres. La apertura en sí misma (romper los sellos que la mantienen firmemente cerrada) se convirtió en un ritual que atraía multitudes, y los fragmentos de argamasa que caían al suelo se recogían y tenían la misma consideración que las reliquias sagradas.

Como guía, Felipe Neri sabía cómo atender las necesidades y esperanzas de los peregrinos que llegaban a Roma, ya que, en 1548, fundó la Cofradía de la Santísima Trinidad de Convalecientes y Peregrinos, dedicada a atender a los miles de viajeros pobres y devotos que habían recorrido largos trayectos para llegar a Roma con motivo de otro año jubilar. Pero su plan iba más allá. Felipe Neri, a quien muchos de sus admiradores llamaban el «tercer apóstol» de Roma (después de Pedro y Pablo), fue una destacada figura de la Contrarreforma. La creación de la ruta de las siete iglesias peregrinas fue uno de los muchos planes que él y otros concibieron para intentar que la vida espiritual de la ciudad y, por asociación, la del catolicismo, recuperasen el respeto y la decencia que poseían antes de 1517, año en el que Lutero presentó su Reforma, y dejaran así de ser atacados constantemente por ser considerados impíos. El nuevo protestantismo había ganado muchos conversos entre la gente temerosa de Dios, sobre todo en el norte de Europa, lo que tuvo como consecuencia, lógicamente, un descenso en el número de peregrinos que iban a Roma.

Además de reorientar y depurar el catolicismo, Neri también se dio cuenta de que, a pesar de los ataques de Lutero contra la venta de indulgencias, estas seguían teniendo un gran atractivo, sobre todo como incentivo para peregrinar. En el primer Año Jubilar (1300), lo que más motivó a los peregrinos para que acudieran a Roma fue la concesión de indulgencias. La oferta abarcaba principalmente a las basílicas de San Pedro y San Pablo Extramuros, dado que a la mayoría de los visitantes lo que más les interesaba era estar cerca de los últimos restos y reliquias de los dos apóstoles fundadores de su Iglesia. Ahora, con la ruta de las siete iglesias, esa oferta podía ampliarse, y se establecieron indulgencias para quienes visitaran las siete. Especialmente apreciado era realizar el recorrido en Semana Santa, algo que dejaron claro las guías impresas que empezaron a aparecer en el siglo XVI. En 1585, Antoine Lafréry publicó una guía en la que incluyó un mapa de las siete iglesias y decía a quienes lo siguieran que, si permanecían en Roma durante un año y asistían a misa en la basílica de San Pablo cada domingo, habrían completado el equivalente a una peregrinación a Jerusalén o Santiago de Compostela. Tanto entonces como ahora, la peregrinación era un negocio competitivo para quienes dependían de los ingresos que generaban. Roma tenía que resultar más atractiva para los peregrinos a nivel práctico (si no espiritual) que sus rivales, Santiago y Jerusalén.

La ruta de las siete iglesias rodea el centro de Roma, pero cuando, durante los siglos XV y XVI, el afán reconstructor del Renacimiento llegó a Roma, los caminos de peregrinación desempeñaron un papel importante en la planificación y reordenación urbanas del corazón de la ciudad. Roma se adaptó para resultar más atractiva a las legiones de peregrinos que atravesaban el centro desde todas las direcciones posibles en su camino hacia el Vaticano. Se creó una Vía Peregrinorum, se conectaron calles, se ensancharon y se procuró que todas ellas estuvieran flanqueadas por iglesias, palacios y orfebres que vendían sus productos a los visitantes. Y para acomodarlas a los papas, a quienes les gustaba desfilar por las calles de «su» ciudad portando las reliquias de los santos que solían exponerse en las iglesias, se abrió un amplio camino que conectaba el Vaticano con la basílica de San Juan de Letrán, la catedral de la diócesis de Roma.

La actual Vía del Pellegrino, que desciende desde el mercado de flores del Campo de Fiori hacia el Tíber, con la basílica de San Pedro en la otra orilla, es el único tramo de la antigua vía medieval que sigue cumpliendo con su propósito original. Pero por toda la ciudad pueden encontrarse recordatorios de lugares que atraían a los peregrinos en el pasado. Por ejemplo, el actual colegio inglés situado en la Vía Monserrato ha sido un seminario para la formación de sacerdotes católicos desde 1579. Se construyó en el lugar en el que se hallaba el albergue inglés de peregrinos (u hospicio, como se llamaba por entonces), que se creó en 1362 en una propiedad comprada a un vendedor de rosarios y cuya función era proporcionar un lugar seguro a quienes habían caminado hasta Roma desde Canterbury y más allá. Según los registros, en el Año Jubilar de 1450, a lo largo de los doce meses del año, acogió a 1.022 peregrinos de los cuarenta mil que acudieron a Roma atraídos por las promesas de indulgencias.[12] Muchos se quedaban no solo días o semanas, sino meses, pues se consideraba que ese era el período necesario para recuperarse antes de emprender el viaje de vuelta a pie. Para la mayoría, se trataba de una experiencia única en la vida.

En la ruta que conecta el Vaticano con San Juan de Letrán también se encuentra una ermita o *edicola* que hoy parece pequeña y abandonada, junto a la Basílica de los Cuatro Santos Coronados, del siglo XII. Se dice que este templo está en el lugar en el que, en el siglo IX, la papisa Juana, una mujer que se disfrazó de hombre para reclamar el papado, dio a luz en la calle y fue lapidada junto a su hijo recién nacido por una turba enfurecida. Desde hace tiempo, la iglesia niega que la historia sea cierta, pero, en la Edad Media, los peregrinos conocían el lugar en cuestión como Vicus Papissa, la «callejuela de la papisa». La *Mirabilia Urbis Romae* (*Maravillas de la ciudad de Roma*), la guía impresa para peregrinos más popular del siglo XVI, llama la atención de sus lectores sobre una estatua de la papisa situada «cerca del Coliseo».[13] Allí se depositaban ofrendas florales y se ofrecían oraciones, a pesar de las objeciones de sacerdotes y obispos. La historia nos demuestra que a los peregrinos no solo les importan los relatos que cuenten con la aprobación oficial.

Desde la segunda mitad del siglo XVII hasta las primeras décadas del siglo XIX, en Roma se empezó a ver otro tipo de peregrinos. Después de que, en 1648, el tratado de Münster pusiera fin a la guerra de los Treinta Años y la paz regresase a las zonas de Europa por las que transcurrían las tradicionales rutas de peregrinación norte-sur, nació el conocido como «Grand Tour». Los jóvenes, y más tarde las mujeres, de familias acomodadas, a menudo acompañados por una carabina de más edad, acudían a la ciudad para sumergirse durante meses, a veces incluso años, en el arte, la cultura y la filosofía que se encontraban en abundancia en el lugar que dio origen a la civilización occidental. Si se les hubiera preguntado por entonces, estos visitantes —en su mayoría procedentes de la Gran Bretaña protestante, aunque luego se les unió un importante número de adinerados recién llegados de América del Norte y del Sur—, lo más seguro es que hubieran descrito este ritual, que en muchos casos marcaba la mayoría de edad, como algo «educativo». Sin embargo, dada la peculiaridad de Roma, la educación que buscaban estaba muy relacionada con la religión, y por lo general se les obligaba a asistir a los servicios religiosos, aunque no participasen plenamente en ellos.

A principios del siglo XIX, un cronista de la ciudad señaló que, en la misa mayor del Domingo de Pascua en la basílica de San Pedro, «tres cuartas partes de los allí congregados eran británicos».[14] Sin embargo, el Vaticano estaba cada vez más harto de los turistas que asistían a las liturgias religiosas. A lo largo de la década de 1820, avisó de que las misas no debían considerarse un «desfile de moda». Algunos informes señalaban que los turistas comían bocadillos y descorchaban botellas de champán durante los largos oficios principales, como si estuvieran presenciando una ópera o un concierto al aire libre.[15] Se podría decir que se trataba de la primera versión de un comportamiento que se sigue observando en las iglesias y basílicas romanas, donde se pide a los visitantes que bajen la voz y vistan modestamente para no distraer a los fieles.

Es un ejemplo más de cómo, en torno a la peregrinación, surgen los mismos problemas una y otra vez a lo largo del tiempo, sobre todo los derivados de su naturaleza dual: por un lado, el ejercicio penitencial que se realiza para limpiar las almas y obtener gracia y, por otro, la diversión que expande la mente. Es algo que ya aparece en los *Cuentos de Canterbury* de Chaucer, escritos en el siglo XIV, y se repite con los peregrinos del siglo XXI, aunque en ningún lugar es tan patente como en la Roma actual, donde es casi imposible separar lo religioso de lo histórico, lo clerical de lo clásico. Es mucho más probable que el visitante moderno que ha convertido a Roma en el tercer destino más popular de Europa, después de Londres y París, sea un no creyente que un católico devoto. A diferencia de los que le precedieron en los siglos anteriores, puede llegar a la ciudad e irse de ella en avión después de pasar allí un fin de semana largo, sin el esfuerzo físico que supone realizar el viaje a pie, y sin el compromiso de realizarlo una vez en la vida, como era tanto para los peregrinos medievales como para los viajeros del Grand Tour. Sin embargo, es inevitable que estos peregrinos contemporáneos acaben entrando en las iglesias o dirigiéndose al lugar más popular de la ciudad (con sus 4,2 millones de visitantes al año), el Museo Vaticano. Para todo aquel que desea contemplar todos los tesoros ocultos en sus galerías, es imprescindible visitar la Capilla Sixtina, donde hay que estirar el cuello para poder observar con asombro la versión de Miguel Ángel de Jesucristo y el Juicio Final a la humanidad por sus pecados.

Puede que el verdadero atractivo de Roma sea que se trata de una ciudad en la que lo secular y lo religioso coexisten de forma real, tangible y placentera. En sus calles, lo invisible (ese aspecto espiritual cuya presencia sigue siendo poderosa, incluso en una época en la que la religión se ha debilitado) se hace visible no solo en las iglesias, las basílicas y los santuarios, sino también en las huellas dejadas atrás, inadvertidas pero presentes, por las generaciones de peregrinos que llegaron antes. Lord Byron, un personaje que, sin duda alguna, no era nada piadoso o devoto, lo reconoció cuando, en su poema autobiográfico de 1818 titulado *La peregrinación de Childe Harold*, ensalzó el poder de las catacumbas romanas, esas vastas bóvedas subterráneas de los muertos situadas en las afueras de la ciudad. Durante los primeros siglos del cristianismo, los fieles perseguidos se reunían en estos túneles y cuevas para celebrar servicios que reforzaban su negativa a retractarse de lo que creían que era la verdad, incluso aunque eso les costara la vida.

> El romano veía ya en sus tiempos, estos sepulcros,
> inmensos sepulcros de ciudades, que inspiran tan
> cruel sorpresa, y su descripción todavía presente
> lleva en sí la lección moral que se desprende de tal
> peregrinación.

4

La Meca
Un mundo aparte

> Si queremos saber algo sobre La Meca tenemos que extraerlo de los árabes; dado que a ningún infiel se le permite entrar en la ciudad, nuestros viajeros guardan silencio.
>
> EDWARD GIBBON, *Historia de la decadencia y caída del Imperio romano* (1776-1789)

Una «meca» es un lugar que atrae a la gente porque lo que se hace allí se hace mejor que en cualquier otro lugar. En inglés, la expresión se utilizó por primera vez en este sentido en el siglo XIX. Un artículo de 1826, publicado en la revista médica *The Lancet*, describe las facultades de medicina de Escocia como «una meca para los estudiosos». En la actualidad, el término se aplica con mucha asiduidad a casi cualquier lugar, desde centros comerciales hasta pistas de esquí y playas para surfistas. El origen es, por supuesto, La Meca, la ciudad más sagrada del islam, visitada cada año por hasta cuatro millones de peregrinos. Pero, aunque su nombre se ha aplicado con generosidad, La Meca en sí no es tal para todos los peregrinos modernos. Desde los inicios del islam, en el siglo VII d. C., solo se permite la entrada a los musulmanes. Por ahora, la nueva generación de peregrinos que no son seguidores de esa religión no es bienvenida.

Uno de los pocos no musulmanes que pudo ver La Meca durante el hach (o *hajj* en árabe), el momento más importante del año, fue el viajero británico sir Richard Burton, en 1853. Por entonces, no existían todavía los controles de visados ni los puestos de vigilancia en la entrada a la ciudad que, en la actualidad, se encargan de impedir el paso a los peregrinos no musulmanes. Gracias a eso y a su invencible curiosidad, el explorador victoriano, decidido a «abrir» el mundo, se dispuso a sortear las barreras existentes por entonces. Su intención, escribió, era «eliminar la deshonra de la aventura moderna, la enorme mancha blanca que en nuestros mapas representa a las regiones oriental y central de Arabia».[1]

Burton pasó desapercibido en La Meca gracias a un disfraz, lo que le permitió mezclarse con un grupo de visitantes pastunes, musulmanes afganos, a los que conoció cuando servía como oficial del ejército británico en la India y con los que entabló amistad. Viajó con ellos por tierra como lo hacían tradicionalmente los peregrinos, y se dirigió hacia El Cairo, la capital de Egipto, punto de reunión habitual. Algunos musulmanes congregados allí procedían de la costa occidental de África, por lo que tardaron varios años en completar el recorrido, viviendo como nómadas. El grupo de Burton cruzó el Sinaí, donde se les unieron otros viajeros de lugares más septentrionales que seguían una de las *darb-al-hajj* (caminos de peregrinación), concretamente una que se dirigía hacia el sur a través del desierto arábigo, y que pasaba primero por Medina (donde está enterrado el profeta Mahoma) antes de llegar a La Meca. Esta ruta, cuyos orígenes se remontan a la Edad de Hierro, fue creada por los reyes nabateos en el siglo IV a. C. por motivos comerciales y religiosos (también fueron ellos los primeros para quienes La Meca era un lugar sagrado, razón por la que allí rendían culto a sus deidades). Los conquistadores romanos mejoraron la ruta y la rebautizaron como Vía Trajana Nova. Durante los primeros años del siglo XVI, la expansión del Imperio otomano llegó a La Meca y la ruta siguió siendo una arteria principal por la que se desplazaban oficiales, ejércitos, comerciantes y peregrinos que antes de partir a realizar el hach eran despedidos con gran ceremonia en Constantinopla. Y cincuenta años después de Burton, sirvió de modelo para el ferrocarril del Hiyaz, que llegó hasta Medina, cuando el estallido de la primera guerra mundial impidió que se completara el último tramo hasta La Meca.

El relato de Burton sobre La Meca, publicado en 1855,[2] que incluía dibujos y mapas, se convirtió rápidamente en la crónica por excelencia, en el mundo de habla inglesa de la segunda mitad del siglo XIX, sobre la vida y costumbres de los musulmanes. A pesar de su osadía y de que no aceptó que nadie le diese un portazo en las narices, tuvo la precaución de lanzar una severa advertencia para todos aquellos que tuvieran la tentación de seguir sus pasos:

> Debido a las enormes y variadas multitudes que visitan La Meca durante la época de la peregrinación, es fácil pasar inadvertido [...] pero, ¡ay del desafortunado que sea reconocido en público como un infiel! En medio de una multitud de peregrinos cuyo fanatismo ha llegado al máximo, la detección probablemente daría paso a su expulsión inmediata. Aquellos que encuentren placer en el peligro pueden visitar La Meca; pero si me preguntaran si los resultados justifican el riesgo, respondería negativamente.[3]

Burton no aclara si esa era la opinión que tenía sobre La Meca o si se trataba de una tardía toma de conciencia de la ofensa que su engaño había supuesto para el islam. Lo que sí deja claro es cuánto le fascinó, e incluso sedujo, todo lo que presenció una vez dentro de la ciudad prohibida durante los cinco días tradicionales del hach. La peregrinación a La Meca o hach es uno de los cinco pilares del islam, las prácticas esenciales que todo musulmán debe realizar si tiene salud y dinero suficiente para ello. En su relato, Burton ofrece descripciones gráficas de primera mano sobre su estancia en medio de la caótica multitud de peregrinos que dan siete vueltas alrededor de la Kaaba, como si quisieran «cercar» el santuario en forma de cubo que representa la presencia de Alá en el centro mismo de la Gran Mezquita. Al despedirse de La Meca, Burton no reflexiona sobre la emoción que siente por haberse salido con la suya en su audaz misión, sino sobre el profundo impacto que el lugar ha causado en quienes le rodean:

> Nada más finalizar las ceremonias de peregrinación se produjo una inmersión general en los placeres mundanos. Todos los devotos estaban ahora impolutos, el libro de sus pecados estaba ahora en blanco: muchos no perdieron el tiempo para [...] empezar a rellenarlo. La fe no debe cargar con la culpa de las irregularidades. Lo mismo ocurre con el calvinista, después de un domingo de oración, que peca durante todo el lunes con entusiasmo, y con el católico romano que vuelve a caer con un fervor renovado en todo aquello que le llevó a la confesión y la penitencia, y con el musulmán que lava su alma corriendo y dando vueltas; y, para ser justos, hay que decir que [...] en la convicción musulmana, hay muchas excepciones notables a este comportamiento. Varios de mis amigos y conocidos se reformaron para siempre la primera vez que vieron la Kaaba.[4]

El poder que sigue teniendo La Meca en nuestros tiempos, por otra parte, muy diferentes, es tan inmenso que cuando, 150 años después, Jason Mohammad, el popular presentador televisivo británico, visitó La Meca, su relato fue muy similar al de Burton. Criado en Cardiff como musulmán por su padre pakistaní, grabó un documental en 2009 sobre su primera peregrinación, en el que ofrecía a los no musulmanes una visión en primera persona de lo que se siente en esa ciudad. Viajó fuera de la temporada del hach (que se produce una vez al año en el *Dhu ul-Híyyah*, el doceavo y último mes del calendario lunar musulmán). Por esa razón, su visita fue lo que se conoce como *umrah*, o «peregrinación menor» a La Meca. Según el islam, esta se puede hacer en cualquier época del año, pero no es una obligación religiosa como el hach. En cualquier caso, Jason Mohammad cuenta que estar delante de la Kaaba fue un momento determinante en su vida. «Me cambió como persona. Los que van, dicen que no pueden explicar lo que sienten cuando están allí, y nunca lo entendí.

Ahora que he estado allí, lo entiendo. Me invadieron los mismos sentimientos. Estás en paz y el resto del mundo no existe.»[5]

Todos los lugares de peregrinación tienen, en cierta medida, la capacidad de evocar la sensación de salir del mundo cotidiano y adquirir una nueva perspectiva. Sin embargo, La Meca aporta un rasgo muy específico, pues a la ciudad solo pueden acudir los 1.500 millones de musulmanes de todo el planeta. Por encima de todo, se trata de un lugar asociado a una instrucción específica del Corán. «Llamad a la gente a la Peregrinación, que vengan a ti a pie o sobre cualquier montura, que vengan desde cualquier remoto camino. Para que den testimonio de los beneficios que han recibido y mencionen el nombre de Alá en los días consabidos al sacrificar las reses del ganado que Él les ha proveído.»[6]

Pero es mucho más que eso. Aquí, en La Meca, para quienes acuden a realizar el hach o la *umrah* desde todos los rincones del mundo (algunos de ellos con población mayormente musulmana, otros donde son una pequeña minoría), se hace tangible uno de los principios fundamentales de su fe. La fraternidad —y hermandad— esencial y especial entre los creyentes se vive a diario. Malcolm X, activista por los derechos civiles, estadounidense, de raza negra y musulmán converso, dejó constancia de ese hecho en su relato del hach que realizó en abril de 1964:

> Aquí hay musulmanes de todos los colores que proceden de todos los rincones de la Tierra. Durante los últimos días que he pasado aquí, en La Meca, mientras comprendía los rituales del hach, he comido del mismo plato, he bebido del mismo vaso y he dormido en la misma cama o alfombra, que reyes, potentados y otra clase de gobernantes, con compañeros musulmanes cuya piel era la más blanca de las blancas, cuyos ojos eran los más azules de los azules y cuyo pelo era el más rubio de los rubios. Podía mirarlos a sus ojos azules y ver que me consideraban uno más, porque su fe en un único Dios [Alá] les había quitado el «blanco» de la mente, lo que automáticamente cambió su actitud y comportamiento hacia la gente cuya piel es de otros colores.[7]

A su regreso a Estados Unidos, Malcolm X antepuso a su nombre el prefijo El-Hajj (como tienen derecho a hacer todos los que completan el hach), y a partir de entonces se le conoció como El-Hajj Malik El-Shabazz, mientras defendía que la corriente principal del islam ofrecía una vía para hacer frente a las tensiones raciales de Estados Unidos. Diez meses después fue asesinado.

El profeta Mahoma nació en La Meca en el año 570. Además de ser conocida por su destreza comercial, esta ciudad situada en el centro de la región del Hiyaz, en la península arábiga, ya tenía una larga historia como lugar sagrado. En esa zona tan árida, se había descubierto, muchos siglos atrás, una fuente de agua subterránea conocida como el pozo de Zamzam, que se creía que había surgido por un milagro de Dios. En el corazón de la ciudad, y con la misma antigüedad que el pozo, se encontraba la Kaaba que, según los arqueólogos, pudo albergar entre sus muros de piedra los utensilios sagrados del culto de Zamzam. A este santuario interior de La Meca, muy anterior a la época de Mahoma, acudían una vez al año peregrinos de fuera de la ciudad, realizando lo que llamaban hach.

En La Meca, estaban inextricablemente unidos el comercio y la religión. Los coraichitas, la tribu gobernante, creían que la presencia de la Kaaba era responsable de su prosperidad económica. Y lo mismo pensaban otros que envidiaban su buena fortuna. A finales de la década de 560, los gobernantes de Yemen, más al sur, parte del reino cristiano de Axum en Etiopía situado al otro lado del mar Rojo, llegaron a establecer un santuario rival en Saná y luego atacaron La Meca para refutar su afirmación de que contaba con protección divina. El tiro les salió por la culata, pues los elefantes que iban delante de su ejército llegaron a las afueras de la ciudad y, al parecer, cayeron de rodillas en señal de reverencia ante la santidad de la Kaaba, y se negaron a dar un paso más. En ese año, conocido como el «año del elefante», durante el cual también nació Mahoma, los lugareños vieron reforzado su sentimiento de superioridad espiritual.

Sin embargo, ese sentimiento no bastó para que reinase la armonía entre los habitantes de la ciudad. Estas divisiones preocupaban a Mahoma, miembro respetado y honrado de la tribu gobernante, que se quedó huérfano durante su infancia, pero que de adulto se convirtió en comerciante y, en el año 595, se casó con Jadiya, una exitosa mujer de negocios quince años mayor que él. En el año 610, abandonó a su esposa e hijos y se retiró a una cueva (Hira) situada a tres kilómetros de la ciudad, para rezar en busca de guía. Allí recibió la visita del ángel Jibril (Gabriel en árabe, ya conocido en las tradiciones judía y cristiana) y escuchó cómo, de forma espontánea, brotaban de sus labios las primeras palabras de las sagradas escrituras árabes. Había nacido el islam, y con él se desarrollaron los rituales que ya existían por entonces en La Meca.

La historia del hach pasó a ser la historia de Mahoma. En marzo del año 632, cuando su salud ya estaba dañada, peregrinó y dio instrucciones firmes en su sermón de despedida en el monte Arafat sobre cómo debían tratarse los musulmanes entre sí, no como rivales, sino como hermanos: «Sabed que todo musulmán es hermano de otro musulmán y que todos los musulmanes son hermanos. Solo es lícito tomar de un hermano aquello que te da voluntariamente, no os equivoquéis».[8] Fue muy preciso al detallar cómo debía realizarse el hach. Incorporó y adaptó rituales tradicionales que tenían que ver con el pozo de Zamzam y la Kaaba (lo mismo sucedería durante la expansión del cristianismo en Europa, que tomó como referencia lugares paganos existentes), dándoles una nueva concepción que formaría parte del islam. Eliminó muchas prácticas, sobre todo algunas que tenían que ver con la Kaaba y que en el pasado habían provocado controversia. Por ejemplo, antes se cobraba a los visitantes por entrar en el edificio en el que se adoraba una estatua de Hubal, una deidad lunar preislámica (hoy está cerrado durante el hach por la enorme cantidad de gente que acude). Cuando, en el año 630, Mahoma regresó a La Meca desde su exilio en Medina, una de las primeras cosas que hizo fue destruir el ídolo de Hubal.

Un punto esencial para estructurar esta nueva versión de cómo tenían que ser las cosas en el futuro, con un único dios, era crear una nueva narrativa sobre el pasado. Mahoma explicó a su manera el origen del pozo de Zamzam y la Kaaba en La Meca y, de este modo, hizo que la figura humana más significativa del hach no fuera él mismo, sino Ibrahim (Abraham). Este patriarca bíblico es tan fundamental para el islam como lo es para el judaísmo y el cristianismo. Mahoma enseñó a los suyos que, en La Meca, los musulmanes seguían las huellas de Ibrahim.

En los textos judíos y cristianos, Agar, una sirvienta egipcia, tiene un hijo con Abraham, con la bendición de la esposa de este, Sara. Sin embargo, después de la intervención de Dios, Sara (a sus ochenta años) concibe a Isaac, hijo de Abraham. Ella se vuelve contra Agar y su hijo Ismael y le pide insistentemente a su marido que los destierre al desierto. Dios le dice a Abraham que acceda a su petición, pero le promete que Ismael dará lugar a «una nación».[9]

En el islam, esta promesa cobra vida. Ibrahim lleva a su mujer Hajar (Agar) y a su hijo Ismail (Ismael) a Arabia. En el desierto, Ibrahim los abandona por orden de Dios y Hajar se ve obligada a correr frenéticamente entre dos colinas en busca de agua para su bebé. Ese momento se recrea durante el hach en el ritual del *sa'ee.* Los peregrinos corren siete veces (o caminan enérgicamente) subiendo y bajando por un pasillo con suelo de mármol, entoldado y climatizado, desde la falda del monte Safa, situado tras la Kaaba, hasta el monte Marwa. De esa manera, unen las dos colinas de la historia de Hajar. Cuando regresa con las manos vacías, prosigue la historia, Hajar descubre que Ismail ha estado rascando la tierra. Cuando mira más de cerca, descubre el manantial subterráneo de Zamzam.

En la actualidad, el pozo forma parte del complejo de la Gran Mezquita, pero en el epicentro sigue estando la Kaaba. Los peregrinos ya daban siete vueltas a su alrededor en los siglos anteriores a Mahoma. Esta estructura, les contaba a sus seguidores, había sido construida por Ibrahim, con la ayuda de Ismail.[10] Más adelante, tanto la Kaaba como los rituales relacionados con ella se dedicaron inapropiadamente al culto de deidades paganas, pero ahora debía ser restaurada para el culto del único Dios, Alá.

Y así ha sido desde entonces, aunque a su alrededor han nacido nuevas tradiciones. El erudito medieval de origen persa, Al-Zamkhshari, fallecido en 1144, vivió durante muchos años en La Meca, donde era tan admirado que llegó a ser conocido como «el vecino de Dios». En sus escritos, sugería que fue el ángel Jibril quien guio a Ibrahim y a Ismail hasta el lugar en el que se construyó la Kaaba, e incluso les protegió del sol con sus alas mientras trabajaban. Hoy en día, una piedra cuadrada situada en el suelo a unos metros de la estructura, cubierta con un cristal y marcada con la huella de una pisada, es conocida como la «Estación de Ibrahim», y se dice que fue allí donde Ibrahim estuvo vigilando la construcción de la Kaaba.

El ángel también proporcionó a los constructores, padre e hijo, la piedra negra que está incrustada en la esquina oriental de los muros de la Kaaba, la única parte de la estructura original que ha sobrevivido a las inundaciones e incendios que la han asolado a lo largo de los siglos. Esta es la piedra que los peregrinos (incluido sir Richard Burton) buscan tocar tras abrirse paso entre la multitud. En los hadices, un registro de las tradiciones y dichos del Profeta, se dice que, originalmente, la piedra era más blanca que la leche, pero se ennegreció por los pecados de la humanidad.

En los años posteriores a la muerte de Mahoma, el califato islámico inspirado por él se propagó rápidamente hasta incluir bajo su soberanía la ciudad de Jerusalén, gran parte del norte de África y tierras tan distantes como España y Persia. Esta rápida expansión de lo que se denominaba «la morada del islam» proporcionó un gran número de peregrinos potenciales cuya obligación religiosa (siempre que fuera posible) era viajar a La Meca.

Por lo tanto, en las rutas de peregrinación empezaron a aparecer caravanas que tardaban unos treinta y cinco días desde El Cairo, o treinta desde Damasco, muy poco en comparación con el tiempo que invertían todos los que iban andando desde muy lejos para llegar a esos puntos de partida. Para ellos, el hach era un viaje de varios años.

Una de las razones que explican por qué La Meca lleva atrayendo peregrinos desde hace tantos siglos y de forma continua es que siempre ha sido una ciudad separada del resto, un lugar sagrado, no un centro político. Allí está prohibida toda clase de violencia y, aunque en algunos momentos de su historia ha sido atacada, en general se ha mantenido al margen de los conflictos. Cuando el califato islámico se extendió desde La Meca por Oriente Medio, África y Europa, estableció su sede política en otros lugares, como Damasco y Bagdad. Sin embargo, se mantuvo el estatus especial de La Meca, de manera despiadada cuando fue necesario. Por esa razón, a finales el siglo IX y principios del X fue tratado con tanta severidad el movimiento místico y esotérico sufí, que daba importancia al viaje interior restando importancia al viaje físico del hach. Uno de sus miembros, Husain al-Mansur, también conocido como Al-Hallaj, «el cardador», afirmaba que era posible realizar un hach en espíritu sin necesidad de salir de casa. Fue ejecutado en el año 922.

Algunos no estaban de acuerdo con el papel que desempeñaba La Meca, mientras que otros defendían lugares alternativos. En la ruta de peregrinación que llega a La Meca desde el norte (Bagdad), pasaba por Karbala, escenario de una batalla decisiva que se produjo en octubre del año 680 d. C. fruto del enfrentamiento continuo entre las diferentes facciones que defendían la autoridad del Profeta como líder del califato. Husáin ibn Ali y su hermano Abbás, nietos de Mahoma e hijos del cuarto califa, se negaron a jurar lealtad al nuevo jefe del califato, Yazid I, ajeno a la familia, argumentando que no seguía las enseñanzas del Profeta. Ambos fueron asesinados en Karbala y sus pretensiones olvidadas, pero el resentimiento que provocó este suceso amplió la brecha existente en el islam entre los suníes (en la actualidad, alrededor del 80 % de los musulmanes) y los chiíes (el 15 %). Aunque todos los musulmanes consideran que La Meca y Medina son los lugares más sagrados, las tumbas de Husáin y Abbás en Karbala, a cien kilómetros al sudoeste de Bagdad, siguen siendo lugares especiales para los chiíes.

Se calcula que allí acuden cada año unos ocho millones de peregrinos, lo que convierte a Karbala en el mayor santuario del islam, por delante de La Meca. Sus visitas se concentran en dos fechas en particular. Los peregrinos chiíes acuden en masa a Karbala durante la Ashura, que se celebra el décimo día del mes de muharram, el primero del calendario islámico, que marca el aniversario de la muerte de Husáin y es fiesta nacional en Afganistán, Bahréin, Irak, Irán, Líbano y Pakistán. Cuarenta días después se celebra el Arbain, el acontecimiento más importante del año, que marca el final del luto según las enseñanzas del Profeta. Unos veinte millones de personas se dirigen a Karbala, muchas a pie, tanto para recordar a los que murieron en la batalla como para recordar y honrar a sus propios familiares fallecidos. A diferencia de La Meca, Karbala no excluye a los no musulmanes. Pueden participar cristianos, yazidíes, zoroastrianos y otros creyentes de la región.

Alrededor de la ciudad santa de La Meca hay cinco puntos (o *miqats*) por los que entran los cuatro millones de peregrinos que llegan cada año. Una vez en su interior, deben vestirse de la forma adecuada para cumplir con el *ihram*. Aunque pueda parecerlo, no se trata de un conjunto de normas sobre cómo se ha de vestir. Se trata, más bien, de un estado de ánimo, simbolizado por la vestimenta, en el que debe encontrarse el peregrino para así poder abrirse, dejando de lado las preocupaciones mundanas y centrándose más en el alma que en el cuerpo. El hombre debe vestirse con dos piezas de tela blanca sin costuras ni nudos, que se enrollan alrededor del cuerpo dejando al descubierto el hombro derecho, y sus zapatos han de dejar expuestos el tobillo y el dorso del pie. La mujer por su parte debe llevar un vestido de cuerpo entero y un *khimar*, una especie de capa que cubre pelo, cuello y hombros, signo externo de una renuncia interior a la vida cotidiana.

El aspecto de mortaja de su vestimenta recuerda a los peregrinos que todos los que la llevan son iguales, al margen de lo que tengan en sus cuentas bancarias, y que, cuando están en La Meca, se encuentran en algún lugar situado entre este mundo y el otro, entre esta vida y la vida eterna. Es un ensayo para el día del Juicio Final, lo que explica por qué tantos peregrinos regresan a sus casas con una sensación de cambio y renovación.

El *ihram* también exige otras formas de abnegación durante los cinco días del hach para evitar que nadie se distraiga del objetivo principal. No se debe llevar perfume; hay un jabón especial que no huele. Los hombres no deben cortarse ni las uñas, ni el pelo ni la barba. Las mujeres no deben llevar maquillaje. No se deben decir palabrotas y no se puede reñir, pelear ni fumar. Los hombres deben abstenerse de mirar fijamente a las mujeres y no se permite tener relaciones sexuales, ni siquiera entre parejas casadas. Las normas de segregación por sexos, como las que se aplican en muchas mezquitas, son más relajadas, pero sigue siendo difícil que una mujer musulmana, soltera y menor de cuarenta y cinco años realice el hach, a menos que vaya acompañada de su padre o hermano.

No todos los peregrinos se organizan los distintos días que dura el hach de la misma forma. Cada individuo es el director espiritual de su propia peregrinación. Muchos optan por dedicar el primer día a los rituales de la *umrah*, o «peregrinación menor», que puede realizarse durante todo el año. Hay que dar siete vueltas alrededor de la Kaaba en el sentido contrario a las agujas del reloj, lo que, según los musulmanes, es un reflejo del movimiento de los ángeles que rodean el *Bayt al-ma'mur* («casa muy frecuentada») en el paraíso. Cubierta con una tela de seda negra o *kiswa*, sobre la que están bordados versículos del Corán en caligrafía dorada, la Kaaba, otro de los cinco pilares del islam, es el centro de la vida misma de todo musulmán y la dirección en la que debe dirigir sus rezos cinco veces al día. Al haber tanta gente durante el hach, y dado que a los hombres jóvenes se les anima tradicionalmente a que caminen a paso apresurado, resulta casi imposible llegar a tocar, o besar, la piedra negra de sus muros. Con admirable pragmatismo, hoy se insta a los visitantes a señalarla con los dedos mientras recitan súplicas a Alá. En algunos aspectos, La Meca se ha adaptado a la modernidad. Los peregrinos, por ejemplo, actualmente se hacen selfis con la Kaaba de fondo. Al publicar esas fotografías en sus redes sociales, permiten el acceso de los no musulmanes a la Kaaba, aunque sea únicamente de forma virtual, sin necesidad de recurrir a las mismas tretas que sir Richard Burton.

La siguiente parada es el pozo de Zamzam, donde se puede beber agua antes de iniciar el ritual del *sa'ee*, la caminata de ida y vuelta entre los dos montes, a imitación de lo que le ocurrió a Hajar en el desierto. Otras partes del hach, que el peregrino puede realizar en el orden que le convenga, incluyen pasar la primera noche en alguna de las muchas tiendas de campaña que se instalan en el extenso campamento del valle de Mina, a las afueras de La Meca, antes de dirigirse al monte Arafat, donde Mahoma predicó su último sermón y definió las reglas definitivas del hach. La llegada debería producirse a mediodía, y los que pueden pasan las horas que quedan hasta la puesta del sol en oración y contemplación, a menudo bajo un calor sofocante.

Dado que el calendario islámico está basado en la luna, cada año es diez u once días más corto que los años del calendario estándar, por lo que el período del hach se va desplazando, pasando de una estación a otra, en un ciclo que dura años. Aquellos que lo realizan cuando cae en pleno verano, tienen que aguantar temperaturas que pueden superar los cuarenta grados centígrados.

Dejando atrás el monte Arafat, al atardecer los peregrinos se dirigen a Muzdalifa, al oeste, algunos a pie, otros en autobús, para recoger piedras que utilizarán al día siguiente. Tras otra noche en la tienda de campaña, a menudo en amplios dormitorios compartidos, pero separados por sexo, se dirigen a Jamarat, donde se colocan sobre un puente (una reciente adición a la geografía sagrada del hach) para lanzar piedras a los tres pilares que representan al diablo. Ese ritual se realiza para rememorar la ocasión en la que Shaitán (el diablo) intentó convencer a Ibrahim para que no se sometiera (islam significa «sumisión») a la voluntad de Dios.

A continuación, recordando la disposición de Ibrahim a sacrificar a su hijo, los peregrinos deben sacrificar una oveja, una cabra, una vaca o un camello. Pero lo que ocurre es que casi todos pagan una cuota para que se haga en su nombre. Llegados a este punto, si la peregrinación es la tradicional, los hombres pueden raparse o cortarse el pelo, las mujeres cortarse un poco el suyo, y todos pueden quitarse la ropa del *ihram*. Queda un segundo y último *tawaf*, dar otras siete vueltas alrededor de la Kaaba. Se reza según las palabras del Profeta: «El peregrino intercede por cuatrocientos de sus familiares y está tan libre de pecado como el día en que su madre lo dio a luz».

A continuación, algunos pueden optar por hacer un viaje (no obligatorio para completar el hach) a Medina, para ver la tumba de Mahoma, y regresar a La Meca para estar tres días más y unirse a las festividades del Eid al-Adha, o fiesta del sacrificio, celebrada por los musulmanes de todo el mundo para conmemorar la demostración de fe realizada por Ibrahim. Se sacrifica ganado y se distribuye la carne entre los pobres.

Los rituales y las características esenciales del hach apenas han cambiado con el paso de los siglos. Ese hilo conductor conecta a la generación actual de visitantes de La Meca con las generaciones pasadas, hasta Mahoma y más atrás. Es un camino por el que otros han transitado, y unas oraciones que otros ya han rezado. Esta continuidad es fundamental para que el hach sea una experiencia única en la vida de los peregrinos.

Sin embargo, el telón de fondo del hach, el paisaje urbano de La Meca, solo tiene una importancia secundaria. Por eso, durante los últimos años ha sufrido una rápida transformación, que no todo el mundo ve con buenos ojos. La mayoría de los lugares de peregrinación del mundo dan una importancia exagerada a la autenticidad, a los vínculos con el pasado que confieren autoridad al lugar. Siempre que es posible, se conservan los edificios originales y el aspecto general. En cambio, en La Meca, estas preocupaciones han pasado a un segundo plano para así poder acomodar a los 2,3 millones de visitantes que llegan en un período de tiempo tan concentrado (durante el hach) y a los 1,7 millones adicionales que acuden en otros momentos del año para la *umrah*.

Tras la caída del Imperio otomano, después de la primera guerra mundial, la soberanía de La Meca pasó, en 1925, a manos de Ibn Saúd, fundador y primer monarca de la actual Arabia Saudita. Sus sucesores dinásticos son los guardianes de la ciudad santa, como en su día lo fueron los califas de Damasco, luego los de Bagdad, los sultanes de El Cairo y los gobernantes otomanos de Constantinopla. Gracias a los recursos económicos generados por la producción de petróleo a gran escala que empezó a fluir en la península arábiga en la década de 1930, se han construido carreteras y aeropuertos en Medina (el primer vuelo procedente de El Cairo llegó en 1937) y en Yedda, en el mar Rojo, a ochenta kilómetros de distancia. Este último está equipado con una terminal especial para el hach, capaz de recibir cincuenta aviones por hora en temporada alta. Cuenta con salas especiales donde los peregrinos que desembarcan pueden ponerse la vestimenta adecuada para el *ihram*, antes de subir por la carretera de Yeda a La Meca y atravesar la espectacular Puerta del Corán, construida en 1979 reproduciendo la forma de un atril que sostiene el texto sagrado.

Sin embargo, otros proyectos han generado una gran polémica. La demolición, en 2002, de la Fortaleza de Ajudá, una ciudadela otomana construida en el siglo XVIII para defender la Gran Mezquita que dominaba desde su posición elevada, provocó una protesta internacional. Una vez nivelada la colina sobre la que se alzaba, fue sustituida por un grandioso e inconfundible hotel de lujo, coronado por una torre de reloj similar al Big Ben, que empequeñece la Kaaba. En el complejo hay un centro comercial de cinco plantas y aparcamientos. Aunque es el que más destaca, hay muchos otros edificios modernos que dominan el horizonte de La Meca y que forman parte de un plan de expansión de las instalaciones que, desde 1985, ha supuesto la pérdida de antiguos monumentos de la ciudad relacionados con el Profeta y su familia. Uno de ellos era la casa de su tío Hamza, arrasada por las excavadoras en 2014 para construir otro hotel, y la casa de Jadiya, su primera esposa, casi destruida por completo.

El principal motor de todos esos cambios es la insaciable demanda de una arquitectura y unas infraestructuras urbanas eficientes y funcionales capaces de atender a las multitudes que celebran el hach y la *umrah*. Al wahabismo, la corriente saudí predominante del islam, no le gusta la exagerada importancia que se les da a las visitas a santuarios, tumbas o lugares de interés histórico-religioso. Aquel que venere demasiado las reliquias del pasado (en este caso, la antigua ciudad de La Meca) podría estar cometiendo el pecado más grande del islam: adorar a alguien o algo que no sea Alá.

El gobierno saudí tiene un ministerio que se dedica exclusivamente a la gestión de La Meca. Es responsable de los visados que todos los peregrinos extranjeros deben obtener para ir a La Meca o a Medina (en 1972 se abolieron las antiguas tasas de peregrinación). En la actualidad, los visados para el hach se limitan debido a la falta de espacio. En 2013, por ejemplo, el número de visados concedidos se redujo en una quinta parte a causa de las grandes obras de construcción que se estaban llevando a cabo. El ministerio también concede becas a musulmanes para que puedan peregrinar, ya que sin esa ayuda no podrían costearse el viaje. En la actualidad, tres cuartas partes del total de los peregrinos extranjeros que obtienen visado provienen de ocho países, siete de los cuales (Indonesia, Pakistán, Bangladesh, Irán, Egipto, Nigeria y Turquía) son de mayoría musulmana.

La afluencia de tal cantidad de peregrinos pone al límite los mecanismos necesarios para que todo funcione correctamente. En 1990, el fallo de un sistema de ventilación en un túnel peatonal provocó una estampida en la que murieron 1.426 peregrinos, mientras que, en 2015, un fallo similar en Mina causó la muerte de setecientas personas. La Meca actual tampoco ha sido inmune al auge mundial del terrorismo. En 1979, un grupo de disidentes armados ocupó la Gran Mezquita y tomó rehenes. Tras dos semanas de asedio, los soldados asaltaron el edificio, pero cientos de peregrinos murieron en la batalla resultante.

Estos trágicos episodios son la antítesis de la fe que los peregrinos depositan en el hach y han acelerado los planes de las autoridades con los que pretenden mejorar tanto las instalaciones como la seguridad de La Meca. Se está ampliando la capacidad de la Gran Mezquita (también conocida como Al-Haram o Mezquita del Haram) para que, en 2030, acoja a 2,5 millones de fieles (en la actualidad caben 1,5 millones). Mientras que el *mataf*, la zona donde los fieles rodean la Kaaba, se ha triplicado para que pueda acoger a 150.000 personas al mismo tiempo. Esos planes tan ambiciosos supondrán nuevos cambios en la estructura de La Meca y en algunas de las otras veinte que se cree que datan de la época del Profeta.

¿Acaso importa? Como ya hemos visto en páginas anteriores, es casi imposible diferenciar turismo y peregrinación. Al margen de La Meca, Arabia Saudita presentó en 2019 sus planes para «abrir» el país a los extranjeros. Los visados estarán disponibles no solo para quienes deseen peregrinar, sino también para los que estén interesados en visitar otros lugares del país. Se asegura que los visados electrónicos se tramitarán en tan solo siete minutos y se espera que las turistas no estén obligadas a cumplir los estrictos códigos de vestimenta anteriores, que obligaban a llevar la *abaya*, una prenda que cubre el cuerpo desde el cuello hasta los pies, en todos los lugares del reino.

Esta apertura hacia el turismo es producto de una necesidad económica. En la actualidad, los peregrinos extranjeros tan solo representan el 3 % de los ingresos nacionales. El objetivo de las autoridades es que en 2030 llegue al 10 %, para así poder diversificar la economía y no depender tanto de las exportaciones de petróleo en la era del cambio climático. Se discute públicamente si, algún día, La Meca podría ser visitada no solo por peregrinos musulmanes, sino también por turistas. Al fin y al cabo, en internet se pueden ver vídeos de peregrinos haciéndose selfis mientras que, en el mundo real, las reformas han permitido que los no musulmanes puedan visitar algunas partes de Medina, aunque no las secciones centrales alrededor de la tumba del Profeta. Un tren de alta velocidad une ahora La Meca con Medina, y La Meca cuenta con un sistema de «tren ligero», construido y operado por una empresa china. Y, a finales de 2019, incluso aparecieron fotos de ciudadanos chinos, supuestamente no musulmanes, a los que se les mostraba La Meca, un gesto que algunos interpretaron como un anticipo de los posibles planes de las autoridades sauditas.

En un lugar en el que las características fundamentales de la peregrinación son inmutables, cualquier flexibilización de las normas existentes podría equiparar La Meca con otros lugares modernos, pero su identidad particular está ligada a su carácter intemporal y diferenciado del resto. Si se sigue adelante con esos planes, es inevitable que se pierda algo muy valioso.

5

Lalibela
Desenterrando un misterio

No deseo escribir más sobre estas obras [las iglesias] porque [mis lectores] me acusarán de faltar a la verdad.

Francisco Álvares, sacerdote portugués,
sobre el «descubrimiento» de las iglesias de Lalibela
en la década de 1520

Son las cuatro de la mañana, justo cuando el sol empieza a asomar en el sombrío y hermoso altiplano etíope, a 2.500 metros sobre el nivel del mar. Los lugareños se unen a los peregrinos que han viajado hasta aquí desde todo el país. Siguen con paso firme y decidido a sus sacerdotes a través de la bruma roja que levantan las ruedas de los esporádicos vehículos que pasan por el camino de tierra que atraviesa este terreno de arenisca de color rojo rosado. La mayoría de las figuras que atraviesan este paisaje, ya de por sí espectacular, van vestidas, como es tradición, con *natelas* ceremoniales de algodón blanqueado, a menudo de la cabeza a los pies. No parece haber ningún destino concreto a la vista. Caminan, como cualquier otro peregrino, en busca de algo intangible. Entonces, de repente, el terreno que se encuentra frente a la multitud se abre y los peregrinos empiezan a descender hacia el complejo de Lalibela.

Mientras bajan, algunos alzan su mirada, buscando la luz del cielo. Otros, centrados en lo que tienen delante, buscan el paraíso en la Tierra. Sin embargo, en Lalibela, los cien mil cristianos ortodoxos que peregrinan hasta allí cada año —algunos en una ardua marcha descalzos a través de las montañas— bajan constantemente la mirada para contemplar este particular lugar milagroso, un grupo compuesto por once antiguas iglesias esculpidas en la tierra. Según la opinión de la mayoría de los expertos, la más antigua de ellas data de hace unos novecientos años, y se construyó con métodos que ni siquiera la ciencia del siglo XXI es capaz de comprender. Algunas se han esculpido a partir de un único bloque de piedra que, a su vez, está contenida en un vasto pozo excavado en la tierra.

La procesión de peregrinos desaparece mientras desciende por debajo del nivel del suelo a través de empinadas escaleras y un laberinto de túneles subterráneos en los que se pueden encontrar grutas, cuevas eremíticas y catacumbas. Allí viven monjes eremitas y ascetas. Sin embargo, las iglesias están a cielo abierto y algunos de sus tejados están alineados con la superficie. Alrededor de las iglesias, los patios subterráneos están embutidos entre sus muros exteriores y las paredes del gigantesco agujero hecho en el suelo que las contiene. Pero ninguna descripción previa puede preparar a los peregrinos para el impacto que les produce ver por primera vez este lugar sagrado, donde, más que en cualquier otra parte de la Tierra, el tiempo deja de tener sentido, donde lo antiguo y lo moderno se fusionan, donde las estructuras congeladas en el tiempo y en la tierra hablan elocuente y misteriosamente del poder perdurable de la fe.

De momento, a Lalibela no acuden muchos turistas espirituales occidentales, pero la mejora del aeropuerto y de una carretera que conduce hasta el centro está consiguiendo que cada vez lleguen más visitantes. Durante las festividades más destacadas, la mayoría de los que se desplazan hasta allí pertenecen a la sólida Iglesia ortodoxa etíope de Tewahedo, que cuenta con cuarenta millones de fieles. Acampan al raso, en la fría noche, a menudo sobre una simple lona de plástico. La ciudad todavía no ha sido invadida por los hoteles, albergues y otras comodidades típicas del primer mundo, ni se ve allí la tendencia a anteponer los intereses comerciales sobre cualquier otro valor. Durante el día, los rituales consagrados se desarrollan tal como lo llevan haciendo desde hace siglos. La ortodoxia —la etíope y la del resto de las ramas— se toma muy en serio su pretensión de ser inmutable. Eso es lo que atrae a los peregrinos a Lalibela.

Las once iglesias asoman de sus escondites en tres grupos: cinco están situadas en el norte del complejo, entre ellas está la más grande de todas, Bet Medhane Alem (Casa del Salvador del Mundo), y la más antigua, Bet Maryam (Casa de María); otras cinco en el sur, entre ellas Bet Abba Libanos (Casa del abad Libanos), en la que se pueden apreciar las alarmantes grietas que recorren su fachada; y una aislada, Bet Giyorgis (Casa de san Jorge), la más conocida y fotografiada de todas. Si se observa a ras de suelo, es, sin duda, la más impresionante. Su techo plano imita la forma de la cruz griega que hay grabada en él. Sin embargo, las once iglesias son destacadas obras tanto escultóricas como arquitectónicas. Cumplen con pocas de las convenciones habituales asociadas a los grandes edificios religiosos. No ambicionan llegar hasta el cielo como las agujas de las catedrales medievales de Europa, sus contemporáneas más cercanas. Y apenas parecen haberse utilizado ladrillos en su construcción.

En las grandes fosas que las albergan, algunas de las paredes que retienen la tierra en los cuatro lados tienen elaboradas decoraciones cinceladas. Las iglesias más llamativas no emergen de los muros de contención, sino que se erigen libres y orgullosas en el centro de sus recintos ahuecados. Se alzan como una única pieza de piedra tallada. En sus paredes exteriores y alrededor de puertas y ventanas destacan los motivos geométricos. Los santuarios interiores, oscurecidos, iluminados apenas con velas y divididos en secciones, son más suntuosos, y sus techos están adornados con detallados murales en los que se yuxtaponen la Virgen y el Niño, un león africano errante y una acacia seca. Como esta última, estas iglesias crecen de la tierra.

La fe de los peregrinos que se desplazan hasta ese lugar es lo que ha permitido que, estas iglesias, las únicas dedicadas a la fe cristiana construidas durante el período precolonial en el África subsahariana, hayan podido sobrevivir nueve siglos. Todo este complejo, una versión del cielo hecha por el hombre a partir de la naturaleza y anclada en y a la tierra, palpita de fervor religioso. Para los que prefieren acercarse a la fe con más ligereza, como ocurre en el Camino de Santiago, Lalibela puede superarles, ya que inunda todos los sentidos: la visión de los peregrinos bajando los escalones, el olor acre pero tranquilizador de la tierra, el sonido omnipresente de los cánticos y el tacto de la roca milenaria, testigo de tanta historia. El poder combinado que aportan todos estos factores puede ser abrumador.

Puede que las iglesias sean monumentales, pero no enormes. La mayor, Mehdane Alem, solo mide treinta metros de largo (la basílica de San Pedro, por ejemplo, mide 186 metros); la más pequeña, Bet Denagel (la Casa de las Vírgenes Mártires), sin ventanas y casi enterrada en el patio de Bet Maryam, mide nueve por ocho metros.

A primera hora de la mañana, la procesión se dirige a la iglesia de san Jorge, llamada así en honor al santo patrón de los cristianos ortodoxos etíopes, los cuales constituyen el 44 % de la población del país. Alta, estrecha, blanquecina y moteada de rosa y amarillo por fuera, se ubica en un receptáculo cuadrado de roca de 22 por 22 metros de superficie (el equivalente a unos doce adultos tumbados y estirados en el suelo) y once metros de profundidad (o seis adultos). Incluso a esta hora del día, parte de los que acuden no verán cumplidas sus esperanzas de entrar. Y tampoco es que todos quieran. Habitualmente, solo se permite entrar (es obligatorio quitarse los zapatos) a los muy mayores y a los muy jóvenes. Para cumplir con el ritual, es tan válido estar al aire libre alrededor del edificio como estar de pie junto al altar.

Mirando desde arriba, en el pálido amanecer, la penumbra del estrecho patio de altas paredes se ilumina con las vestimentas y turbantes blancos de los peregrinos que allí se reúnen. Algunos se arrodillan y tocan tres veces con la cabeza la que consideran tierra sagrada. Otros la besan y tocan la pared de la iglesia. Creen que así se acercan a su Creador tanto como si estuvieran postrados rezando.

Una de las características del espíritu ortodoxo es su solidez ante el azote de los vientos de cambio, algo que en otros lugares ha motivado que se remodelen sus iglesias (la liturgia de la ortodoxia griega sigue siendo la misma desde el siglo IV). Fiel a ese espíritu, en Lalibela la lengua utilizada en todos los rituales desafía claramente el paso del tiempo. En Etiopía, el ge´ez desapareció de las conversaciones cotidianas en el siglo XI, pero sigue siendo la única lengua utilizada en estas iglesias. Los cánticos vagan por la estancia buscando el exterior y se elevan llevados por las nubes azul grisáceo de incienso a través de las ventanas carentes de cristal. En su ascenso, unen ese mundo con el que comienza a ras de suelo. Lo terrenal y lo sobrenatural se funden a la perfección.

No se sabe a ciencia cierta quién construyó estas iglesias, cómo lo hizo o por qué razón. Ese misterio refuerza la fe de los peregrinos que acuden a Lalibela. El hecho de que aún no se haya dado una explicación satisfactoria contribuye a realzar su reputación como lugar apartado del mundo, capaz de situarse por encima de las preocupaciones y el conocimiento cotidianos. Es una cualidad que comparte con otros lugares de peregrinación situados a miles de kilómetros, como Stonehenge. Allí, el círculo de imponentes piedras erguidas situado en la llanura de Salisbury y colocadas de esa forma hace unos 5.000 años ha resistido con firmeza a lo largo de los siglos todos los intentos de revelar cuál fue el propósito con el que se construyó, algo que ha incrementado su popularidad, ya que el número de visitantes que recibe aumenta cada año.

Con Lalibela ocurre lo mismo. Los que no pueden afrontar la caminata que cruza las montañas tienen que soportar un viaje de diez horas en autobús desde la capital etíope, Adís Abeba, por unos caminos muy bacheados. Cuando llegan, se ven absorbidos por el misterio que rodea el lugar. Su fe les enseña que no existe una respuesta terrenal satisfactoria, porque se trata de un lugar sagrado, obra de Dios. Las dificultades técnicas que hubo que superar para construir esas iglesias debieron ser tan extremas, y tan inexplicable la decisión de hacerlo de una forma completamente diferente (bajo tierra) de lo que marcaba la sabiduría convencional, que solo pueden ser producto de una mano divina, más grande, mejor y más sabia. La propia existencia de Lalibela se considera una prueba de la existencia de Dios. ¿Qué mayor atractivo puede haber para los peregrinos?

Según la mayoría de los estudios realizados, las iglesias datan de finales del siglo XII y principios del XIII. Sin embargo, algunos especialistas, entre los que destaca David Phillipson, creen que las primeras estructuras podrían remontarse a los siglos VII y VIII. Las creencias asociadas a ese lugar tienen raíces espirituales que se remontan a mil años antes de Cristo, cuando, según cuenta el Antiguo Testamento, una «reina del sur» (conocida habitualmente como la reina de Saba) viajó de Etiopía a Jerusalén para estudiar bajo la tutela del rey judío Salomón, hijo de David, constructor del Primer Templo y conocido por su sabiduría. Se dice que esta reina regresó a su pueblo portando versiones de muchas de las Escrituras Hebreas y permitió que el judaísmo se propagara en sus tierras.

Su relación con el rey judío no fue solo espiritual e intelectual. Tuvieron un hijo, Menelik, que fundó una gran dinastía en Etiopía, basada en parte en la religión que su madre había introducido en el país tras su estancia con Salomón. En el Kebra Nagast («Gloria de los reyes»), uno de los textos más sagrados de la ortodoxia etíope, se cuenta la historia de Menelik y cómo viajó hasta Jerusalén para conocer a su padre. En su regreso se llevó el Arca de la Alianza, que, según se afirma en el libro, se conserva en secreto en la iglesia de Nuestra Señora de Sion, en Aksum, la antigua capital del país. Solo su monje guardián puede verla, pero, a lo largo de los siglos, los pocos que han podido echar un vistazo siempre han dicho que se trata de una réplica. Cualquiera que sea la verdad, la leyenda demuestra que, así como el cristianismo surgió del judaísmo, lo mismo ocurrió con su encarnación ortodoxa etíope.

Algunos relatos de los primeros cristianos señalan que Mateo (el apóstol que fue recaudador de impuestos) o Matías (según los Hechos de los Apóstoles, elegido tras la crucifixión para sustituir al traidor Judas Iscariote como uno de los doce encargados de difundir las enseñanzas de Jesús a todas las naciones) fueron los que llevaron la Buena Nueva a Etiopía («la ciudad de los caníbales») en el siglo I d. C. Los Hechos también cuentan que Felipe el Evangelista, uno de los doce discípulos de Jesús, se reunió con un funcionario etíope. En la narrativa ortodoxa local, este detalle se utiliza para dar a entender que existía una ruta de peregrinación entre Etiopía y Jerusalén, pero los eruditos bíblicos creen ahora que el término «etíope» se utilizaba de una forma más general para designar a cualquier persona de piel negra procedente de África.

Otra leyenda que cuenta con una base histórica algo más sólida es la de Frumencio, un monje cristiano sirio (o mercader, según la versión que se lea) que naufragó en los primeros años del siglo IV d. C. y fue vendido como esclavo a la corte de Ezana, que gobernaba el Imperio aksumita en Etiopía. Frumencio empezó a convertir al cristianismo a algunos de sus captores y, una vez liberado, optó por continuar su misión en Aksum, siendo nombrado posteriormente obispo de Etiopía por el Patriarca de Alejandría, san Atanasio el Grande. Gracias al trabajo de Frumencio, el cristianismo se convirtió en la religión oficial de Aksum. Poco después, Constantino le concedió el mismo reconocimiento dentro del Imperio romano, lo que, según algunos cálculos controvertidos, convirtió a Etiopía en el primer país oficialmente cristiano del mundo.

Otros continuaron con el trabajo iniciado por Frumencio y en los siglos V y VI establecieron una cadena de monasterios cristianos, entre ellos el de Adwa, en el que se guardan los Evangelios de Garima, considerados los manuscritos cristianos iluminados (con decoración) más antiguos del mundo. Cuando en el siglo XI se separaron las ramas oriental y occidental del cristianismo, Etiopía siguió la tradición ortodoxa en lugar de al papa de Roma. Sin embargo, aunque en teoría estaba bajo la autoridad del patriarca copto ortodoxo de Alejandría, el hecho de estar situada tan al sur y tan aislada geográficamente le permitió desarrollar su propia forma de culto. En la actualidad, un patriarca ortodoxo etíope, con sede en Adís Abeba, dirige la que se ha convertido en una iglesia separada y distintiva, tan alejada, en muchos sentidos, de la ortodoxa griega como del catolicismo.

El rey Lalibela (1181-1221) formaba parte de esa iglesia y de la dinastía gobernante zagüe (la palabra procede del griego y significa «tierra de rostros quemados») que había sustituido a los gobernantes aksumitas del norte de Etiopía en el siglo X d. C. De él se dice que fue un cristiano ortodoxo especialmente devoto y santo. Los zagüe trasladaron su capital al interior hacia el año 1000 d. C., temiendo que Aksum fuera demasiado vulnerable a las incursiones musulmanas lanzadas desde la costa del mar Rojo. La nueva capital se llamaba originalmente Roha, pero más tarde se cambió por el nombre del rey, Lalibela, que significa «las abejas reconocen su soberanía», en referencia al enjambre que se supone que apareció cuando nació el rey y se posó sobre su cuerpo de bebé sin causarle daño alguno.

Aunque es posible que por entonces se creyera que el rey Lalibela fue elegido por Dios desde su nacimiento, su educación fue estricta y peligrosa, en una corte real por entonces díscola y fracturada. Tuvo que soportar la hostilidad de su tío y las maquinaciones de un hermanastro mayor, Harbe, que en una ocasión se alió con una hermanastra para disolver, en una bebida supuestamente tentadora, algo lo bastante tóxico como para matarle. La historia hagiográfica cuenta que, al ser generoso por naturaleza, Lalibela pasó el cáliz envenenado a un diácono para que probara el cóctel preparado por sus hermanos. El pobre hombre cayó muerto, al igual que el perro que pasaba por ahí y le lamió.

El hecho de que hubiera sobrevivido mientras otra persona moría en su lugar le hizo sentirse indigno, continúa el relato, así que se bebió los posos que quedaban en el cáliz y se sumió en un profundo sueño. En él, Dios le llevó a ver diez iglesias talladas en una sola roca. Tres días más tarde, dado que los posos no habían sido suficientes para acabar con él, resucitó de entre los muertos. Creyéndose salvado por Dios con un propósito, se dispuso a recrear la visión de las iglesias rupestres que vio en su sueño.

Como ocurre con una gran parte de las narraciones religiosas que más atraen y seducen a los peregrinos devotos, los detalles no soportan un análisis mínimamente riguroso. En este caso, hay otras teorías, más terrenales, sobre los orígenes de este lugar. Una de ellas es que Lalibela viajó a Jerusalén, pues tenía a esa ciudad en gran estima. Cuando, en el año 1197, Saladino y sus tropas musulmanas tomaron la ciudad, se sintió devastado y decidió construir una «Nueva Jerusalén» a la que pudieran acudir los peregrinos, ya que no podían acceder a la verdadera. Según otra teoría, los gobernantes cristianos del norte de Etiopía tenían que hacer frente a las incursiones de los musulmanes desde el otro lado del mar Rojo. La amenaza era mucho más real. En este caso, quien construyó las iglesias de Lalibela pretendía que estas fueran refugio (literalmente) y punto de reunión de una cultura religiosa cristiana, particular y característica, que se encontraba bajo asedio.

Es más que evidente que, en la actualidad, en Lalibela se percibe un eco superficial de la Jerusalén de los Evangelios. El canal de drenaje que la atraviesa, que impide que las fosas se llenen de agua, se conoce como el Jordán, aunque no es un río. Sin embargo, este complejo no es una réplica, ni siquiera a grandes rasgos. Lo que lo conecta con Jerusalén es su simbolismo. Bet Medhane Alem, la más grande de las once iglesias, tiene una fachada tallada en la roca y está rodeada por treinta y cinco columnas rectangulares, lo que le da cierto aire a un templo griego. Contiene tres tumbas vacías reservadas para los cuerpos de Abraham, Isaac y Jacob, los tres patriarcas bíblicos, para que así tengan un lugar de descanso por si, en el futuro, son expulsados de Jerusalén por algún gobernante musulmán. Asimismo, en Bet Golgotha (la Casa del Gólgota, donde está prohibida la entrada a las mujeres) hay tumbas para Cristo y para Adán (junto a la que más tarde ocupó el rey Lalibela).

Todos estos son monumentos que demuestran que su creador sentía un gran respeto por Jerusalén. Hubo, y sigue habiendo, muchos otros lugares cristianos en Etiopía con nombres simbólicos de Tierra Santa. Por ejemplo, en el sur de Gondar se puede visitar un monasterio de Belén y en Oromo, un monte de los Olivos.

Lo más probable, pues, es que Lalibela fuera concebida, al menos en parte, para parecerse a la ciudad santa que el rey vio en sueños cuando languidecía tras ser envenenado. John Binns escribió en su historia de la iglesia ortodoxa de Etiopía, publicada en 2017, que «Lalibela se propuso crear un lugar donde se notara la presencia de Dios y al que el devoto y el peregrino pudieran viajar para estar en contacto con la santa presencia». Es más importante el simbolismo que la semejanza real, porque enseña a los peregrinos las verdades fundamentales sobre las que se sustenta su fe. Eso explicaría todos los detalles de esa construcción: por qué, por ejemplo, Bet Maryam está junto a Mehdane Alem, la iglesia de la madre de Jesús junto a la de su hijo, el Salvador del Mundo.

Aunque los peregrinos acuden a este lugar para escapar de las preocupaciones terrenales, el simbolismo también puede ser político. Cuenta la leyenda que el rey Lalibela tuvo otro sueño (este tipo de ensoñaciones nocturnas también aparecen en las Escrituras Hebreas, el Antiguo Testamento cristiano, y en el Corán). Cuando el complejo de las diez iglesias estaba a punto de completarse, el rey vio en sueños a san Jorge, patrón de Etiopía, acabando con los enemigos del país. Cuando despertó, Lalibela se dio cuenta de que, en el urbanismo sagrado de su nueva Jerusalén, no había ninguna referencia a san Jorge, por lo que encargó la construcción de una undécima iglesia, Bet Giyorgis. En algunas versiones, muere antes de terminarla y su viuda completa la tarea en su memoria.

Una vez más, uno puede ampararse en una leyenda moralista por una razón más pragmática. Vincular su propio nombre de forma tan ostentosa al santo protector de los etíopes no habría dañado su posición como gobernante. Y si se observa el complejo de Lalibela desde un punto de vista más histórico que religioso, es posible vislumbrar otro relato. Puede que las mejores esculturas de las once iglesias sean las que se encuentran en Bet Amanuel (la Casa de Emmanuel, palabra que en hebreo se traduce como «Dios con nosotros»), pero su propósito inicial parece haber sido homenajear al rey y no a Dios, ya que originalmente era una capilla real. Por su parte, en Bet Merkorios (la casa de Marcos el Evangelista) hay grilletes para los tobillos que sugieren que fue una cárcel para los que se oponían al gobierno del rey. Otra prueba más de cómo en Lalibela se mezcla lo terrenal con lo divino es el hecho de que solo se puede acceder a Bet Merkorios desde Bet Gabriel-Rufael (la Casa de los Ángeles Gabriel y Rafael) a través de un túnel de 35 metros sin iluminación; una ruta que, según creen los peregrinos ortodoxos, está diseñada de esa forma para que parezca un anticipo de lo que significa estar en el infierno.

El enigma de Lalibela, donde lo espiritual y lo histórico están entrelazados, sigue sin resolverse: ¿cómo se hicieron realmente estas construcciones y cómo se pudieron finalizar con tanta rapidez? Los constructores modernos que la han visitado no han podido asegurar que en ellas se haya utilizado algún dispositivo de ahorro de trabajo o una herramienta de movimiento de tierras. Y, además, pese a que el clima es muy hostil, se construyeron con tanta maestría que aún perduran, aunque ha sido necesario proteger con modernas y feas cubiertas impermeables de chapa ondulada los tejados de algunas de ellas, en particular Bet Medhane Alem y Bet Abba Libanos, para así resguardarlas de la lluvia y el sol y evitar que se deterioren más. Cuando se les plantea esta pregunta, la respuesta de los peregrinos es, por supuesto, que Dios construyó Lalibela. Así ha sido a lo largo de toda la historia de Lalibela. Según la *Gadla Lalibela*, una hagiografía eclesiástica ortodoxa del rey, escrita poco después de su muerte, mientras los obreros dormían tras una larga jornada, los ángeles bajaban del cielo para ocupar su lugar y proseguir el trabajo a una velocidad cuatro veces superior a la de los simples mortales.

Huelga decir que los arqueólogos modernos no están de acuerdo con estas explicaciones, pero se esfuerzan por ofrecer una respuesta que explique por qué estas iglesias están bajo tierra. En otras partes de Etiopía hay iglesias, capillas y monasterios tallados en la roca o en cuevas. Especialmente bellas y espectaculares son las construcciones que se encuentran más al norte, en Tigray, que datan del siglo VI d. C., pero todas están por encima del nivel del suelo (en algunos casos, a miles de metros de altura), y además no suelen estar en grupos. ¿Por qué, entonces, en Lalibela, las iglesias están bajo tierra y por qué hay once y no solo una?

Puede que ambas preguntas estén relacionadas. Si se desea construir una iglesia en una fosa, su escala estará limitada por el tamaño del agujero que se puede excavar. La solución lógica podría haber sido excavar una serie de fosas con pequeñas iglesias en ellas, y la combinación de esas once estructuras juntas equivaldría a una gran catedral. Si esa era realmente la intención, no se ha conseguido, ya que, hoy en día, para los peregrinos que acuden allí, la mayoría de las once iglesias son entidades separadas y distintas. Además, muchos solo visitan su favorita.

Esa hipótesis tampoco explica por qué el rey enterró las iglesias. ¿Pudo haber sido por motivos militares? Seguramente hubiese sido mucho más fácil defenderlas ante un ataque de las fuerzas musulmanas si estuvieran en la superficie. Los atacantes se podrían abalanzar sobre una de las fosas a más velocidad que si tuvieran que trepar por un imponente muro externo. Así, pues, ¿podría haber sido una solución para preservar las estructuras contra los avatares del clima de las altitudes elevadas, colocándolas en un «contenedor» en el que las paredes de tierra mitigarían las fluctuaciones de temperatura? Aunque Etiopía ocupa solo el 4% de la superficie total del continente africano, la mitad de su territorio se encuentra por encima de los dos mil metros de altura, y el 80% de ese porcentaje se halla por encima de los tres mil, con todos los problemas climáticos que ello conlleva. ¿Podría ser entonces que enterrar las iglesias hubiese sido una solución local a un problema local? Parece poco probable que esa sea la explicación que justifique una obra tan compleja como esta.

Y recuerdo, una vez más, que estas iglesias no son meros cascarones primitivos hundidos en la tierra. Son obras de arte, y sus minuciosos detalles refuerzan aún más el argumento de que su construcción pudo haberse iniciado antes de la época de Lalibela y que, por tanto, habría durado siglos y no décadas, tiempo suficiente para que manos humanas realizaran el duro trabajo. En sus interiores podemos encontrar varios estilos diferentes (pilares griegos, ventanas arabescas y espectaculares pinturas murales), mientras que su organización imita la del Templo de Jerusalén. Bet Maryam, la Casa de Nuestra Señora, una de las más populares entre los peregrinos actuales, contiene en su muro oriental un detalle decorativo que no se ha visto en ningún otro lugar del mundo. Hay dos filas de tres ventanas talladas en la roca. El trío superior representa la Santísima Trinidad, más importante en la ortodoxia que en el cristianismo occidental. Las tres ventanas inferiores se sitúan bajo una cruz tallada y recrean así el monte Calvario, donde murió Jesús. Para Él es la ventana central de las tres inferiores. La de su derecha es para Dimas, el ladrón que se arrepintió y al que Jesús prometió la vida eterna en el cielo. Lo sabemos porque hay una pequeña abertura dibujada sobre él, para simbolizar un atisbo del paraíso. La de la derecha es para Gestas, el criminal que no pidió perdón. Por esa razón, en este caso la abertura está debajo, un agujero a través del cual puede vislumbrar el infierno, donde sufrirá un tormento eterno.

El momento en el que Lalibela parece más de otro mundo es durante la Navidad, la época del año en la que acuden más peregrinos. Al igual que ocurre con la iglesia ortodoxa etíope, sigue utilizando el antiguo calendario juliano, en lugar del gregoriano adoptado en Occidente y en casi todo el mundo desde 1582. Por esa razón, no celebra el nacimiento de Cristo a finales de diciembre, sino a principios de enero. Por eso es también la época más popular para los peregrinos occidentales, que añaden unas vacaciones extra a las que pasan con la familia.

El acontecimiento principal es el Timkat (llamado a veces Temqat), la festividad más importante en Lalibela, como lo es también en todas las iglesias ortodoxas etíopes. Cae el 19 de enero en el calendario gregoriano (o el 20 en un año bisiesto) y celebra tanto la Epifanía (cuando en el cristianismo occidental se conmemora la llegada de los tres reyes al pesebre del Niño Jesús en Belén) como el bautismo de Jesús en el río Jordán por su primo, Juan el Bautista. El Timkat de Lalibela, que dura tres días, comienza con los Tabots, réplicas de las tablas que contienen los mandamientos que Dios transmitió a Moisés y que fueron colocados posteriormente en el Arca de la Alianza. Cada iglesia tiene un Tabot y durante el Timkat los de las once iglesias subterráneas son retirados con gran ceremonia de sus altares. Esto equivale a una clausura temporal de los edificios como lugar de culto, ya que el Tabot es el objeto más sagrado, al igual que el Arca fue en su día la pieza central del Templo de Jerusalén.

El objetivo de ese gran acontecimiento es que los fieles puedan ver los Tabots mientras estos son transportados, envueltos en suntuosas telas de terciopelo, sobre la cabeza de un sacerdote de cada una de las iglesias, los cuales salen por los túneles y suben por las escaleras que conducen al nivel del suelo. Pasan la primera noche en una gran tienda, instalada en las inmediaciones, donde se canta y reza durante toda la noche. La tienda se instala junto a un gran estanque azul en forma de cruz que representa el río Jordán (como la zanja de drenaje de las fosas). A la mañana siguiente, los sacerdotes bendicen el agua ante una gran multitud. Los clérigos se cubren la cabeza con sombrillas de vivos colores y elaborados flecos (también se dice que son así por la presencia del Espíritu Santo), mientras muchos de los presentes deciden renovar sus votos religiosos sumergiéndose en el agua a imitación de Cristo.

Más que un ritual solemne, es un espectáculo alegre y exuberante, como pasar una tarde de verano en el campo con jóvenes saltando, chapoteando, gritando y disfrutando a lo grande. Incluso los sacerdotes bailan mientras dirigen los cánticos. También se cree que las aguas del estanque tienen poderes curativos milagrosos, y hasta allí acude un gran número de discapacitados en busca de ayuda. Asimismo se dice que las mujeres sin hijos que quieran concebir recibirán ese don si se bañan en esas aguas.

A continuación, los Tabots regresan a sus iglesias por un camino indirecto, acompañados de cantos, tambores, campanas (*sitras*) y trompetas. Cuando ya se encuentran a buen recaudo, se celebra una fiesta comunitaria, ofrecida por el pueblo a sus sacerdotes y regada con *tej*, una exquisitez local, una bebida de hidromiel y eucalipto.

Estos rituales, como muchas otras cosas que se hacen en Lalibela, no se rigen exclusivamente por un reglamento eclesiástico o por normas clericales, sino que se hacen como siempre se han hecho. Y así seguirán haciéndose. De esa forma, cuando están dentro de los recintos sagrados, los fieles ortodoxos pueden dar la espalda por un momento a la lógica del mundo moderno para el que todo es provisional, susceptible de desarrollarse, evolucionar y adaptarse en función de la última tendencia o descubrimiento. Con ese apego inquebrantable a lo eternamente inmutable, todos los esfuerzos que realizan los historiadores, arqueólogos y el gran número de expertos que descienden periódicamente a las once iglesias para intentar averiguar por qué están ahí, en este remoto lugar escarpado y rocoso, son en cierto modo irrelevantes. Son cuestiones ajenas a los peregrinos de hoy, como lo es el mundo exterior, que flota sobre los tejados de las fosas subterráneas donde se reúnen. Se trata de un mundo aparte, un mundo en el que, además, se deja abierta una puerta que conduce a la dimensión trascendente, ausente en otros lugares.

6

Lourdes, Medjugorje y los santuarios marianos

María y los milagros

Todos los lugares de peregrinación tienen algo en común: se cree que son lugares en los que una vez se produjeron milagros que pueden volver a ocurrir.

VICTOR Y EDITH TURNER,
Image and pilgrimage in christian culture (1978)[1]

En octubre de 1987, unos amigos convencieron a Jean-Pierre Bely para que los acompañase al santuario católico francés de Lourdes. Antiguo enfermero de cuidados intensivos, llevaba doce años con movilidad reducida y, cuando finalmente le diagnosticaron esclerosis múltiple, tuvo que dejar el trabajo. En la época en la que viajó a Lourdes, su enfermedad se había apoderado de su cuerpo, hasta tal punto que este hombre de 51 años apenas podía levantarse de la cama y, por supuesto, no podía dar ni un solo paso. En aquella pequeña ciudad a la sombra de los Pirineos, tuvo que ser empujado en su silla de ruedas hasta la gruta, el lugar exacto en el que, en 1858, una campesina llamada Bernadette Soubirous dijo que se le había aparecido la Virgen María dieciocho veces durante las semanas precedentes.

En la gruta, Bely fue bendecido por un sacerdote, y más tarde comentaría que inmediatamente tuvo la sensación de que el mundo empezaba a girar a su alrededor. Lo llevaron a una sala junto a otros enfermos y allí sintió que se le helaban los huesos.

Pero poco a poco me fui calentando hasta que sentí como si un fuego me estuviera quemando todo el cuerpo. Me sentía abrumado. Oí una voz que me decía: «¡Levántate y camina!». Y, de repente, me encontré sentado en la cama. Empecé a tocarme el dorso de las manos y me di cuenta de que había recuperado la movilidad y la sensibilidad de la columna y los hombros, bloqueados desde hacía años.[2]

Después de que Bernadette compartiera los detalles de las apariciones que presenció, los peregrinos empezaron a acudir en masa a Lourdes. El obispo local había avalado al menos siete curaciones milagrosas de enfermedades físicas gracias al agua del manantial que la madre de Jesús había hecho brotar. Sin embargo, sus acciones pusieron en alerta al Vaticano, que se encargó de evaluar, de manera oficial, todos los milagros que se afirmaba que habían ocurrido en ese lugar. Desde hace 130 años, esa labor la realiza en su nombre la Oficina Médica de Lourdes, encargada de examinar todos esos informes ante un comité de expertos médicos. Si encuentra una explicación científica, el caso es rechazado. Si no, después de superar numerosos exámenes, se aprueba oficialmente. La Oficina dice que recibe, por término medio, treinta y cinco relatos de curaciones milagrosas al año. De todas ellas, solo sesenta y siete han sido reconocidas como auténticas por el Vaticano. La más reciente es la de Bely, aprobada en 1999. Aquel día, en la habitación de los enfermos, le pidieron que se levantara y caminara. Así lo hizo, y así lo lleva haciendo desde entonces.

El viaje que hacen los peregrinos suele incluir al menos algún tipo de guiño a la curación, ya sea el deseo de ponerse en forma, salir de la rutina diaria para sintonizar con un ritmo interior, diferente y más purificador o, como Bely, liberarse de alguna enfermedad física o mental. Sin embargo, en los santuarios marianos del catolicismo, esta esperanza generalizada, y a menudo sobreentendida, atrae a peregrinos de todo el mundo. De todas las religiones existentes, posiblemente sea el cristianismo la que más haya integrado la curación milagrosa en su credo. En los relatos de los cuatro evangelios, Jesús aparece muchas veces curando milagrosamente a alguien: de la lepra (evangelio de Mateo), devolviendo la vista a los ciegos (Marcos), diciendo a los paralíticos que se levanten y anden (Lucas) e, incluso, resucitando al muerto Lázaro (Juan). Y ahora, gracias a la intercesión de su madre, María, se cree que en los santuarios que visitan los peregrinos católicos y que se han erigido gracias a estas historias de curación también se pueden conseguir resultados similares.

No hay duda de que, en estos tiempos seculares, esta afirmación contradice los dictados de la razón. A muchos católicos, por lo demás fieles, les cuesta creer que, en esos lugares concretos, Dios ofrezca una prueba tangible y física de su existencia que encaje a la perfección con nuestros deseos humanos. Cada año, unos treinta y cinco millones de personas visitan los santuarios de Guadalupe (México), Fátima (Portugal), Medjugorje (antigua Yugoslavia) y Knock (Irlanda), solo por citar algunos. Existen otros de menor tamaño repartidos por todo el mundo, algunos de los cuales cuentan con una antigüedad de casi mil años. Y son tan solo la última manifestación del anhelo de curación divina que se remonta aún más atrás, como sugirió la pintora surrealista Leonora Carrington, nacida en Gran Bretaña, criada en el catolicismo y afincada en México, en su célebre mural *El mundo mágico de los mayas*. En él se puede ver a la virgen de Guadalupe llevada en alto por los fieles, cuyos rostros son espíritus animales que formaban parte de las creencias de los indígenas de México antes de la llegada del catolicismo.

Las apariciones originales de la Virgen en Guadalupe se produjeron en 1531. En el año 1061, casi medio milenio antes, cerca de la costa este de Inglaterra, concretamente en Walsingham (Norfolk), María se apareció a una devota noble local, Richeldis de Faverches, y le ordenó construir una réplica de la «Santa Casa» de Nazaret, donde se había criado el Niño Jesús. Esta aparición coincidió con el auge del culto a la Virgen María, tanto por parte de la Iglesia como por parte del pueblo. Durante los primeros siglos del cristianismo no se le prestó mucha atención, puede que debido a lo poco que se habla de ella en los evangelios. En una organización cuyas altas esferas clericales están dominadas por los hombres, la figura de María como principal intercesora de la humanidad en el cielo solo resultaba muy atractiva en aquellas congregaciones donde las mujeres eran mayoría, pero carecían de un papel oficial.

Lady Richeldis se dispuso a hacer lo que María le había pedido. Walsingham, con su réplica de la Casa Santa, su pozo sagrado donde manaban aguas curativas y su gran abadía, se convirtió en uno de los principales santuarios marianos de la Europa medieval. Atraía a peregrinos que llegaban allí gracias a una red de rutas en las que había capillas, abadías y otros lugares que ofrecían hospitalidad a los viajeros y que conectaban el santuario con Norwich, Ely o Londres. Una de esas rutas transcurría por un traicionero camino que atravesaba las marismas del estuario del Wash, y llegaba incluso hasta el norte y el oeste de Inglaterra y más allá. A unos dos kilómetros del santuario, en la capilla de las zapatillas, los peregrinos se descalzaban y, como acto de penitencia adicional, completaban el último tramo descalzos. Este sacrificio corporal era, y sigue siendo, una costumbre entre los peregrinos. El último domingo de julio, los devotos católicos irlandeses suben descalzos Croagh Patrick, en el Condado de Mayo, el monte pedregoso donde san Patricio ayunó durante cuarenta días en el siglo V.

Todos los monarcas ingleses, desde Eduardo I hasta Enrique VIII, peregrinaron a Walsingham; este último en 1511, para agradecer a María su intercesión ante Dios para que les concediera, a él y a su esposa, Catalina de Aragón, el hijo que tanto deseaban, el príncipe Enrique. Pero el niño murió a los dos meses de nacer y el rey rompería más tarde su relación con el papado, ya que deseaba divorciarse y volver a casarse para así poder concebir un heredero varón. Después de la ruptura con Roma, en 1536, Enrique ordenó la disolución de los monasterios, y la abadía, que era el centro de la vida de Walsingham, acabó siendo un edificio en ruinas.

El lugar volvió a ser una pequeña aldea rural. Sin embargo, durante los 350 años que pasó en el ostracismo, el legado de lo que había sido nunca se olvidó del todo. Su renacimiento se empezó a gestar a finales del siglo XIX. Se restauraron todos los edificios que quedaban y se erigieron réplicas de aquellos que habían desaparecido. En la actualidad, vuelve a acoger a unos cien mil peregrinos al año, aunque la cicatrización de las heridas provocadas por la Reforma inglesa todavía no ha conseguido unificar en uno solo los santuarios católico y anglicano que actualmente coexisten en ese lugar junto a una pequeña capilla ortodoxa.

El renacimiento de Walsingham implica que Inglaterra vuelve a ser uno de los sesenta y cuatro países del mundo en los que la iglesia católica tiene un santuario mariano nacional aprobado por sus obispos. Sin embargo, solo diez de esos lugares cuentan con la aprobación oficial del Vaticano por haber sido testigos de apariciones de María, y porque en ellos se produjo alguna cura milagrosa (algo que parece ser una consecuencia natural de las apariciones marianas).

Sin embargo, no todos los milagros son iguales, los hay de diferentes tipos y envergaduras. La mayoría de los visitantes actuales vienen en busca del alivio espiritual que encuentran en ese otro mundo que flota en la atmósfera de estos lugares de peregrinación, pero algunos siguen buscando una cura física. Por eso, cuando están en el santuario, el grupo más numeroso de peregrinos cuyas peticiones son más modestas es testigo directo de la fe del reducido número de enfermos y dolientes que acuden atraídos por las curaciones, verificadas oficialmente, que se han producido en ese lugar. A menudo, estos últimos han soportado viajes incómodos, llevando al límite sus cuerpos frágiles o debilitados. Su peregrinación tiene poco en común con la capacidad atlética que se requiere para recorrer el Camino de Santiago. La suya es una peregrinación con la que esperan recuperar urgentemente su salud perdida. «Aquí el enfermo no es uno más —escribió un usuario que iba en silla de ruedas en una carta enviada a su casa durante su visita a Lourdes—, es lo primero.» Y eso es lo que ocurre en la práctica en la cola de los baños del santuario, donde sumergen a esos visitantes durante un breve espacio de tiempo, con cuidado y cariño, en el agua del manantial que se cree que fue creado por María. También es cierto en un sentido espiritual. Las personas sanas y en forma que también acuden allí suelen dejar de lado todas las preguntas y dudas empíricas y mundanas sobre este tema y su habitual inclinación a considerar que lo que dicen los Evangelios sobre los milagros de Jesús es más una metáfora que un hecho. Al estar entre tantas personas que creen tan firmemente en el poder de los santuarios marianos para transformar las realidades cotidianas de sus vidas, se produce un curioso pero intenso efecto dominó. El acto de fe de los enfermos que allí acuden, tan tangible y poderoso, confiere a Lourdes (y a los demás santuarios marianos similares) un aura especial, un símbolo de discrepancia con el mundo que hay más allá de sus muros y santuarios.

Sin embargo, en los últimos tiempos, las autoridades católicas han minimizado suavemente la expectativa de encontrar una curación milagrosa en los santuarios de peregrinos que dirige o respalda. Las hileras de muletas desechadas que colgaban del techo de la gruta de Lourdes, como si fueran filas de soldados del Señor marchando a un ritmo celestial, han sido retiradas y guardadas bajo llave.

A mediados de la década de 1960, se celebró el Concilio Vaticano II, con el que se pretendía reformar y modernizar el catolicismo. Desde entonces, la Iglesia católica rebajó la importancia de las peregrinaciones marianas. Sin embargo, la llegada del papa polaco Juan Pablo II, en 1978, invirtió esta tendencia. «Antes de él —señala Marina Warner, historiadora cultural de formación católica y autora del famoso libro titulado *Tú sola entre las mujeres: el mito y el culto de la Virgen María*—, el papado había desarrollado una ligera ansiedad ante el exceso de entusiasmo mariano, el exceso de devoción popular y toda la pompa que ello conllevaba. Pero él no opinaba igual. Hizo más que ningún otro papa de los tiempos modernos para reavivar su culto. Gracias a él, el número de peregrinos no dejó de aumentar. Vimos el triunfo del lado más sensible del catolicismo.»[3]

Sin duda alguna, Juan Pablo fue un entusiasta de las visitas a lugares de peregrinación mariana. Durante su pontificado, fue tres veces a Fátima y dos a Lourdes, la segunda en 2004, un año antes de su muerte, cuando ya estaba visiblemente enfermo y le costaba hablar. Compartía con los doscientos mil fieles que allí se reunieron para saludarle un mismo deseo: cuando todo el conocimiento y la experiencia adquirida durante el siglo XXI hayan fracasado a la hora de resolver las diversas aflicciones humanas, la intervención divina, a través de María, vendrá al rescate, si no para curar, sí para aliviar el dolor y allanar el camino para lo que nos espera después de la muerte. A pesar de la cautela actual de la iglesia en torno a los santuarios de peregrinación marianos, el santuario de Lourdes sigue ofreciendo ese bálsamo a los creyentes que acuden allí. Y lo hace durante la procesión diaria de la tarde, a la sombra de la blanca basílica neogótica de la Inmaculada Concepción, detrás de un elaborado soporte que contiene el Santísimo Sacramento (el disco de pan ácimo utilizado en la Santa Cena que los católicos consideran que es el cuerpo de Cristo) y cada noche, mientras los peregrinos portan velas y recitan el rosario, la secuencia de oraciones asociadas a María. Cuando era joven y se estaba alejando de la Iglesia, el galardonado novelista irlandés Colm Tóibín, educado en el catolicismo, escribió lo siguiente sobre su visita a Lourdes: «Era consciente de haber entrado en otra atmósfera».[4]

Una prueba de cuán conocida es la reputación de este santuario es el hecho de que, en toda Francia, solo París cuenta con más plazas hoteleras que Lourdes (y eso a pesar de que cuatro de los otros diez santuarios aprobados por el Vaticano también están en Francia). Este dato también sugiere que Lourdes ya no es el lugar católico exclusivo que fue en las décadas anteriores. En Francia, como en todos los países occidentales, el descenso vertiginoso del número de fieles y de clérigos ha tenido consecuencias. A principios de los años noventa, el número de visitantes que viajaron hasta Lourdes disminuyó considerablemente, hasta una cuarta parte en el caso de las peregrinaciones en grupo, lo que provocó un déficit financiero en las cuentas del organismo eclesiástico que gestiona el santuario. Esto les obligó a replantearse cómo promocionar el lugar y ampliar su atractivo. Su idea era compensar la pérdida de peregrinos atrayendo a visitantes que sintieran cierta curiosidad por el mundo espiritual que se asocia al propio Camino de Santiago. De hecho, la ruta clásica del Camino Francés empieza no muy lejos de Lourdes, en Saint-Jean-Pied-de-Port, en el lado oriental de los Pirineos, cerca de la frontera entre Francia y España. Ahora, los peregrinos pueden vivir dos experiencias por el precio de una, volando a Lourdes (que tiene su propio aeropuerto) y saliendo desde allí para llegar a uno de los puntos de partida tradicionales del Camino de Santiago.

En la historia milenaria de los santuarios marianos, Medjugorje es un recién llegado. La noche del 24 de junio de 1981, un grupo de jóvenes de la localidad —algunos de los cuales vivían en esta zona profundamente católica de la Herzegovina actual (por entonces perteneciente a Yugoslavia), mientras que otros solo habían acudido allí para visitar a sus familiares durante las vacaciones estivales— describieron haber visto conjuntamente una extraña silueta luminosa en las laderas inferiores de la colina local conocida como Podbrdo (en la actualidad se conoce como «Colina de las apariciones»). En su interior había una hermosa y joven María con el Niño Jesús en sus brazos. Las apariciones se siguieron produciendo hasta el 1 de julio, siempre a la misma hora y en el mismo lugar.

En cinco días, la noticia se difundió hasta tal punto que quince mil peregrinos de toda la región acudieron para ver cómo los seis videntes, de edades comprendidas entre los diez y los diecisiete años, permanecían de pie o arrodillados, asombrados, con la mirada beatífica fija en un punto situado frente a ellos, mientras sus labios se movían en silencio. Poco después, explicaron a la multitud que habían estado dialogando con la «Gospa», palabra croata que significa Virgen María. Aunque el lugar en el que se encuentran situadas pertenece a Bosnia-Herzegovina desde la desintegración de Yugoslavia, las seis aldeas que componen Medjugorje son religiosa y étnicamente una extensión de la cercana Croacia, predominantemente católica.

Muchos aspectos de la historia de Medjugorje (su nombre significa «entre las montañas») coinciden con lo que ha sucedido en otras regiones católicas a lo largo de los siglos. También hay otros detalles que son diferentes y que parecen indicar que, incluso en los lugares católicos ligados a María y sus milagros, se están produciendo cambios que demuestran que el mundo de la peregrinación, antaño altamente introspectivo, se está abriendo.

Empecemos por lo aspectos comunes. La juventud (y los devotos dirían que también la inocencia) de los niños que han presenciado apariciones es sorprendente. La mayoría eran adolescentes, como Bernadette Soubirous; o Benoîte Rencurel, la pastora de 16 años que dijo haber visto a María en mayo de 1664 en Laus, en los Alpes franceses; o Mélanie Calvat, de catorce años, que junto con Maximim Giraud, de once años, dijo haber recibido, en septiembre de 1846, la visita de una María llorosa en la comunidad agrícola de La Salette, a poco más de 48 kilómetros de Laus. Estas dos últimas apariciones producidas en el sureste de Francia figuran, junto con la de Lourdes, en la lista aprobada por el Vaticano.

Y luego está el telón de fondo geográfico, que suele ser bastante parecido en todas las apariciones. Todas se producen en zonas rurales empobrecidas impregnadas de catolicismo. En junio de 1981, Medjugorje era un lugar tan remoto como Lourdes en 1858 o Walsingham el año 1061. Era un lugar tranquilo y aislado en el que el maíz, el tabaco y las vides crecían sobre el suelo rojo fértil de un valle a la sombra de altas y áridas montañas.

El contenido de los mensajes también es bastante similar al de otros lugares, especialmente su insistencia a la hora de conservar o retomar las prácticas tradicionales de la fe, como la oración, el ayuno, la lectura de las Escrituras, el respeto a los sacramentos y el rezo del rosario. Esto ha provocado que algunos se muestren escépticos. El jesuita Gerard Hughes, peregrino errante y escritor de finales del siglo XX, de cuyos relatos superventas sobre sus viajes a Roma y Jerusalén ya he hablado, expresó públicamente sus dudas sobre lo que denominó «devoción de las apariciones», sugiriendo que tenían un «atractivo especial para personas de opiniones rígidas, habitualmente de extrema derecha política y teológicamente, porque esa espiritualidad no desafía su pensamiento».[5] Para Hughes, la peregrinación debería servir para poner a prueba las creencias existentes, no para confirmarlas.

Y un último detalle común a la mayoría de las apariciones. Al igual que ocurrió en La Salette, en 1846, y más tarde con Lucía dos Santos y sus primos Francisco y Jacinta Marto, los tres jóvenes portugueses que, en 1917, en la Fátima rural, fueron testigos de la aparición, la Virgen María en Medjugorje confió a los testigos profundos secretos que solo podían ser revelados en una fecha posterior y concreta. Los paralelismos entre Medjugorje y Fátima son especialmente sorprendentes. En ambos lugares, los testigos afirman haber visto cómo giraba el sol en el cielo, al igual que los peregrinos que viajaron hasta allí para verlos mientras se les aparecía la virgen.

«Podía mirar directamente al sol, que parecía ser un disco plano de color blanquecino que giraba a gran velocidad», recuerda el padre Robert Faricy, académico jesuita de la Pontificia Universidad Gregoriana de Roma, sobre su visita a Medjugorje en los años ochenta.

> De vez en cuando, salía una luz desde detrás del disco. Intenté ver si mi parpadeo coincidía con estas pulsaciones de fuego, pero no fue así. Descubrí que podía apartar la mirada sin que mis ojos se deslumbraran. Después el sol recuperó su brillo normal y, durante

la hora siguiente, antes de que se pusiera, ya no pude volver a mirarlo directamente.[6]

Al igual que ocurrió con otros santuarios milagrosos, la pequeña aldea de Medjugorje creció de un modo rápido y caótico para acomodar, alimentar y apoyar, espiritual y físicamente, a todos los peregrinos que empezaron a llegar de forma repentina. Sin embargo, en este caso tuvieron que superar todos los obstáculos que les ponían las autoridades yugoslavas de entonces, hostiles a la religión organizada. Además, sospechaban que lo que se estaba gestando allí era un intento político de dar un respaldo católico al nacionalismo croata en un momento en el que la estructura federal de Yugoslavia, dominada por los serbios, se estaba descosiendo. Por esa razón, intentaron, sin éxito, cerrar la aldea a los peregrinos, detuvieron y encarcelaron al párroco, e incluso llevaron a los seis testigos de las apariciones a médicos y psiquiatras para intentar demostrar, infructuosamente, que estaban siendo manipulados o que deliraban.

La historia de la religión demuestra que cuando esta se topa con algún sistema político controlador, los esfuerzos por intentar acabar con ella pueden funcionar a corto plazo, pero a la larga lo que consiguen es reforzarla. Este fue el caso de Medjugorje en sus primeros días, y todavía hoy esa resistencia sigue formando parte del espíritu del lugar. Seis meses después de que aparecieran los primeros informes sobre las apariciones, y a pesar de los esfuerzos de las autoridades, llegaron cien mil peregrinos, muchos de ellos a pie, desde todos los rincones de Croacia y más allá. En cuatro décadas, el número total de peregrinos ha superado los cuarenta millones.

Una vez más, entre las personas atraídas por el lugar muchas han ido en búsqueda de la curación espiritual. «Mi actitud ante la vida había cambiado», escribió el historiador católico Desmond Seward, en su relato publicado en 1993 sobre su peregrinación a Medjugorje, al despertar después de pasar un día entero allí. «Todas las depresiones y preocupaciones habían desaparecido. Nunca había sentido tanta paz mental.»[7] También están, por supuesto, los que buscan sobre todo una cura física. Aunque, a diferencia de Lourdes, en el lugar no brota ningún manantial sanador, se han producido miles de milagros. En septiembre de 2003, Colleen Willard, una devota profesora católica de Chicago, de cincuenta y dos años, llegó a Medjugorje acompañada de su marido, John. Estaba tan enferma (tenía un tumor cerebral inoperable y otras afecciones diagnosticadas que la habían dejado con constantes dolores e incapaz de caminar) que las compañías aéreas se negaron a aceptar su reserva. Sin embargo, la atracción del lugar era demasiado fuerte, así que perseveró y las acabó convenciendo. Una vez allí, Willard conoció a uno de los seis jóvenes que presenciaron las apariciones, Vicka Ivankovic, que rezó por ella (varios siguen viviendo en Medjugorje y sus alrededores, mientras que otros han optado por marcharse lejos).

A continuación, esta madre de tres hijos asistió a misa en la moderna iglesia parroquial de Santiago Apóstol, cuyas torres gemelas dominan el paisaje del santuario. Más adelante, Willard recordaría que, cuando recibió la hostia consagrada en la santa comunión, sintió una fuerte sensación de calor que abandonaba su cuerpo y con ella el dolor que la había incapacitado. Pudo levantarse de la silla de ruedas y salir de la iglesia. Quince años después, sigue sin sentir dolor.

Sin embargo, en Medjugorje hay aspectos singulares que demuestran que se trata de un fenómeno de peregrinación claramente contemporáneo. Muchas apariciones marianas son de corta duración, algunas de un solo día, como en Knock, al oeste de Irlanda, en 1879, o como mucho de hasta cuatro meses, como las de Laus, en el siglo XVII. Sin embargo, hasta el día de hoy, los seis testigos de Medjugorje siguen diciendo que reciben mensajes de María; algunos de vez en cuando, otros una vez a la semana, al mes o al año. Estos mensajes se transmiten fielmente a los devotos a través de las redes sociales. Medjugorje es el primer santuario de peregrinación de la era de internet y la red ha permitido alimentar con gran éxito esa hambre espiritual sin necesidad de

1. Traslado de los restos de Santiago Apóstol hacia España.
Cuadro del Maestro de Raigern, *c.* 1425.

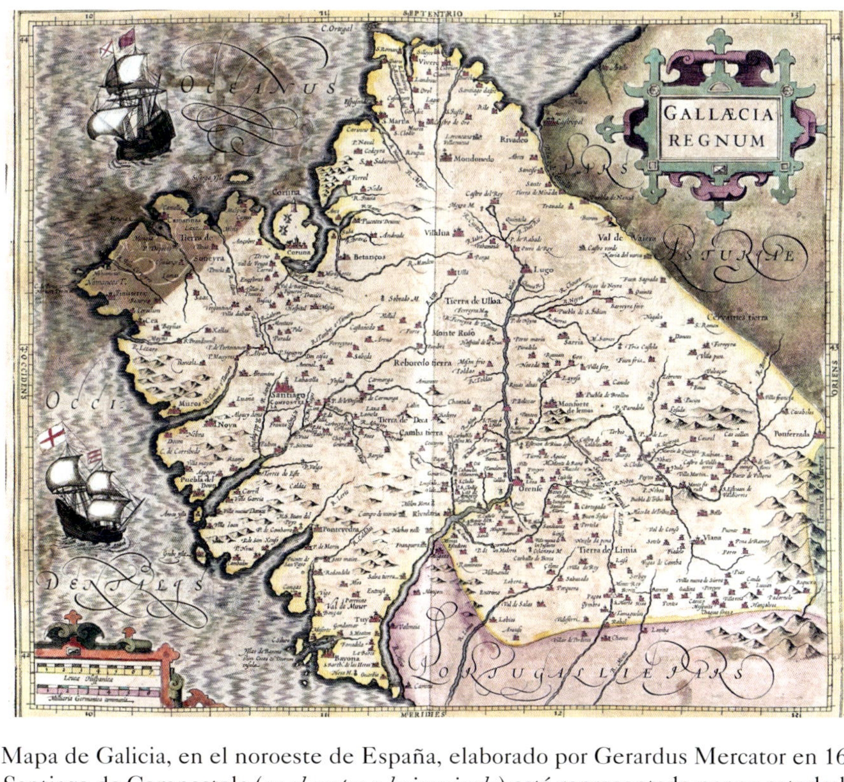

2. Mapa de Galicia, en el noroeste de España, elaborado por Gerardus Mercator en 1630.
Santiago de Compostela (*en el centro a la izquierda*) está representado por su catedral.

3. Catedral de Santiago, Santiago de Compostela.

4. Cúpula de la Roca y Muro Occidental, Jerusalén.

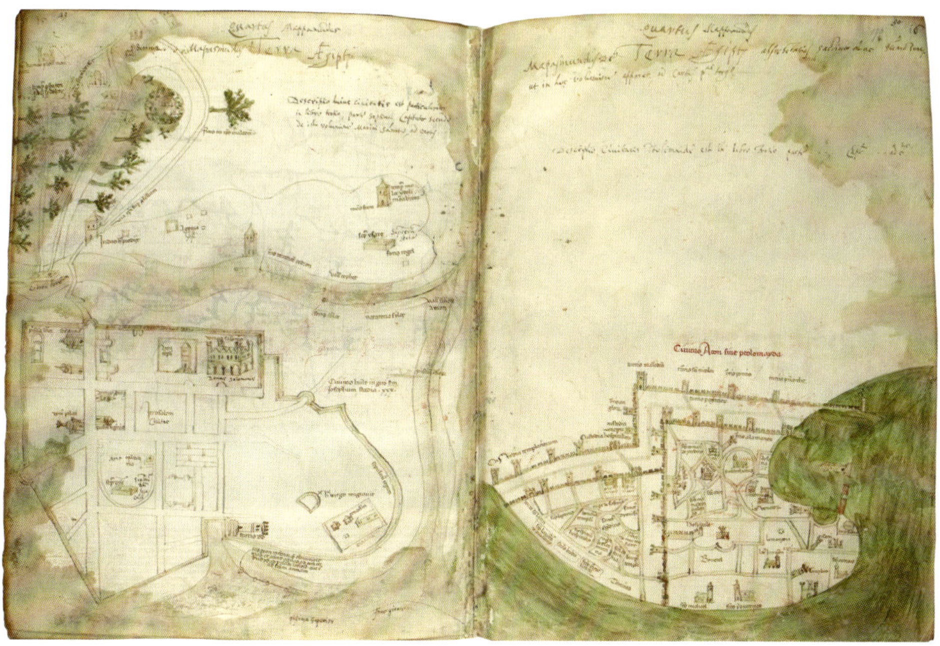

5. Plano de Jerusalén (*izquierda*), elaborado por Pietro Vesconte entre 1320 y 1325, en el que aparece representada la ciudad bíblica. También están indicados los lugares en los que se encontraban las casas (*domus*) del rey Salomón, Poncio Pilato y santa Ana y otros lugares como el Santo Sepulcro (*sepulchrum domini*) y el Templo. El mapa de la derecha es de Acre, conquistada por el islam en 1290, representada como una fortaleza cristiana.

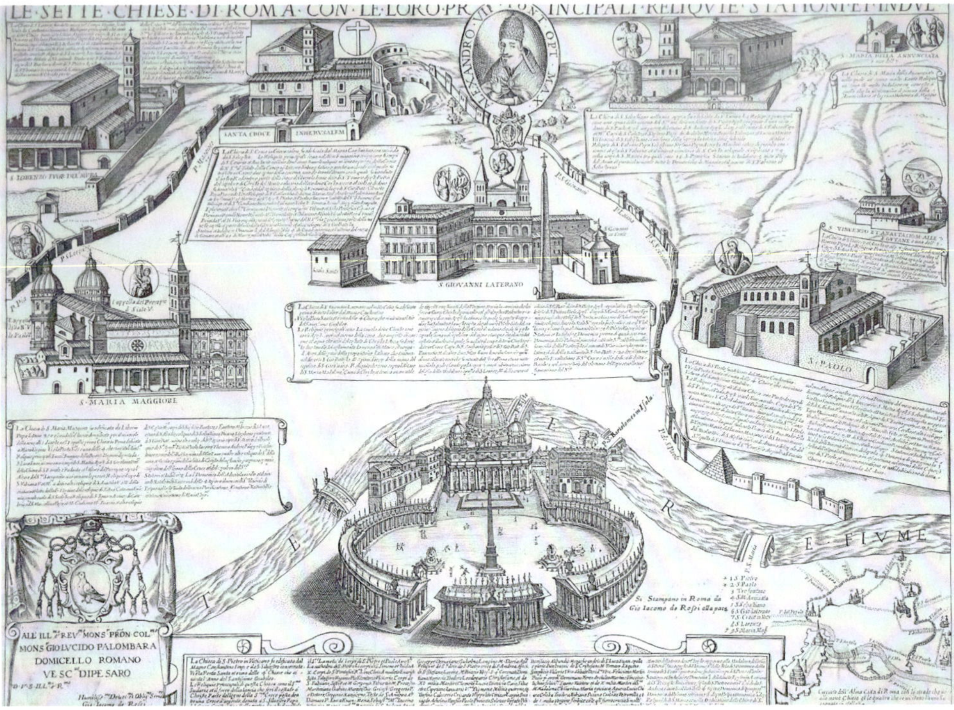

6. Giacomo Lauro y Antonio Tempesta, *Mapa de las siete iglesias de Roma*, 1599.

7. Plaza de San Pedro, Roma.

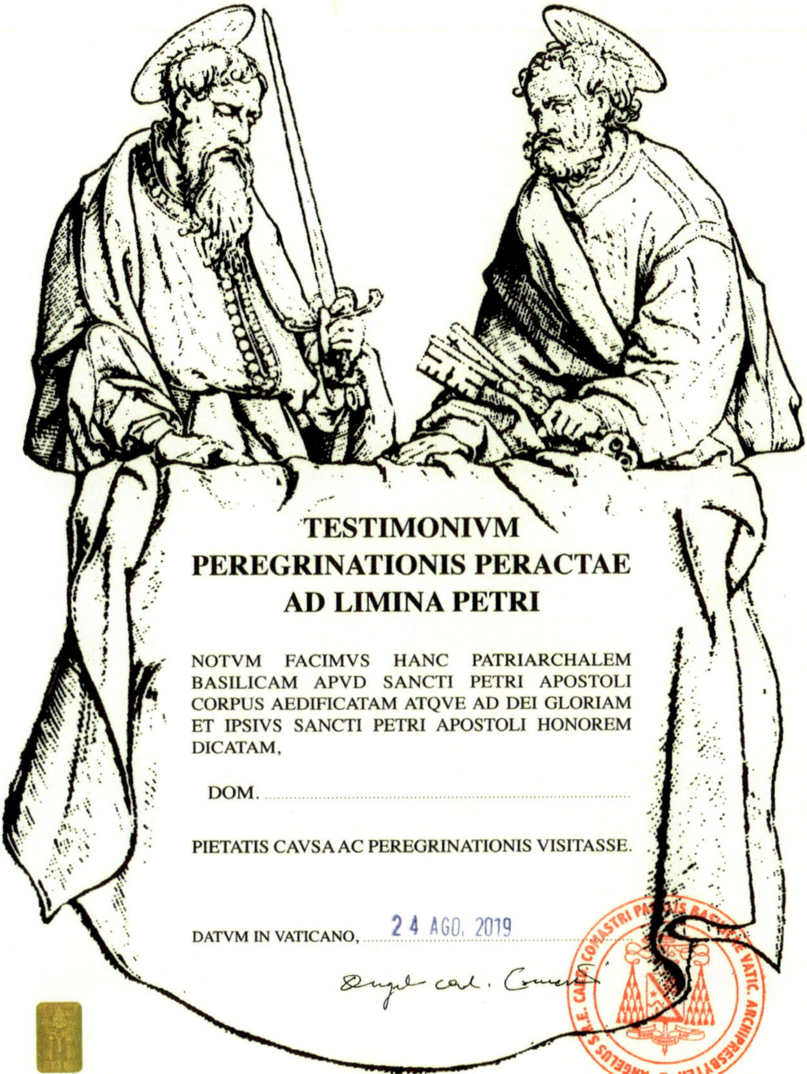

TESTIMONIVM
PERAGRINATIONIS PERACTAE
AD LIMINA PETRI

NOTVM FACIMVS HANC PATRIARCHALEM BASILICAM APVD SANCTI PETRI APOSTOLI CORPUS AEDIFICATAM ATQVE AD DEI GLORIAM ET IPSIVS SANCTI PETRI APOSTOLI HONOREM DICATAM,

DOM. ....

PIETATIS CAVSA AC PEREGRINATIONIS VISITASSE.

DATVM IN VATICANO, 24 AGO. 2019

8. *Testimonium* que se entrega a los peregrinos que completan al menos los últimos cien kilómetros de la ruta de Peregrinación a Roma.

9. Tumba del Profeta en Medina (*izquierda*) y la Kaaba de La Meca (*derecha*). Ilustraciones extraídas de una Colección de Plegarias, Marruecos, siglo XVI.

10. Peregrinos musulmanes en pleno *tawaf* alrededor de la Kaaba en La Meca como parte del hach.

11. Bet Giyorgis (Casa de San Jorge), una iglesia tallada en la roca en Lalibela, Etiopía.

12. Marija Pavlović *(izquierda)*, una de las primeras niñas a las que se le apareció la Virgen, reza en la iglesia de Santiago, Medjugorje, 15 de agosto de 1987.

13. Gruta de Nuestra Señora de Lourdes, con las muletas que han dejado los peregrinos en las paredes, *c.* 1870.

14. Ruinas de la abadía en la isla de Bardsey, Gales del Norte.

tener que desplazarse a un lugar concreto. Un flujo diario de mensajes anima y transmite esperanza a una vasta comunidad electrónica receptiva y de ideas afines, repartida por todo el mundo.

Después de un período de escepticismo sobre los acontecimientos de Medjugorje, alentado por la hostilidad mostrada por el obispo local de Mostar, que llegó a declarar que tales apariciones eran «fruto del fraude, la desobediencia a la Iglesia y la enfermedad», el Vaticano los ha empezado a ver con mejores ojos. Durante los primeros años, Roma intentó desanimar a los peregrinos para que no fueran hasta allí, pero en estos temas, incluso el peregrino católico más leal ha seguido siempre a su corazón y no a los dictados de sus sacerdotes y obispos, partiendo de la base de que no hay nada malo en echar un vistazo. Y podría decirse que el hecho de sentirse pioneros hace que los entusiastas de Medjugorje, si tienen la oportunidad, hablen de ello como si revelaran un secreto.

En su continuo examen de los acontecimientos de Medjugorje, el Vaticano ha agrupado cuidadosamente los informes de las apariciones en dos categorías: las que tuvieron lugar durante un breve período de tiempo, a finales de 1981, y las que se han producido desde entonces. En otras palabras, han trazado una línea divisoria entre las que se ajustan al modelo tradicional y las que se están produciendo de manera continuada. Respecto a las primeras, el informe realizado en 2017 por una comisión eclesiástica fue positivo en líneas generales, aunque no hasta el punto de catalogarlas todas como auténticas. Desde entonces, el papa Francisco ha nombrado a su propio representante personal en el santuario y habla de ese lugar con aprobación en público, haciendo especial hincapié en lo que denomina la diferencia entre «el hecho espiritual» y el «hecho pastoral». Para él, lo importante es el hecho pastoral, «que la gente va allí y se convierte».

Sus palabras nos presentan otro aspecto de la peregrinación: la evangelización. Jesús les dijo a todos los cristianos que fueran y difundieran la «Buena Nueva» a los demás, y si su círculo inmediato de apóstoles no hubiera sido tan diligente a la hora de hacer lo que les dijo después de su crucifixión, probablemente no existiría ninguna Iglesia cristiana. Sin embargo, en la era moderna, el tema de la evangelización no entusiasma a muchos creyentes de la corriente dominante, y está notablemente ausente en otras rutas y lugares de peregrinación.

En Medjugorje, ya sea por intención divina, por designio humano o simplemente por el poder que tiene este lugar cuya visión católica de la fe es claramente tradicional, se siguen produciendo muchas conversiones. Es una reminiscencia de otra forma más antigua de concebir la peregrinación: un viaje destinado a crear un compromiso religioso formal con una institución. Como demuestran las palabras del papa Francisco, Medjugorje se ha ganado la reputación de convencer a los no católicos que acuden allí no solo para que profundicen en su vida espiritual, sino también para que se unan a la Iglesia.

Además, Medjugorje es también, de todos los santuarios marianos, el más ecuménico. Acoger a otras religiones e incitar a sus seguidores a la conversión parecen ser dos hechos, a primera vista, incompatibles. Sin embargo, desde sus primeros días, Medjugorje ha atraído a un número considerable de cristianos ortodoxos, a menudo de origen serbio, procedentes de la mezcla étnica de lo que entonces era Yugoslavia, así como a musulmanes, especialmente de la cercana ciudad de Mostar, donde representan alrededor de la mitad de la población. En este lugar, uno de los primeros casos de curación milagrosa tuvo como protagonista a una joven ortodoxa enferma que su familia llevó a la Colina de las apariciones.

Esta dimensión multiconfesional, aunque inusual en los santuarios marianos, no nos debería sorprender. El Corán concede especial importancia a Maryam, o María, que es la única mujer nombrada en sus páginas, mientras que entre los ortodoxos (separados del cristianismo occidental desde el siglo XI) existe una profunda devoción por la Aeiparthenos, «la Siempre Virgen María», a la que también se conoce con el título de Theotokos, o «la que ha engendrado a Dios/madre de Dios». Para los cristianos ortodoxos, los antiguos y preciados iconos de María y su hijo siempre han sido objeto de gran veneración. Incluso hoy en día, peregrinos ortodoxos recorren muchos kilómetros para poder ver esos iconos y llevarse consigo copias que exponen públicamente en sus ciudades y pueblos.

En Medjugorje, esta capacidad para reunir a personas de tradiciones religiosas diferentes, a menudo antagónicas, nace de la propia tierra. Estas aldeas remotas se encuentran en una región que ha sufrido sangrientas tensiones étnicas y religiosas, no solo en las guerras de los Balcanes de los años noventa, que acabaron con la desintegración de Yugoslavia y en una frágil paz que se mantiene desde entonces, sino también las producidas por las disputas históricas seculares entre católicos, ortodoxos y musulmanes, que reclaman estas tierras.

El cristianismo se estableció en la zona donde se asienta Medjugorje alrededor del siglo VII. Cuando, cuatrocientos años más tarde, las mitades occidental y oriental de la Iglesia se separaron, los lugareños permanecieron fieles a Roma, a pesar de que el centro del mundo ortodoxo (Constantinopla/Estambul) estaba geográficamente más cerca. Estar en la primera línea de las fronteras confesionales confirió a los católicos locales, todos croatas, un cierto orgullo y fortaleza que les ayudó a resistir, con el apoyo inquebrantable de sacerdotes franciscanos, durante los cuatro siglos de gobierno, no siempre benigno, ejercido por los gobernantes musulmanes del Imperio otomano. Solo en 1878, cuando estos últimos fueron expulsados por los Habsburgo, católicos de origen austríaco, la región en la que se encuentra Medjugorje vio cómo, por fin, sus gobernantes políticos del Imperio austrohúngaro y su fe católica iban de la mano.

La parroquia franciscana local se fundó en 1892, pero, en el Reino de Yugoslavia, dominado por los serbios entre la primera y la segunda guerra mundial, los croatas, tanto ellos como su religión, seguían sintiéndose oprimidos por la Iglesia ortodoxa serbia. Como respuesta desafiante, en 1933 se erigió una cruz gigante para conmemorar el 1.900 aniversario de la muerte y resurrección de Jesús (que, según la Iglesia, tuvo lugar en el año 33 d. C.) en el Križevac o «Monte de la Cruz», un pico de 520 metros de altura desde cuya cima se puede ver Medjugorje. Con ella se pretendía invocar su protección contra los vecinos hostiles y las inclemencias del tiempo, que con demasiada frecuencia arruinaban las cosechas.

Cuando la segunda guerra mundial llegó a Yugoslavia, resurgieron antiguas tensiones étnicas y religiosas. En Croacia, algunos católicos colaboraron en 1941 con los invasores alemanes, estableciendo un gobierno títere obediente dirigido por el líder del movimiento Ustacha, Ante Pavelić, un extremista ferozmente hostil con los serbios y su religión ortodoxa. Ambos bandos fueron víctimas y autores de diversas masacres. Una tuvo lugar dentro de los límites parroquiales de Medjugorje, en la estación de la aldea de Šurmanci. El 6 de agosto de 1941, seiscientos cristianos ortodoxos serbios de Prebilovci, madres, niños y niñas menores de diez años, fueron forzados a bajar de un tren por la Ustacha, mientras dos sacerdotes católicos, de pie, observaban los hechos. Después fueron llevados a las montañas y arrojados a pozos naturales. Los que no murieron por la caída fueron abandonados a su suerte, para que murieran por las heridas sufridas. En otros lugares abundaban las historias que hablaban de conversiones forzadas de cristianos ortodoxos al catolicismo en los pueblos cercanos. Por otra parte, en febrero de 1945, a treinta kilómetros de Medjugorje, en el monasterio franciscano de Široki Brijeg, treinta frailes católicos fueron asesinados por los partisanos, en su mayoría soldados de las tropas serbias leales al mariscal Tito, con la excusa de que creían que allí se refugiaban combatientes de la Ustacha.

Al final de la guerra, Yugoslavia se convirtió en un estado federal comunista y autoritario bajo el mando de Tito, siempre dispuesto a contener esas viejas tensiones religiosas y étnicas. Por eso, durante los primeros días de las apariciones de Medjugorje, las autoridades temían que pudieran reavivarse las tensiones. Sin embargo, tal enfoque ignoraba el contenido de los mensajes transmitidos por los testigos de las apariciones. María instaba repetidamente a la paz y a la curación de las viejas heridas. Medjugorje parecía ser un lugar de expiación idóneo de las atrocidades y odio del pasado, no un campo de batalla para una nueva guerra religiosa. Sin embargo, casi diez años después de la primera aparición de la virgen, nada más morir Tito estalló una guerra y Yugoslavia empezó a desmoronarse. Serbia, el actor más poderoso del antiguo régimen federal, se resistió y, mediante la limpieza étnica, trató de crear una gran Serbia a partir de zonas hasta entonces mixtas, situadas más allá de sus fronteras.

El frente del conflicto se encontraba a unos pocos kilómetros de Medjugorje, lo que provocó que muchos de sus dos mil habitantes huyeran como refugiados a Croacia. Mostar fue ocupada por los serbios y su mundialmente conocido puente otomano sobre el río Neretva fue destruido. En abril de 1992, los serbios llegaron más allá de la Colina de las apariciones y los que habían permanecido en Medjugorje, entre ellos dos de los testigos de las apariciones, se vieron obligados a esconderse en refugios antiaéreos hasta que se levantó el asedio en junio.

El santuario sobrevivió prácticamente intacto (algunos creen que milagrosamente), ya que un par de bombas de racimo apenas causaron daños en él. Se contaba que dos pilotos serbios desafiaron las órdenes y se negaron a lanzar bombas desde sus cazas MiG rusos sobre la iglesia de Santiago. Medjugorje salió de la guerra viendo reforzada su reputación como remanso de paz y durante el verano de 1992 empezó a recibir peregrinos de nuevo, aunque el aeropuerto local de Mostar no volvió a ser operativo hasta 1998. Lo sucedido demostró cuán sabias eran las palabras de María, transmitidas por sus testigos, sobre la necesidad de buscar la paz y la reconciliación.

El padre Svetozar Kraljevic, un sacerdote franciscano local, llegó incluso a escribir que «la sangre de los mártires de la iglesia» derramada durante siglos (se refería especialmente a los treinta franciscanos asesinados en 1945 en la cercana Široki Brijeg) «trajo a Nuestra Señora a Medjugorje».[8] En otras palabras, no es solo la belleza natural del paisaje y la enorme y duradera fe que se respira en ese lugar lo que atrae a los peregrinos, sino también la respuesta que ofrece a toda la brutalidad, carnicería y sangre derramada que ha marcado su historia.

7

Camino de los peregrinos de Gales del Norte

Renacimiento celta

A esa isla no hay modo de llegar
sino en pequeña barca, tal
como fueron los santos, en un viaje
sobre asombrados rostros
de ahogados largo tiempo atrás,
que mastican la arena de las playas.

R. S. THOMAS, «Peregrinaciones» (1978)[1]

Los monjes celtas eran grandes trotamundos, ya fuera por tierra o por mar, y estaban motivados por su afán misionero o por su búsqueda de una relación más pura con Dios, algo que según sus creencias alcanzarían si se sumergían en el mundo natural; a menudo, literalmente. Según un célebre relato sobre su vida,[2] Brandán el Navegante, un santo irlandés del siglo VI, navegó hacia el oeste por el río Shannon y se adentró en el océano Atlántico en compañía de algunos de sus hermanos rumbo a una hermosa «Tierra Prometida». Algunos estudiosos se toman dicha historia al pie de la letra y creen que se dirigían a las islas Canarias. Otros señalan que los «grandes pilares de cristal», que en el texto se dice que forman parte del infierno, podrían ser tanto icebergs como Islandia. La mitología celta es difusa, opaca y puede interpretarse de muchas maneras. Hace mucho hincapié en lo metafísico y en el simbolismo, más que en lo físico y lo tangible. En

El viaje de san Brandán, dirigirse hacia el oeste, hacia poniente, equivalía a «maravillarse ante la gloria de la creación de Dios». Uno de los conceptos fundamentales de la cultura celta era la idea de encontrar a Dios «en el exilio»; es decir, creían que si viajaban a los confines más lejanos del mundo conocido estarían más cerca del cielo. Se trataba, pues, de una empresa tanto espiritual como física.

Debido a su aislamiento, las islas fascinaban y atraían a los cristianos celtas del primer milenio d. C., ya fuera porque consideraban que eran el trampolín ideal hacia el paraíso o porque eran una representación del mismo. Uno de esos lugares fue Bardsey, recuperado durante los primeros años del siglo XXI por un grupo que se inspiró en el Camino de Santiago. Se trata de uno de los extremos del antiguo Camino de los Peregrinos de Gales del Norte, y se decía que flotaba en algún lugar situado entre la tierra y el cielo. Ynys Enlli (su nombre en galés) tiene la forma de una ballena que yace sobre la superficie del mar de Irlanda, y roza el extremo de la península de Llyn (que se pronuncia igual que en inglés *clean*), por la que pasa el actual camino de peregrinos, cuya longitud total es de 225 kilómetros. Si la joroba de la parte delantera de la ballena es la modesta colina (en galés pasa a ser una montaña: Mynydd Enlli) que se asoma desde Bardsey a través del estrecho de casi cinco kilómetros hasta tierra firme, su larga y estrecha cola corresponde al tramo de tierras de cultivo que se extiende hacia el oeste y se asoma a un mar aparentemente interminable. Los peregrinos celtas que se reunían en la parte trasera de la ballena hace 1.500 años estaban convencidos de que, en ese lugar, la distancia entre el cielo y la tierra era mucho menor que en cualquier otro punto y que, cuando soplaba la brisa, podían respirar algo del desconocido mundo espiritual que se extendía más allá del horizonte.

Los historiadores son muy cautos a la hora de utilizar el término «cristianismo celta», ya que implicaría que existió una agrupación o movimiento organizado que, en los siglos posteriores a la muerte de Jesús, no aceptaba las normas impuestas por la centralista Iglesia de Roma. En realidad, había grupos muy fragmentados a menudo dirigidos por hombres santos que solían reunirse en los márgenes de la tierra, donde practicaban una versión del cristianismo que aceptaba muchas de las doctrinas promovidas por Roma. Pero, también, como muestra de su feroz independencia, hacían las cosas a su manera, inspirándose a menudo en la sabiduría pagana existente, para dar forma a algo que hoy identificamos como celta.[3]

En el año 516, uno de esos grupos de individuos decididos llegó a las costas de Bardsey encabezado por el monje Cadfan, un noble bretón que, inspirado por Dios, viajó desde Francia hasta la costa occidental de Gales junto a algunos de sus devotos amigos de alta cuna. Todos ellos estaban impregnados de la tradición celta, erudita, itinerante, terrenal y mística, que tanto influyó en el desarrollo inicial del cristianismo en estas tierras. Ese grupo fundó una serie de abadías, la más lejana de ellas en Bardsey. Se inspiraron en los llamados Padres del Desierto, ermitaños y ascetas como san Antonio Abad (*c.* 251-356), que habían dedicado sus vidas a la oración y al duro trabajo manual en comunidades disgregadas por las tierras salvajes del desierto egipcio. A imitación suya, estos monjes celtas buscaron lugares salvajes donde no tuvieran distracciones que les impidieran estar cerca de Dios. Cuando Cadfan hablaba de Bardsey, decía que ese fue el lugar en el que «resucitó». En la actualidad, las ruinas de su abadía siguen atrayendo a una gran cantidad de peregrinos.

Uno de esos monasterios y abadías construidos en la costa galesa fue el de san David, en el extremo sur de la amplia curva que traza la bahía de Cardigan. Las «Reglas» que regían la vida en el monasterio (redactadas por David, el fundador, supuestamente nieto de Ceredig ap Cunedda, rey de Ceredigion y más tarde patrón de Gales) dan una idea de cómo era la vida en Bardsey en el siglo sexto. La comunidad vivía en completa sintonía con la naturaleza y, por lo tanto, con Dios. No se utilizaba ningún animal para arar la tierra: esa tarea correspondía a los monjes. Solo bebían agua, y solo comían pan con sal y hierbas, evitando la carne y el alcohol. Cuando no trabajaban, dedicaban su tiempo a la oración, la lectura y la escritura. No se permitían las posesiones personales.

Durante las últimas décadas del siglo XX resurgió el interés por el mundo celta y sus características, en especial una de ellas, la forma de vida tan sencilla de sus monjes. A finales de la década de 1990, el libro *Anam Cara*, una colección de sabiduría celta antigua recopilada por John O' Donohue, poeta irlandés y antiguo sacerdote católico, se convirtió en un superventas internacional gracias al boca a boca.[4] Y durante el siglo XXI ese atractivo no solo no ha disminuido, sino que ha seguido aumentando. A aquellos que siguen los pasos de los primeros monjes a lo largo del Camino de los Peregrinos de Gales del Norte les puede invadir la nostalgia que evoca esa antigua ruta, principalmente espiritual, y por entonces sostenible, lo cual puede provocar en ellos la sensación de que algo se ha perdido en la experiencia religiosa moderna y en la vida en general, sobre todo en una época ensombrecida por la degradación del medio ambiente y la amenaza del cambio climático.

Los límites difusos entre la realidad y la fábula que caracterizan el enfoque celta dan cabida a todas las opiniones. Los hitos del Camino de los Peregrinos de Gales del Norte, algunos de los cuales tienen su origen en el siglo VII, ofrecen la oportunidad de imaginar cómo era la vida por entonces, ya sea al principio del recorrido —al visitar los restos de la abadía medieval de Basingwerk, en el noreste de Gales, que en su día fue un albergue de peregrinos al servicio del antiguo santuario curativo de Holywell— o en la propia Bardsey, en el extremo occidental.

Tras la celebración del sínodo de Whitby en el año 664, Roma intentó acabar con la independencia de la rama celta del cristianismo británico. El sínodo tuvo lugar en el nordeste de Inglaterra, otra región con una fuerte influencia celta que irradiaba de la poco accesible «isla santa» de Lindisfarne, a la que se llegaba desde tierra firme a través de un lodazal únicamente cuando la marea estaba baja. Tras esta reunión celebrada en Whitby, se intentaron estandarizar los rituales, supervisados por un sistema de diócesis y obispos, responsables ante el papa. Sin embargo, el mismo aislamiento que atrajo a Cadfan a Bardsey, también le permitió mantener gran parte de su libertad, tal y como lo relató en el siglo XII el viajero y cronista Gerald de Gales, quien dijo que el lugar estaba «habitado por monjes muy religiosos». Añadió, con una frase que se sigue utilizando en la actualidad para describir la isla, que «tiene la maravillosa peculiaridad de que las personas de más edad son las que se mueren primero, porque las enfermedades son poco comunes y casi nadie muere si no es por extrema vejez».[5]

The Book of Llandaff, compilado a mediados del siglo XII, también menciona el aura de santidad que flota sobre Bardsey, pero en este caso no es por la edad de los monjes que allí viven, sino por el hecho, potencialmente relacionado, de que en ese lugar están enterrados «los cuerpos de veinte mil santos confesores y mártires». Seguía siendo una antesala del cielo, azotada por el viento, situada en el límite mismo del mundo conocido, sagrada y saludable a la vez debido a su aislamiento.

Y, hay que añadir, que además de santo y sano, *también* era un lugar bendecido. Cuenta la leyenda que fue un ángel quien, en su lecho de muerte, prometió a san Llawddog (también conocido como san Lleuddad, sucesor de Cadfan al mando de la abadía) que en lo sucesivo nadie moriría en la isla mientras viviera allí alguien mayor. Al igual que ocurre con el cristianismo celta en general, en Bardsey también abundaban las leyendas que hablaban de una verdad superior. Su supervivencia es un indicio de su importancia como lugar de peregrinación durante la Edad Media. Las historias milagrosas sobre lugares de los que nadie ha oído hablar o que nadie ha visitado no perduran mucho tiempo. Una de las leyendas cuenta que, en el siglo VI, san Llawdogg, descendiente de sangre real del norte de Gran Bretaña, ordeñó una vez una vaca sobre un pozo de Bardsey que, después, produjo leche en lugar de agua para alimentar a los visitantes. Otra sugería que Bardsey fue el lugar de descanso final del mago Merlín, el gran personaje de la leyenda artúrica y del paisaje sagrado de Gran Bretaña.

Sin embargo, parece ser que, en el siglo XIII, la abadía renunció definitivamente a su independencia tradicional al convertirse en una rama de la orden agustina, establecida para reforzar la autoridad del papa en Roma. A partir de ese momento, se tiene constancia de que la orden tuvo posesiones en tierra firme y recibió diezmos de Aberdaron, el pueblo pesquero situado en la península de Llyn, a pesar de que sufría una gran crisis. En 1537, cuando no solo se disolvió la orden, sino también todos los monasterios por orden de Enrique VIII tras su ruptura con Roma, la abadía de Bardsey aportó la exigua suma de 46 libras a los inspectores del rey.

Las últimas generaciones de historiadores han cuestionado la veracidad de esa cifra de veinte mil santos y, por lo tanto, la de su principal atractivo como lugar de peregrinación. De ser cierta, señalan, significaría que hay aproximadamente cuarenta y cuatro cadáveres por término medio bajo cada uno de los 450 acres de Bardsey (182 hectáreas). Creen que al menos algunos de los veinte mil santos fueron los supervivientes de una masacre real perpetrada en el año 613 contra los monjes de Bangor, otro monasterio celta fundado por Daniel, un santo ermitaño que llegó a ser obispo de Bangor. Huyeron a Bardsey con la esperanza de poder salvarse al interponer el mar entre ellos y sus perseguidores. Los monjes fugitivos acabaron sus días en la isla, en una especie de glorioso refugio para proscritos.

Según otra teoría, una gran parte de esos veinte mil monjes no llegaron hasta allí en vida, sino que fueron transportados después de morir para ser enterrados donde los cristianos galeses de la zona consideraban que era la tierra santa por excelencia. En el siglo XII, en los meses de verano, cuando las mareas solían ser benignas, los barcos subían por la extensa bahía de Cardigan desde el sur, recogían en las diminutas iglesias de piedra, construidas en las playas o cerca de ellas, los cuerpos de los cristianos ricos que habían fallecido recientemente y los llevaban a Bardsey, donde serían enterrados. Allí tenían un lugar de descanso seguro, en compañía de los santos y más cerca del cielo que en ningún otro lugar. Los difuntos o sus familias debían legar parte de su fortuna al mantenimiento de la abadía de Bardsey.

Los veinte mil no fueron santos en el sentido oficial de la palabra. Por lo general, los cristianos celtas tenían una idea muy diferente de lo que eso significaba. Su creencia divergía mucho en este aspecto de lo promovido por el catolicismo actual. Este último decide si alguien es santo de forma centralizada, y solo concede el título a aquellos que han sido juzgados previamente por la burocracia católica. Durante el proceso, que puede durar décadas, si no siglos, se ha de demostrar que poseían una serie de cualidades excepcionales, además de la capacidad de interceder desde el más allá para hacer milagros en favor de aquellos que les rezan. En cambio, en el mundo celta, se consideraba santa a una persona por el hecho de ser un líder cristiano, un misionero, un ermitaño o, «simplemente», un buen cristiano.

Si tenemos en cuenta esto último, no parece tan descabellado creer que durante los siglos posteriores a la llegada de Cadfan, se enterraran en Bardsey veinte mil almas devotas. Además, eso hace que el lugar resulte mucho más atractivo para las aproximadamente diez mil personas que recorren cada año el Camino de los Peregrinos de Gales del Norte para reencontrarse con los valores celtas. Este no es el cementerio de los héroes piadosos de la Iglesia, aquellos que estaban por encima del resto de la humanidad incluso en vida, sino que, más bien, es el hogar definitivo de aquellos que, al igual que los peregrinos, fueran cuales fueran sus creencias, si es que tenían alguna, simplemente intentaron llevar una vida decente.

Lo que también contribuyó a la reputación de Bardsey como ciudad santa (tanto en el pasado como en la actualidad) es que la travesía desde tierra firme implicaba, al igual que ocurrió con el viaje de san Brandán al Atlántico, correr un grave riesgo. La peregrinación a Bardsey no consiste solo en abrirse a nivel espiritual, o en llegar a un lugar en el que (a diferencia del resto de la sociedad, en un alto porcentaje secular) la presencia de Dios se menciona regular y abiertamente. También se trata de arriesgarse a nivel físico, de encomendarse a la misericordia divina. El estrecho que separa Bardsey y Aberdaron tiene fama de ser el más traicionero de las islas británicas. Lo describe mucho mejor el nombre galés de Bardsey, Ynys Enlli, que puede traducirse como «isla de las corrientes» o «isla de las marejadas». Los peregrinos que atraviesen el estrecho para llegar a la isla pueden verse zarandeados por las grandes marejadas. En su día, los naufragios fueron un gran negocio. Algunos dicen que había tantos piratas como santos.

Los peregrinos actuales llegan a la isla a bordo de una lancha moderna y robusta, capaz de surcar las olas del estrecho. En la Edad Media, lo más probable es que cruzaran en un coracle, un bote ligero hecho de cuero estirado sobre un armazón de madera, sin mapa, solo con remos y utilizando un dedo alzado al viento para juzgar el estado de la meteorología. Aunque la distancia que tenían que atravesar era de menos de cinco kilómetros, se consideraba que el trayecto era tan peligroso que el propio papa decretó que tres peregrinaciones a Bardsey equivalían a una a Roma. La inaccesibilidad y la santidad estaban unidas, como, por supuesto, lo están según la enseñanza cristiana cuando se trata del cielo.

Que el camino salga a tu encuentro.
Que el viento siempre esté tras de ti.
Que el sol te caliente el rostro,
y la lluvia caiga suave sobre tus campos
y hasta que nos volvamos a encontrar,
que Dios te sostenga suavemente en la palma de su mano.

Esta antigua bendición celta ha sido adoptada por los que recorren el Camino de los Peregrinos de Gales del Norte. Resume tanto el espíritu con el que los caminantes aceptan el reto que les plantea el recorrido como la conexión siempre presente con una época anterior que la ruta proporciona a todos los que la recorren. Para los cristianos de entonces, el hecho de que el viento te diera en la espalda significaba que te estaba acompañando el Espíritu Santo, pero para la nueva generación de peregrinos no es necesario hablar de lo visible recurriendo a lo invisible. Lo que sí se reconoce abiertamente es el deseo de que esta ruta sea considerada el «Camino galés», en referencia al Camino de Santiago. En 2009, Jenny y Chris Potter recorrieron el Camino español. Regresaron a Gales del Norte, donde Chris ejercía de archidiácono en Saint Asaph, lugar en el que se encuentra la catedral anglicana más pequeña de Gran Bretaña, construida en el lugar donde otro santo celta, Kentigerno (o Mungo), se estableció como obispo en el siglo VI. El Camino de Santiago les inspiró para explorar la historia del olvidado camino de peregrinación que pasaba justo por su puerta.

Fue gracias a sus esfuerzos (un ejemplo perfecto del «efecto Camino») que se identificó, cartografió y probó una ruta en 2011. En 2014 se señalizó y se inauguró oficialmente. Cuenta con su propio pasaporte del peregrino que puede sellarse en las iglesias, tiendas y pubs que se encuentran a lo largo de su recorrido. En algunos lugares, el camino es un reflejo del que habrían seguido los peregrinos celtas originales. Sus señas de identidad son unas pequeñas iglesias antiguas de poca altura y algunos pozos sagrados dispersos por toda la campiña de Gales del Norte, junto con cruces celtas características, como la alta y delgada «cruz de rueda», del siglo X, que se encuentra en un campo de Maen Achwyfan, en Flintshire, cerca del pueblo de Llanasa (el conocido como «recinto de san Asaf»). Presenta intrincados patrones de nudos en sus tallas desgastadas por la intemperie, así como una figura borrosa en el panel inferior. Su significado exacto se ha perdido en la noche de los tiempos, como muchas cosas más del cristianismo celta. Aunque sí conocemos una de las razones por las que esta «cruz de rueda» se encuentra en un lugar tan solitario: marca el lugar en el que, antaño, un monje ermitaño construyó una celda para estar lejos de cualquier distracción y poder centrarse en la naturaleza y en Dios.

Los topónimos que empiezan por Llan- suelen indicar que el lugar cuenta con un pasado sagrado, pero hay tantos en Gales del Norte que no ayudaban mucho a la hora de trazar una ruta definitiva para los peregrinos. Así que, sobre todo en Abergwyngregyn, más o menos a la mitad del recorrido, donde la ruta se une a la ya establecida y conocida Senda Costera de Gales, el Camino del peregrino opta por aprovechar la infraestructura existente. No es una recreación perfecta, pero enlaza con éxito cuatro lugares que fueron fundamentales hace 1.300 años: Holywell, Gwytherin, Clynnog Fawr y Bardsey. Los tres primeros comparten una estrecha asociación con dos personajes muy importantes de la peregrinación, san Beuno y santa Winifreda (tío y sobrina).

Como tantos otros monjes celtas, Beuno, fallecido alrededor del año 640, procedía de un entorno privilegiado. Era la perfecta personificación del espíritu misionero, elemento esencial de su vocación. Su peregrinación personal tenía tanto que ver con la búsqueda de almas que convertir como con la iluminación personal. Tras ser ordenado en Bangor —lugar situado actualmente a la mitad del recorrido y del que salen un buen número de peregrinos que no tienen mucho tiempo—, dedicó sus días a recorrer Gales del Norte, acercando a la gente un Dios que veía en cada rincón del espectacular entorno natural que le rodeaba, delimitado por el mar a un lado y por la impresionante cadena montañosa a la que pertenece Snowdon, el pico más alto de Gales, al otro. A menudo, cuando se marchaba de un lugar tras haber realizado una misión de ese tipo, dejaba tras de sí una sencilla iglesia y un pozo que había construido. El agua tenía un significado especial para los cristianos celtas, que utilizaban la «triple inmersión» en las ceremonias de bautismo (a diferencia de hoy, que se considera suficiente una cucharadita de agua). Y según cuenta la leyenda,

Beuno nunca fue tan feliz como cuando rezaba medio sumergido en agua fría, castigando su cuerpo para acercar su alma a Dios.

También creía que el agua tenía poderes curativos. Es más que evidente que las raíces de esta creencia celta eran paganas. De hecho, una de las características del Camino de los Peregrinos de Gales del Norte es que podemos visitar, además de iglesias y cruces cristianas, lugares sagrados paganos como el círculo de piedras de Penmaenmawr y el tejo de cuatro mil años del cementerio de Llangernyw. Debido a su extraordinaria longevidad, que los convertía en un símbolo de vida (casi) eterna, los tejos ocupaban un lugar especial en los sistemas de creencias precristianos. También se consideraban sagrados los manantiales y los pozos, así como las arboledas, que se convertían en el telón de fondo de los rituales paganos. El cristianismo emergente no trató de enfrentarse a estos modelos de culto ni pretendió borrarlos, sino que los fusionó con su propio enfoque de lo divino. Cuando se refieren a este proceso de asimilación, algunos arqueólogos lo llaman «bautizar las costumbres».[6]

Cuenta la leyenda que, cuando el monje Agustín, primer arzobispo de Canterbury, desembarcó en Kent en el año 597 enviado por el papa Gregorio Magno para convertir a los ingleses, llevó a cabo una ceremonia en la que roció un tejo con agua bendita para «acercar» todos los árboles de esa especie a Roma. Lo mismo sucedió en todo el país en los santuarios paganos dedicados a las divinidades acuáticas. Se convirtieron en pozos sagrados cuyas aguas podían curar milagrosamente enfermedades no por intercesión de deidades de la naturaleza, sino por intercesión del único Dios cuyo hijo Jesús había salvado a la humanidad con su muerte y resurrección.

Al igual que ocurrió con los santuarios marianos que se construyeron más tarde, en estos lugares sagrados se combinaba la peregrinación con la curación, aunque, en este caso, la fuente de su poder sobrenatural no era la madre de Cristo (su culto era un aspecto menor del cristianismo primitivo), sino Dios actuando a través de intermediarios elegidos como el propio Beuno. Y eso es lo que ocurrió en Holywell, el primer punto importante al que llega el peregrino (*pererin* en galés) que recorre la ruta. Allí, la sobrina de Beuno, Winifreda, una joven noble y devota, fue abordada y atacada por un príncipe local. Cuando ella le rechazó y se defendió, él desenvainó su espada y le cortó la cabeza. Según lo que se cuenta en la popular leyenda medieval, Beuno se encontraba predicando en una iglesia cercana, por lo que acudió rápidamente en su ayuda, recolocó la cabeza en su cuerpo y le devolvió la vida. A Winifreda le quedó «únicamente una fina cicatriz alrededor del cuello». Se dice que en el lugar en el que cayó la cabeza brotó milagrosamente un manantial. En el pozo de Winifreda, situado en la pequeña localidad de Holywell, ese manantial proporciona el agua helada en la que los peregrinos se bañan desde hace 1.300 años. El santuario logró sobrevivir intacto incluso durante la persecución que sufrieron los católicos en las décadas posteriores a la Reforma inglesa del siglo XVI. Ahora se promociona como «una de las siete maravillas de Gales».

Resucitada como lo fue Lázaro, Winifreda decidió ingresar en la abadía de Gwytherin, cerca de Aberconwy, en el camino de peregrinación, de la cual llegó a ser abadesa. Más lejos aún, en la costa norte de la península de Llyn, se encuentra el lugar desde el que Beuno inició sus viajes, Clynnog Fawr. La iglesia está separada por un pequeño arroyo de la capilla en la que el santo fue enterrado y que en tiempos anteriores a la Reforma fue un importante santuario de peregrinación por derecho propio. Fundado alrededor del año 616, el edificio principal de la iglesia fue reconstruido a principios del siglo XVI para ofrecer cobijo, alimentos y apoyo espiritual a los peregrinos.

Evelyn Davies, vicaria anglicana de Aberdaron durante ocho años a principio de este siglo, fue una de las personas que más contribuyó al renacimiento del Camino de los Peregrinos de Gales del Norte. Poco antes de fallecer, en 2018, explicó que lo que impulsó su entusiasmo por el proyecto fue el aumento de peregrinos que, año tras año, se presentaban en su iglesia preguntando cómo podían cruzar a Bardsey. «Algunos eran simples turistas.

Otros ni siquiera eran cristianos, pero sabían que les faltaba algo que no se encontraba en el materialismo que el mundo ofrece como cura para todo. Así que, al empezar a buscar fuera, oyeron hablar de Bardsey o leyeron sobre ella, y se sintieron atraídos. Liberó algo en su interior que necesitaba salir.»[7] Ese renovado interés, similar al surgido en su momento en el Camino de Santiago, tuvo como respuesta natural la recuperación de las infraestructuras necesarias que dieran soporte a la ruta de peregrinación.

Los peregrinos que recorren el último tramo de esta ruta, también conocida como la Ruta de los Santos por el gran número de pequeños santuarios dedicados a santos, hoy desconocidos, que la jalonan, llevarán consigo sus mapas. Pero cuanto más se acerquen a Aberdaron y Bardsey, lo más probable es que también tengan en sus manos una colección de los poemas de R. S. Thomas, escritor de la zona, que murió en el año 2000, antes de que la ruta se recuperase de manera oficial.[8] Thomas figuró entre los candidatos al Premio Nobel de Literatura por una poesía que es un homenaje al paisaje y las tradiciones de Gales del Norte, donde pasó gran parte de su vida como sacerdote anglicano. Sus versos también reflejaban el silencio y la belleza natural de esta campiña escasamente poblada y encontraban en ella una forma de acercarse a un Dios que, de otro modo, estaría distante y al que costaría mucho llegar. Su poema sobre Bardsey, que abre y cierra este capítulo, resuena con quienes, como él, se encuentran al final del viaje en la isla de Bardsey.

> ¿Fue la peregrinación
> que hice para conocer mi propio ser,
> la que me enseñó que, en tiempos
> como estos, y para alguien como yo,
> Dios nunca será simple y evidente,
> sino oscuro, más bien inexplicable,
> como el presente en esta iglesia?[9]

8

Kumbh Mela

La peregrinación más larga del mundo

Resulta muy difícil, si no imposible, explicar hasta qué punto esta clase de fe eleva el alma.

MAHATMA GANDHI,
en el Kumbh Mela en 1915

En el Mahabharata, uno de los textos más importantes del hinduismo —se dice que, con sus cien mil versos, es el poema más largo jamás escrito—, se narra la historia de Yudhishthira, un apuesto príncipe de piel clara y ojos de loto, que nació gracias a la intervención divina después de que su madre, la reina Kunti, no pudiera dar un heredero a su marido, el rey Pandu. Se trata de un relato moral sobre el coste humano de los celos y la rivalidad, en este caso entre el clan de Yudhishthira, los Pandavas y sus primos reales, los Kauravas, por el control del reino de Kuru, el poder político dominante en el norte de la India hacia el año 1000 a. C.

Aunque sale victorioso de la sangrienta lucha, Yudhishthira, descrito en el texto como un hombre fuerte pero humilde, se siente atormentado por las hazañas logradas en el campo de batalla, sobre todo por el recuerdo de los parientes que ha matado. Busca el consejo de dos sabios eruditos sobre cómo expiar sus pecados. Le envían de peregrinación. En el Mahabharata original, escrito en sánscrito, que abarca un período comprendido aproximadamente entre el siglo XI a. C. y el IV d. C., la palabra utilizada para peregrinación es *tirtha*, que significa cruce, vado o puente sobre un río. Y son los ríos (sagrados en los Vedas, textos que conforman los cimientos del hinduismo) los lugares a los que se dirige Yudhishthira para arrepentirse de sus pecados y buscar la limpieza espiritual. Acompañado en la ruta por un perro fiel, llega al final de su peregrinaje, a la puerta del cielo, en el Himalaya (las montañas también son consideradas sagradas por los hindúes). En ese momento su amigo cuadrúpedo resulta ser el dios que lo engendró. Gracias a la intervención divina, Yudhishthira se reencuentra con sus primos muertos, ya que su abnegación durante la peregrinación fue suficiente para devolverlos a todos al buen camino moral tras la distracción que supuso su locura terrenal. En cualquier caso, lo que ahora nos interesa más es el vínculo existente entre los ríos y la peregrinación.

El río más importante que visita Yudhishthira en su *tirtha* es el Ganges (o Ganga), considerado hoy por los 1.100 millones de hindúes (el 15 % de la población mundial) una deidad por derecho propio. Llega a su orilla en Prayag, que significa «lugar de sacrificio». Conocida más tarde como Allahabad y más recientemente como Prayagraj, en la actualidad es una ciudad de más de un millón de habitantes del estado de Uttar Pradesh, en el norte de la India. Pero, para los hindúes, es, ante todo, un lugar sagrado que, según otro antiguo texto canónico, el Rig Veda, fue el lugar en el que Brahma, el dios creador, realizó el primer *yajna* o sacrificio.

El *Triveni Sangam* de Prayagraj (lugar donde se unen tres ríos) es el lugar de encuentro del Ganges, el Yamuna y el invisible río Sarasvati. Es uno de los cuatro lugares que, siguiendo un ciclo de doce años, acogen el Kumbh Mela, la mayor reunión de peregrinos del mundo con diferencia, ya que, por ejemplo, en 2019 atrajo a 120 millones. Tan inmensa era la multitud que este gran éxodo de personas se podía ver desde el espacio, lo que lo convirtió, según los titulares de la época, en «el mayor espectáculo del mundo». La escala es, al parecer, una de las características que diferencian al Kumbh Mela del resto de las peregrinaciones que se realizan en el mundo. Pero no lo es todo, tal como señaló el veterano corresponsal de la BBC en la India, sir Mark Tully, en su diario de 1989 tras asistir al mismo. «Nunca había estado entre una multitud tan pacífica. No había ningún tipo de agitación, solo la serena certeza que proporciona la fe; la certeza de que se había hecho lo que se tenía que hacer.»[1]

Además de estos dos elementos, el tamaño y la fe, el espectáculo es impactante. En la procesión de los grupos de peregrinos que se dirigen al río sagrado, y que puede durar todo el día, pueden verse elefantes enjoyados y vacas sagradas con los cuernos pintados. Todos ellos componen un vívido lienzo junto a unos 250.000 *sadhus* (monjes) ataviados con sus túnicas de color azafrán (algunos de ellos con rastas que les llegan a la cintura). También participan gurús de barba poblada y ascetas *naga babas*, hombres santos que desfilan desnudos portando tan solo las cuentas y las guirnaldas amarillas y naranjas que llevan colgadas del cuello, además de una capa de ceniza gris que da a su piel una palidez fantasmal. Es un símbolo sagrado y un recordatorio de que los cuerpos pueden pudrirse y arder, pero hay un camino espiritual que debe buscarse que es más duradero y trasciende la muerte. Y luego, los más llamativos de todos son los «atletas» religiosos, cuya fe les impulsa a realizar actos sobrehumanos de devoción y perseverancia que van más allá de los límites de su cuerpo, por ejemplo, poniéndose en cuclillas durante horas, incluso días, pasando semanas sobre un pie o manteniendo un brazo permanentemente en el aire. Dichos actos reciben el nombre de *tapasiá*, o disciplina espiritual.

La escala y el espectáculo son connaturales a la India, que con sus 1.300 millones de habitantes es la mayor democracia del mundo. Por eso el Kumbh Mela, tanto por su magnitud como por el espectáculo en que se convierte, no es una ceremonia religiosa más. La asistencia no es obligatoria para los hindúes, a diferencia del hach a La Meca para los musulmanes, pero todos aspiran a estar allí al menos una vez en la vida, aunque eso suponga tener que caminar durante semanas o meses desde cualquier rincón del país, e incluso desde más allá de sus fronteras. Creen que es algo que merece el esfuerzo. El ritual de bañarse en el río sagrado es una oportunidad única para limpiar los pecados de vidas anteriores (los hindúes creen en el *samsara*, un ciclo de nacimiento, muerte y renacimiento) y alcanzar así la *moksha*, o liberación del *samsara*, que da paso a la unión final en la otra vida con el Brahman, el poder impersonal que existe más allá del universo. El Mahabharata dice que, «si una persona, después de cometer cien pecados, se baña en el Ganges, sus aguas la liberarán de todos ellos, como el fuego elimina el combustible».

Allí también tendrán la ocasión de conocer a algún *sadhu*, que en el Kumbh Mela están por todas partes, incluso instalando sus propios puestos en las principales rutas de la procesión. Una audiencia con un *sadhu* es una gran oportunidad para sentirse inspirado por sus palabras y, a menudo, también por sus hazañas: tumbarse sobre espinas es una demostración popular de su destreza espiritual, como lo es caminar sobre pinchos y soportar calor y frío extremos sin inmutarse. En su compañía, los peregrinos pueden ser testigos de cómo es posible ir más allá de las sensaciones corporales y llegar a un lugar atemporal.

El propio Kumbh Mela se describe a menudo como algo atemporal, o eterno. Durante los últimos años ha atraído a una marea creciente de peregrinos procedentes de todo el mundo. Según el *Times of India*, el número de asistentes extranjeros (incluidos los hindúes que no viven en la India) aumentó un 35 % en 2019. Los no hindúes son conocidos por los lugareños como *firangis*, o forasteros.

La historia del Kumbh Mela es bastante enrevesada, todavía hay muchos aspectos que son controvertidos e incluso oscuros. Para quienes buscan, además de sustento espiritual, conocer los datos históricos, el *tirtha* de Yudhishthira es una pieza del rompecabezas que puede ayudar a aclarar el origen del Kumbh Mela, ya que en él se explican los orígenes tempranos del concepto de peregrinación en el hinduismo, vinculado al del ritual del baño sagrado. También se relaciona con la leyenda del bien contra el mal. La palabra sánscrita *kumbh* se encuentra en los Puranas, colecciones de mitos que forman parte de los textos védicos fundamentales y que se cree que datan de hace más de tres milenios. El nombre hace referencia a una vasija o jarra que contiene *amrit*, el néctar de la inmortalidad, extraído de un océano celestial de leche situado en algún lugar por encima del Himalaya. Cuando pelean dioses y demonios, el océano se agita y la *kumbh* se vuelca. Las gotas de *amrit* se derraman y caen a la Tierra en los cuatro lugares en los que se celebra el Kumbh Mela: Prayag es uno de ellos, y hoy en día es al que más gente acude de los cuatro. El segundo, Haridwar, también a orillas del Ganges, en el estado de Uttarakhand, afirma ser el más antiguo de todos. Nashik, a orillas del río Godavari, en el estado de Maharashtra, y Ujjain, en el río Shipra, en el estado de Madhya Pradesh, son los otros dos.

La atracción que ejercen los paisajes sagrados de todo el mundo sobre el espíritu humano se debe, muy a menudo, a una combinación de belleza natural entretejida con capas y capas de recuerdos, mitos y asociaciones que se han ido acumulando a lo largo de los siglos. El Kumbh Mela no es una excepción. Sus cuatro emplazamientos, todos ellos junto a ríos, tienen su propia majestuosidad, incluso antes de que se añadieran esas capas de tradiciones, historias y rituales, y la combinación resultante se agitara tanto como en su día el océano lechoso del cielo. El resultado de esa mezcla es algo muy poderoso.

Tanto en Haridwar como en Prayag se celebra un Kumbh Mela completo cada doce años, normalmente durante los tres primeros meses del año, y un Ardh (o medio) Kumbh cada seis años. Cada 144 años, Prayag celebra el «Gran» Kumbh Mela. El más reciente fue en 2001. Los Kumbhs de Nashik y Ujjain se adaptan a este calendario, de modo que no se solapan, para completar así el ciclo general de doce años, y permitiendo que cada lugar organice su celebración en torno a una serie de cálculos astrológicos basados en las posiciones del Sol, la Luna y Júpiter. (La palabra *kumbh* también es la palabra hindi para Acuario, el signo astrológico en el que reside Júpiter durante el Mela de Haridwar).

En cuanto a la antigüedad de los *kumbhs*, tampoco hay acuerdo, pero sí existe un amplio consenso en que estos extraordinarios acontecimientos se celebran desde hace unos 1.300 años, aunque no con el nombre de Kumbh Mela. Una de las teorías más populares atribuye su origen a Adi Shankara, filósofo hindú del siglo VIII y fundador de cuatro grandes monasterios, que organizaba reuniones periódicas de monjes ascetas para discutir y debatir. Formaba parte de su deseo de dar orden y coherencia a las diversas escuelas de pensamiento que existían dentro del hinduismo.

Sin embargo, no fue hasta finales del siglo XVIII y principios del XIX, durante la dominación británica de la India, cuando se utilizó por primera vez la expresión Kumbh Mela para describir este tipo de reuniones. Las palabras que lo componen tienen, lógicamente, un origen más antiguo: *kumbh* aparece en la historia del néctar derramado (aunque en los textos sagrados no se menciona ningún tipo de festival que lo acompañe) y *mela* significa feria o asamblea. Muchos lugares de la India tenían y siguen teniendo sus propias ferias locales llamadas *magha* o *mahar mela*. Por ejemplo, el festival Magha Mela de Tamil Nadu, en el sur de la India, congrega a millones de personas.

Este tipo de festivales se vienen celebrando en la India desde hace siglos, incluso en los cuatro emplazamientos del actual Kumbh Mela. Y además de los aspectos comerciales asociados, siempre han tenido un elemento religioso que incluye el baño ritual en aguas sagradas, a veces llamado baño *tithra*. Los primeros textos hindúes ofrecen abundantes detalles sobre el *snana*, o baño, como práctica religiosa regular. En los Puranas, se dice en repetidas ocasiones que el baño en los ríos es una alternativa fácil, barata y abierta a todos, sin distinción de medios o estatus, en contraposición a las ceremonias jerárquicas de los templos. Y así, el baño ritual en los ríos sagrados de las cuatro ciudades que ahora acogen el Kumbh Mela se convierte en una peregrinación, tanto interior como exterior. Exterior porque hay que desplazarse para llegar a ese lugar y participar en las actividades comunales que se celebran allí, incluido el baño en el agua del río, que es lo que ve el mundo. El aspecto interior es la inmersión en el agua como ritual privado y personal de limpieza del alma eterna.

A mediados del siglo VII d. C., Xuan Zang, un monje budista chino que pasó diecisiete años viajando por la India durante la época de la dinastía Tang, ya describió los baños rituales de Prayag. Además de describir los templos y los palacios de la ciudad, en su obra *Record of the Western Regions* explica cómo se sumergía la gente en el agua, en la confluencia de los grandes ríos. Sin embargo, existe cierta controversia sobre si lo que narra es un ritual hindú o budista, ya que en sus memorias de viaje habla sobre todo de santuarios budistas. Otros relatos sobre Prayag escritos a finales del primer milenio también hacen referencia a grupos de peregrinos que se reúnen en esa ciudad, y añaden detalles sobre los vendedores que los acompañan, los monjes y los guías. Ninguno de esos escritos se refiere a esa congregación de personas como Kumbh Mela.

Las primeras referencias a Kumbh Mela que cuentan con la aprobación general se remontan a finales del siglo XVIII, cuando se publicó el relato de un tal capitán Thomas Hardwicke, de la Compañía Británica de las Indias Orientales, que servía en la Compañía de Artillería de Bengala, una parte del ejército compuesto por 260.000 soldados que apuntalaba el control británico de la India. En 1796, Hardwicke se encontraba en las estribaciones del Himalaya, concretamente en Haridwar, cuyo nombre significa «Puerta de los Dioses». Informó sobre su feria y su mercado anual (o mela) que, una vez cada doce años, se convierte en un Kumbh Mela. Calculó que llegaron unos dos millones y medio de peregrinos. Estaban allí no solo para participar en los baños rituales y en las procesiones religiosas, sino también (según Hardwicke) en los asuntos comerciales y políticos de la reunión, igualmente importantes. En su relato, los monjes, ataviados con coloridas vestimentas, se codean en medio de escenas caóticas con mercaderes no solo del subcontinente indio, sino también de más lejos, que han viajado hasta allí para vender sus mercancías.[2] El comercio y el culto coexisten sin problema alguno. La Compañía Británica de las Indias Orientales (en la que trabajaba Hardwicke) no se limitó a vigilar y observar el mela de Haridwar. Vieron que podrían explotar su potencial comercial y recaudatorio y, en última instancia, también el de las otras tres ciudades del Kumbh Mela.

Sin embargo, la búsqueda de beneficios tenía un precio, ya que también significaba ejercer algún tipo de control sobre las multitudes que se congregaban en aquellos lugares sin interferir en el trabajo de quienes las dirigían, los *akharas.* Hardwicke da todo lujo de detalles sobre estos grupos de monjes, en parte órdenes religiosas, en parte policías y en parte cuasi militares, cuyos orígenes se remontan a la defensa de grandes e importantes monasterios frente a los atacantes. Vestidos con sus atuendos de colores (cada uno de ellos con un significado), causaban sensación en las procesiones del Kumbh Mela que recorrían las calles de Haridwar, pero Hardwicke también observó que existía una gran rivalidad entre ellos que en algunas ocasiones daba lugar a estallidos de violencia. Ese año, murieron al menos quinientos peregrinos en batallas entabladas entre los diferentes *akharas.* Y no fue un brote aislado de brutalidad. En el mela de Nashik celebrado en 1690, los *akharas* se enfrentaron a la hora de dirimir qué grupo se bañaría primero en el río sagrado. Murieron sesenta mil peregrinos.

Gracias a la diplomacia y al despliegue de su propio poderío militar, la Compañía de las Indias Orientales aplacó estas tensiones. Instauró una especie de orden burocrático en las reuniones, evitando al mismo tiempo tener que recurrir a medidas más severas que hubieran podido herir la sensibilidad de los peregrinos y reducir los ingresos potenciales. Aun así, a pesar de sus esfuerzos, nunca pudieron controlar del todo el Kumbh Mela, aunque sí dejaron su impronta. Algunos incluso llegaron a decir que fue la Compañía de las Indias Orientales la que inventó el Kumbh Mela como «marca».

Eso, sin embargo, significaría marginar a los *akharas*, quienes habían demostrado ser tan capaces de organizarse como de entablar violentas peleas. En el siglo XVIII había trece clanes. De ellos, diez eran hindúes, divididos en una proporción de siete a tres entre shaivas (centrados en el dios Shiva) y vaishnavas (en Vishnu). Los otros tres eran sijs. Aunque a veces se dice que el sijismo es una secta hinduista, es más propiamente un conjunto de creencias fundado a finales del siglo XV en la India por el gurú Nanak y basado en fuentes hindúes e islámicas, así como en ideas y prácticas propias.

Sin embargo, no es menos cierto que, durante las primeras décadas del siglo XIX, una vez los británicos se implicaron en la organización, el Kumbh Mela pasó a convertirse en un acontecimiento más próspero y pacífico (aunque no siempre, ya que, en 1820, en Haridwar se produjo una estampida que causaría la muerte de 485 peregrinos). Se acordaron y se pusieron en marcha protocolos para evitar los enfrentamientos que se producían entre los *akharas* cuando se peleaban por ver quién tenía preferencia, lo que permitió a sus monjes ser menos belicosos y más espirituales. Sin embargo, el equilibrio seguía siendo muy frágil. Cuando, en 1857, la India se rebeló contra los británicos, se culpó al Kumbh Mela, ya que la potencia colonial creía que los sentimientos nacionalistas se habían extendido entre los peregrinos, y que fueron ellos quienes después los propagaron en sus lugares de origen. Una vez sofocado el levantamiento, el Raj británico tomó el control de la Compañía de las Indias Orientales.

Aunque para todos sus participantes el Kumbh Mela es atemporal, también le afectan los sucesos limitados en el tiempo. Tras la declaración de independencia de la India, en 1947, el número de asistentes creció constantemente a medida que la confianza de la nación en el Kumbh Mela aumentaba. Durante la década de 1950 acudieron unos cinco millones de personas, en 1989 la cifra llegó a los quince millones y en un único día del año 2001 llegaron cuarenta millones de peregrinos. En 2019 fueron 120 millones. El líder independentista Mahatma Gandhi comprendió a la perfección la importancia del Kumbh Mela. Viajó a Haridwar en 1915, tras regresar a su tierra natal después de trabajar como abogado en Sudáfrica. En la década de 1930, en plena lucha contra el dominio colonial, Jawaharlal Nehru, el hombre que se iba a convertir en el primer ministro de la India independiente, asistió al Prayag Kumbh. Y tanto Gandhi como Nehru dejaron instrucciones para que, tras su muerte, una parte de sus cenizas se esparciera en la confluencia de los ríos.

Desde entonces, los políticos han continuado asistiendo al Kumbh Mela. La hija de Nehru, Indira Gandhi, lo hizo en 1977, en época de elecciones. También estuvo su nieta política, Sonia Gandhi, en 2001, de nuevo cuando se acercaba el día de las elecciones. Cada una de ellas quería demostrar a los peregrinos (y a los votantes indios, que podían seguirlos a través de los medios de comunicación) que, al asistir al Kumbh Mela, comprendían y formaban parte de la cultura india. Ese hecho fue especialmente importante en el caso de Sonia Gandhi, nacida en Italia, que en 1991 tuvo que asumir el liderazgo del Partido del Congreso después de que asesinaran a su marido, Rajiv Gandhi.

Según la tradición, en cada Kumbh Mela hay seis días que se dedican al baño. Pero la mayoría de los días, durante los aproximadamente cincuenta que dura el festival, los bañistas empiezan a bajar al río desde el amanecer y se dirigen a los *ghats* o escalinatas que conducen a él. Se dice que en uno de Haridwar se conserva la huella que dejó el dios Visnú en uno de sus escalones. En los días más propicios, que suelen coincidir con la luna llena, ese goteo de personas al amanecer se convierte rápidamente en un torrente humano a medida que los *akharas*, en el orden acordado, se abren paso entre la multitud con sus estandartes y banderas ondeando al viento, algunos en formación, otros acompañados de elefantes, camellos y caballos, carros y tractores remolcando carrozas. Comisarios y policías luchan por mantener el orden. Para los que han venido desde muy lejos, a menudo desde remotas aldeas, el reto en medio de este vasto tumulto es, básicamente, tomárselo con calma mientras se aferran a sus familias, incluso hasta el punto de atarse unos a otros con cuerdas o cordeles. En cada Kumbh Mela, miles de niños y niñas, tíos y tías, y abuelos y abuelas quedan separados en medio de la aglomeración, para volver a reunirse al final del día gracias a los constantes avisos por megafonía sobre personas perdidas.

Hombres y mujeres se dirigen a *ghats* separados por barreras hechas con bambú. Una vez en el borde del agua, algunos hombres se meten a toda prisa, chapoteando con la alegría que les produce estar por fin allí. Otros se muestran más tímidos, buscando espacio donde no suele haberlo para rezar en silencio. Un maestro religioso (*swami*) se desnuda en la zona donde los demás peregrinos han dejado sus zapatos y su ropa mientras un ayudante sostiene un parasol dorado sobre su cabeza. Por razones de pudor, las mujeres se meten en el agua con sus saris, que luego se secan como cometas suspendidas por la brisa. Los hombres se quedan en ropa interior, o van más allá, colocando sobre su cabeza cualquier modesto ropaje que llevasen para mantenerlo seco. Otros optan por afeitarse la cabeza antes de entrar en el agua, pero la mayoría simplemente se sumergen, cabello incluido, y luego salen a la superficie para ofrecer una oración mientras las gotas restantes resbalan por sus manos, extendidas en oración, o caen de su cabeza y de su cara.

Algunos nadan unas cuantas brazadas, pero el espacio es muy escaso, sobre todo en estos días festivos. Mientras tanto, los guardias vigilan, algunos sumergidos hasta los hombros, con la palabra «policía» escrita en la espalda de sus camisas apenas visible por encima del agua, y otros más alejados, en barcas, por si algún bañista es arrastrado y las barandillas que se han colocado para que puedan agarrarse resultan insuficientes. Otros bañistas acuden en grupo, acompañados por un sacerdote que dirige las oraciones, algunas dedicadas a los antepasados, y hacen ofrendas de flores, leche o coco a la diosa del río. Quienes desean un recuerdo líquido recogen agua del Ganges en vasijas de latón (*puja*), al igual que los peregrinos cristianos llenan sus botellas en forma de Virgen María con agua bendita en Lourdes. Al salir del agua y regresar a la muchedumbre que espera en la orilla, los peregrinos son empujados lo más rápidamente posible para que dejen sitio a los demás. En un solo día se pueden bañar en el río varios millones de personas.

Aunque el *snana* dure únicamente unos minutos, para algunos es el culmen de toda una vida de devoción y anhelo. Pero, al igual que ocurre con otras peregrinaciones, el viaje hasta el río puede ser tan importante como el destino final. Por un lado, están los jóvenes urbanitas que acuden un solo día en los cientos de trenes adicionales que se ponen a disposición de los peregrinos para cada Kumbh Mela y que cogen un palanquín eléctrico en la estación y, por otro, están los *kalpavasis*, una generación de peregrinos de más edad, que son los primeros en llegar y los últimos en marcharse del Kumbh Mela en sus cincuenta días de duración. Se levantan al amanecer para darse un baño a las seis de la mañana, a menudo el primero de tres, seguido de una sencilla comida. El resto del día lo dedican a la oración y la meditación. En el último tramo de su vida, los *kalpavasis* solo quieren entregarse cada vez más a los dioses. Cuando han asistido a doce Kumbhs sucesivos, pueden pasar por una ceremonia religiosa conocida como *shayya daan* («donar la cama»), que se ha comparado con asistir a su propio funeral. Y luego están los que, mezclados entre la multitud, han recorrido a pie, a veces descalzos, con sus pocas posesiones atadas y cargadas sobre la cabeza, cientos de kilómetros para estar en el Kumbh Mela.

Dado que los medios y la duración del viaje que realizan los peregrinos varían tanto, lo que comienza siendo un número aparentemente interminable de grupos cohesionados autoseleccionados, cada uno de ellos formados por personas cuyo origen, apariencia y casta es parecida (y podría decirse que más en el pasado

15. Sadhus (hombres santos) durante el Kumbh Mela, Prayag, India.

16. Kumbh Mela, Prayag, India.

17. Monjes rezando frente al árbol Bodhi bajo el cual
Buda alcanzó la iluminación, Bodh Gaya, India.

18. Capitel del pilar ashokiano de Sarnath, India, siglo III a C.

19. Henro, o peregrino budista japonés, en Tokushima, en la isla de Shikoku,
ataviado con la tradicional chaqueta blanca
y portando un bastón de madera.

20. Kobo Daishi (Kukai) (774-835), fundador de la peregrinación a Shikoku, representado en un pergamino del siglo XIV.

21. Mapa elaborado en 1897 para conmemorar el quincuagésimo aniversario del viaje de los pioneros mormones desde Nauvoo al Gran Lago Salado. Muestra el progreso diario alcanzado a lo largo de ruta.

22. Desfile mormón en la colina Cumorah, Nueva York.

23. Martin Luther King Jr., en la marcha por el Trabajo y la Libertad, Washington, D. C.; 28 de agosto de 1863. Fue aquí donde pronunció su famoso discurso «Tengo un sueño».

24. Puerta principal del santuario de Chimayó, Nuevo México, EE. UU.

25. Machu Picchu, ciudadela inca del siglo xv, Perú.

que en la actualidad), pronto se convierte en un enorme crisol. Ese es el sentido del Kumbh Mela. Reúne a todos los hindúes, sea cual sea su creencia personal, en una religión que tiene muchas facetas y muchos dioses, y que, al ser tan flexible a la hora de acomodarlos a todos, califica muy pocas cosas como herejía. El Kumbh Mela es el único momento en el que todos los asistentes comparten el mismo terreno, literal y teológicamente. Las diferencias se diluyen (a pesar de la presencia de políticos que intentan cortejar a los votantes) y lo que emerge por encima de todo es una única religión hindú.

A los que viajan tan solo un día, los trenes les esperan para llevarlos a sus hogares respectivos. Pero, para la mayoría de peregrinos, incluidos los *firangis*, que vienen desde ultramar y que ahora pueden reservar lujosos alojamientos en la inmensa aldea de tiendas de campaña que se levanta para el festival, la experiencia no consiste solo en celebrar los rituales más espectaculares, sino también en vivir en comunidad durante los días que forman parte de esta enorme hermandad. Lejos de las procesiones principales, los *ghats* y los miles de vendedores para quienes el Kumbh es un gran mercado, se ofrecen todos los entretenimientos imaginables, antiguos y modernos, desde cantos devocionales hasta espectáculos de luz láser, danza clásica y fuegos artificiales. El nivel de ruido en el Kumbh Mela es enorme, ya sea porque hay mucha gente en el mismo lugar, por la música, tanto sacra como de Bollywood, o por las voces de la multitud de hombres y mujeres devotos que han venido a transmitir sus mensajes religiosos a un público receptivo tan numeroso.

En el campamento, en los distintos recintos de cada uno de los *akharas*, tienen lugar los ritos de reclutamiento e iniciación. Algunas de las tiendas que se encuentran allí lucen telas pintadas que imitan fachadas de templos sostenidas por andamios de madera. En otros lugares, los *sadhus* se sientan con las piernas cruzadas frente a hogueras encendidas para impartir sabiduría a los peregrinos. También lo hacen los *naga babas*, aunque en este caso recurren a la marihuana. Incluso ya empieza a haber *sadhvi* ocasionales (mujeres *sadhu*) a medida que el hinduismo se adapta a los cambios que se producen en la sociedad de la que es un componente esencial. El Kumbh Mela de 2019 fue testigo de otro paso hacia la inclusividad y la tolerancia cuando uno de los recintos de los *akhara* acogió a un grupo autodenominado Kinnar Akhara, formado principalmente por mujeres transgénero, y en cuyas carpas ofrecieron un programa de actuaciones, debates y lecturas que contó con una buena acogida.

Por la noche, de vuelta a las orillas del río, se celebran más rituales. Los sacerdotes ofrecen bendiciones (*aartis*) en plintos situados junto al agua, acompañados de una ceremonia de purificación con fuego con la que se pretende honrar a los dioses y que recuerda el primer sacrificio de este tipo realizado por Brahma, que aparece relatado en el Rig Veda. Más allá, en el río, flotan pequeños coracles, hechos con hojas de plátano e iluminados con velas de té, que parecen luciérnagas revoloteando sobre el agua.

9

La ruta de Buda
El peregrino peripatético

En Bodh Gaya el viajero verá cumplido con creces el objetivo de su peregrinación.

Jeet Thayil, poeta y novelista indio[1]

Cada mañana, al amanecer, antes de que los peregrinos lleguen en sus autobuses, un ejército de niños se afana bajo las ramas de la gigantesca higuera de Bodh Gaya. Conocido por los 550 millones de budistas de todo el mundo como el árbol Bodhi, se dice que es el lugar en el que Buda alcanzó la iluminación espiritual, hace 2.500 años. En sus escritos posteriores, indicaba a sus seguidores que fueran hasta allí para encontrar inspiración, pero los motivos de estos jóvenes locales son más terrenales. Bihar, el estado en el que se encuentra Bodh Gaya, es uno de los más pobres de la India. Bajo sus ramas, los niños recogen las hojas que han caído durante la noche para venderlas a los visitantes que, siguiendo las huellas de Buda, vienen en busca de paz mental.

Durante las horas en las que se permiten las visitas, el árbol está continuamente rodeado por tres anillos de seguridad concéntricos e impenetrables. De dentro afuera, el primero es un muro alto de ladrillos que impide que manos demasiado impacientes alcancen su tronco y arranquen algún pedazo. Después están los guardias de seguridad que impiden que los peregrinos más decididos arranquen ramitas que se llevarán a casa, más como reliquia que como recuerdo. Y, por último, está la multitud que se reúne allí para visitar el complejo de Bodh Gaya. Entran en el colosal templo de Mahabodhi, con forma piramidal, construido en el siglo VI d. C., y contemplan la estatua, mucho más reciente (1989) del «Gran Buda», de 25 metros de alto. Pero, por encima de todo, querrán estar a la sombra del árbol, que es la principal atracción del lugar más sagrado del budismo mundial.

A esta hora tan temprana, con el cielo todavía de color rosa limón, los obstáculos no están presentes. Así que los niños tienen vía libre para recoger y embolsar las hojas que encuentran. Para los aproximadamente dos millones de peregrinos que acuden aquí cada año, los sobres de plástico transparente que contienen una sola hoja del árbol más famoso del mundo son auténticas reliquias. Los extranjeros son los más susceptibles. Muchos de ellos son budistas procedentes de países del sureste asiático que peregrinan una vez en la vida por la «Ruta de Buda». Dependiendo de la duración de su itinerario, los peregrinos visitan solo los cuatro lugares principales (Bodh Gaya es el más importante), y aquellos que disponen de más tiempo y recursos, otros cuatro de menor importancia. Entre los visitantes extranjeros que llegan a la India cada año, aproximadamente el 7 % lo hacen peregrinando a los lugares budistas.

Es difícil saber qué pensaría el propio Buda de todo esto. A lo largo de su vida, rechazó cualquier culto hacia su persona. A sus *bhikkhus* (discípulos, aunque en la actualidad el término se usa para referirse a los monjes y monjas) les recalcaba que no se trataba de él, ni de los lugares a los que fue ni de los acontecimientos que vivió, sino que lo importante eran sus enseñanzas sobre el *dharma*, la «vida correcta», que describió como un camino muy antiguo que conducía a la iluminación y que muchos seres humanos recorrieron antes que él. Bajo el árbol Bodhi (en pali, el dialecto antiguo de esta parte del norte de la India significa «el árbol de la iluminación») alcanzó una serena comprensión de las verdades fundamentales del cosmos que daban forma a todas las criaturas que lo habitan. Fue este conocimiento el que lo liberó de las preocupaciones humanas habituales: el ego, las posesiones, el sufrimiento y la muerte.

Incluso algunos relatos de las escrituras budistas (especialmente el Nidanakatha, una colección de historias sobre Buda) parecen querer desviar la atención sobre la existencia real del árbol Bodhi. Hacen hincapié en cómo la tierra que rodeaba al árbol original se estremecía con cada paso que daba Buda mientras buscaba el lugar exacto en el que meditar y que solo se detuvo cuando encontró el lugar ideal, «como si fuera una enorme rueda de carro apoyada sobre su buje y alguien pisara su borde».[2] Los textos sagrados dejan muy claro que no se trataba de un árbol normal, sino de una manifestación del poder invisible que actúa en el universo, más o menos como el «árbol de la vida» del jardín del Edén en el mito judeocristiano de la creación.

Entonces ¿cómo es que este árbol, que ni siquiera es el original, sino supuestamente la cuarta generación de una serie de árboles que crecieron a partir del primer árbol Bodhi, reimportado a la India desde Sri Lanka a finales del siglo XIX, ha alcanzado un estatus tan elevado entre los budistas que sus hojas por sí solas pueden alimentar a las familias de los jóvenes que las recogen? La respuesta, en pocas palabras, es porque Buda pidió a la gente que fuera allí. Puede que no le gustase que el culto se centrase en él, pero era un fan incondicional de la peregrinación. En el Mahaparinibbana Sutta, donde se describe la muerte de Buda, él mismo insta inequívocamente a sus devotos a peregrinar como parte de su propia búsqueda de la iluminación.

Esa petición concuerda con los escasos detalles biográficos que tenemos de él, aunque, según los historiadores, no son definitivos. La historia que se suele contar es que, en el 594 d. C., en Kapilavatthu, en el norte de la India, justo dentro de la frontera de lo que actualmente es Nepal, Siddhartha Gautama, a los veintinueve años, dio la espalda a su familia principesca y a su vida de lujo (según algunos relatos, en gran parte imaginarios, tenía treinta y dos institutrices a su disposición en los palacios que habitaba) y abandonó a su mujer y a su hijo recién nacido, lo que entonces, como ahora, era un acto fuertemente contracultural. Aun así, Gautama salió a través de la Puerta de la Gran Renuncia, vestido con la túnica amarilla de un monje y vagó por los bosques de las vastas llanuras del Ganges hasta casi morir de hambre. Hacía yoga y llevaba al límite su hasta entonces mimado y rollizo cuerpo, en un esfuerzo por ir más allá de las preocupaciones y necesidades del universo físico. Con solo un cuenco para mendigar, peregrinó, unas veces solo y otras con un pequeño grupo de ascetas afines.

Tras seis años de penurias, y desesperado por no poder alcanzar nunca su meta, dejó atrás a sus compañeros y se sentó un día de primavera bajo el árbol Bodhi. Y por fin llegó ese anhelado momento de iluminación. Durante los cuarenta y cinco años siguientes, el Buda continuó vagando. Ahora solía ir acompañado por una multitud de acólitos que querían (literal y espiritualmente) seguir el camino que él había recorrido. Hasta su muerte, a los ochenta años, enseñó, a todos los que quisieron escucharle, cómo liberarse de lo que llamó la rueda de sufrimiento que ata a la humanidad.

Bodh Gaya y los otros tres santuarios principales que aparecen en su biografía (Lumbini, donde nació; Sarnath, donde dio su primer sermón, y Kushinagar, donde murió) eran lugares, según las escrituras budistas, que «un hombre devoto debe visitar y contemplar con gran reverencia». Además, le comenta a Ananda, la persona más cercana a él del grupo que le acompañaba, que los peregrinos que mueran en el camino (lo que llamaba «la ruptura del cuerpo»), renacerán en el Nibbana, o nirvana, el «reino de la felicidad celestial». Solo hay una condición: sus corazones deben estar «firmes en la fe».

Por esa razón, los peregrinos gozan en el budismo de un estatus especial. Ya sea temporal o permanentemente, están llamados a abandonar el mundo para buscar algo más. Su misión no puede confundirse con una mera visita turística: la intención que les mueve es alcanzar un estado mental apropiado. Y lo conseguirán si siguen las instrucciones de Buda sobre «pensamiento correcto, palabra correcta, acción correcta». En las escrituras budistas, se anima activamente al devoto a convertirse en un «vagabundo», liberado de todos los apegos mundanos, ya sea en solitario o como miembro de los seguidores de Buda, la *sangha* (comunidad) de los iluminados. «Id, *bhikkhus* —ordena el Mahavagga, una recopilación de las historias de Buda redactada hacia el año 400 a. C. por el Primer Concilio de monjes celebrado tras su muerte—, vagabundead en beneficio de muchos, por el bienestar de muchos, [y] por compasión hacia el mundo».

A través de la vida errante de los monjes, que abandonaron su hogar con el firme propósito de enseñar lo que hoy se denomina *mindfulness* (atención plena), el budismo se extendió rápidamente por todo el subcontinente indio y más allá. Sin embargo, los peregrinos actuales no regresan a la fuente terrenal de todo lo existente a pie (salvo un puñado de devotos), sino en autocares y trenes. Lo lógico es empezar en Lumbini, a veinte kilómetros de la frontera de Nepal con la India, ya que ese fue el lugar en el que nació Buda, para luego seguir un circuito de unos mil kilómetros en sentido contrario a las agujas del reloj, pasando por Sarnath, cerca de la ciudad de Benarés. El siguiente lugar a visitar es Bodh Goya (aunque estos dos últimos lugares nos los toparemos en orden inverso), para terminar en Kushinagar, en Uttar Pradesh, donde murió. En toda esta peregrinación influyen tanto la geografía como las infraestructuras disponibles. Bodh Gaya es el único de los cuatro que tiene aeropuerto propio y además es el destino más popular. Tanto es así que algunos peregrinos que disponen de poco tiempo solo visitarán este lugar. En Lumbini, los investigadores han analizado las nacionalidades más representadas entre los 1,5 millones de visitantes que acuden allí durante la temporada alta de peregrinación (de octubre a marzo, para evitar los monzones). Los países del sur y sureste asiático en los que viven más budistas son los que dominan el *top ten*: Sri Lanka, Tailandia, Birmania (Myanmar), Vietnam, China, Corea del Sur y Japón. De las naciones occidentales, solo Alemania y Francia merecen una mención.

Una de las peculiaridades de la Ruta de Buda es que los budistas indios no son, como cabría esperar, el grupo más numeroso. Los visitantes nacionales no budistas representan alrededor de tres cuartas partes del total. Solo el 2 % de la población de la India es budista. Muchos peregrinos indios son hindúes, y la frontera entre su fe y el budismo es bastante difusa, ya que comparten algunas creencias como el *dharma* y la reencarnación, pero difieren en el papel otorgado a un dios creador y en el sistema de castas.

En la historia de las peregrinaciones, el hecho de que la cuna de la cuarta religión más importante del mundo se encuentre en un país donde sus seguidores son una ínfima minoría es muy inusual, pero es reflejo de la turbulenta historia del budismo en suelo indio. Tras haber sido exportado a toda Asia (sigue siendo la religión mayoritaria en Camboya, Tailandia, Birmania y Sri Lanka), entre los siglos XIII y XIX fue erradicado de la India, lo que dejó a los colonialistas británicos la tarea de «redescubrir» sus grandes santuarios. Muchos se habían abandonado, mientras que Bodh Gaya y el árbol Bodhi se incorporaron al hinduismo. La actual Ruta de Buda es a la vez antigua y moderna.

Si el Buda fue el inspirador de la ruta que lleva su nombre, el que seguramente la hizo posible fue Aśoka el Grande, el tercer y más grande gobernante del Imperio Maurya, que bajo su liderazgo (entre el año 268 y el 232 a. C.) se extendió por casi todo el subcontinente indio. Sus primeros años en el trono se caracterizaron por la guerra de Kalinga (actual estado de Orissa), pero, cuando logró la victoria, se arrepintió del derramamiento de sangre y decidió que su vida se regiría por el concepto budista del *dharma*. Construyó servicios públicos como pozos y hospitales. También fue un gran evangelizador del budismo, e incluso envió a su hijo y a su hija como misioneros a Sri Lanka. Dentro de su reino, hizo caso de las palabras de Buda en cuanto a los lugares que debían ser «contemplados con sentimiento de reverencia» y viajó a cada uno de los cuatro lugares más asociados con su legado.

La infraestructura que Aśoka dejó tras de sí en su peregrinaje ha perdurado hasta nuestros días. Su entusiasmo por construir en piedra a gran escala provenía de la admiración que sentía por los griegos en general y por Alejandro Magno en particular. Según algunos relatos, encargó la construcción de 84.000 templos y estupas (túmulos conmemorativos), e incluso se dice que depositó en cada uno de ellos una parte de las cenizas de Buda. En la actualidad, son conocidos sobre todo por sus pilares o columnas. No eran solo monumentos a su poder y devoción. También tenían un propósito didáctico, ya que llevaban inscritos edictos que transmitían la idea que tenía el emperador de lo que debía hacer un buen budista y, por tanto, un buen gobernante y súbdito.

Estos pilares de arenisca pulida, rematados por capiteles exquisitamente tallados, se perdieron durante la época en la que el budismo perdió protagonismo en la India, pero fueron redescubiertos gracias a unas excavaciones que se llevaron a cabo a finales del siglo XIX. La inscripción encontrada en el pilar de Lumbini hace referencia a Aśoka en tercera persona, y en él se explica que fue hasta ese lugar para adorar al Buda porque es allí donde nació. «[Él] hizo que se tallara una piedra con un caballo e hizo que se erigiera una columna de piedra, [para mostrar] que el Bendito nació aquí. [Él] liberó de impuestos a la aldea de Lumbini e hizo que pagara [solo] una octava parte [del producto].»

La referencia a Aśoka en tercera persona es algo que no es inusual en el caso de monarcas y emperadores debido al aura que se creaba a su alrededor. Eso ha hecho que algunos expertos sugieran que el pilar de Lumbini fue erigido muchos siglos después de que Aśoka viajara hasta allí. Se sabe con certeza que ya estaba en su lugar en el siglo VII d. C., cuando el monje budista chino Xuan Zang (a quien ya hemos hecho referencia al hablar de Prayag) llegó a Lumbini y dejó constancia tanto de la escultura del caballo en el capitel como del pilar, por entonces partido en dos. Sin embargo, no menciona ninguna inscripción, por lo que podría haber sido añadida posteriormente.

Aśoka también visitó Bodh Gaya, en esa época conocida como Bodhimanda («terreno alrededor del árbol Bodhi») o Sambodhi. En el siglo XVIII recibió su nombre actual. Y en Kushinagar todavía pueden visitarse los restos de una gran estupa que ordenó construir allí. Sin embargo, el pilar ashokiano de Sarnath es el más importante en la India actual y los cuatro leones asiáticos que adornaban el capitel que lo coronaba son ahora el emblema de toda la nación. Fueron desenterrados en el invierno de 1904 durante unas excavaciones que se llevaron a cabo en ese lugar. La base seguía en pie en el que se cree era su emplazamiento original, pero el pilar estaba partido en tres trozos. Los arqueólogos están convencidos de que fue destruido deliberadamente en una fecha desconocida, junto con la «rueda del dharma», con sus treinta y dos radios tallados, que una vez coronó todo el capitel. Solo sobrevivieron fragmentos. Sin embargo, el resto del capitel estaba bien conservado y se trasladó inmediatamente a un museo de Sarnath.

En el budismo, el león se ha utilizado con mucha frecuencia para representar al propio Buda, mientras que la posición de los cuatro leones, espalda contra espalda y mirando hacia el exterior, se ha interpretado de diversas formas. Puede que representen los cuatro puntos cardinales del imperio de Aśoka, la difusión del budismo por todo el mundo o las Cuatro Nobles Verdades que enseñó el Buda.

Se cree que Aśoka dejó otros legados, como la fundación de la antaño poderosa universidad budista de Nalanda, cerca de Rajgir, en el estado de Bihar, entonces capital del Imperio Maurya. En la actualidad, es uno de los cuatro lugares de peregrinación de la Ruta de Buda gracias a la leyenda del elefante enfurecido, al que el maestro calmó con amor y compasión cuando parecía que le iba a atacar. Las excavaciones localizaron entre las ruinas una estupa del siglo V a. C. que respalda la afirmación de que el propio Buda llegó a Nalanda e impartió sus enseñanzas a los monjes en un bosquecillo de mangos. En su apogeo, llegaron a estudiar allí hasta diez mil monjes a la vez, pero en 1200 d. C. quedó reducida a escombros.

Aśoka no solo sentó un precedente del peregrinaje moderno al visitar los lugares de la Ruta de Buda, sino que también animó a los funcionarios de su corte a que hicieran lo mismo, para que así pudieran administrar justicia de una forma más ética. Tras su muerte, incluso cuando el imperio que levantó se estaba desmoronando, su itinerario siguió siendo muy popular entre los peregrinos que viajaban desde lugares tan lejanos como el Tíbet o China, a menudo a pie, a través del desierto de Takla Makan, soportando el azote del viento en las cordilleras del Pamir y del Hindú Kush. Regresaban a casa llevándose con ellos historias sobre una próspera cultura monástica y erudita establecida en la región donde Buda enseñó una vez.

La forma en la que esta cultura fue aniquilada, provocando la desaparición del budismo de la tierra que lo vio nacer para florecer en tierras lejanas, sigue siendo objeto de debate. La mayoría de los relatos hablan de la indefensión de los budistas de los grandes monasterios y santuarios, que no pudieron resistir el asalto de los invasores turcos musulmanes procedentes de Asia Central en las primeras décadas del siglo VI d. C., dirigidos por el rey Mihirakula, descrito en los textos sagrados como cruel y despiadado y enemigo declarado de los budistas. Un siglo después, el monje budista Xuan Zang contó en los relatos que escribió sobre sus viajes que Mihirakula había destruido monasterios y santuarios. Cuando finalmente fue derrotado por los príncipes indios, el patrimonio budista se había reducido considerablemente. Consiguió resurgir, pero cuando en el siglo XIII llegaron los belicosos mogoles musulmanes, precursores de las invasiones posteriores, todo quedó totalmente arrasado, miles de monjes fueron decapitados, sus libros quemados (y con ellos las pruebas documentales de la historia del budismo) y los templos, los pilares y las estupas reducidos a escombros.

Se ha sugerido que, dado que eran pacifistas, los guardianes del legado de Buda en el norte de la India no estaban dispuestos a entrar en combate con sus atacantes, aunque eso significara que fueran a perderlo todo. Pero también es posible, según otros relatos, que perdieran la confianza y la lealtad de la población local, que no acudió en su defensa cuando atacaron los forasteros. Esto pudo deberse a que la población considerase que los monasterios tenían un poder desmesurado y que los monjes eran corruptos y autocomplacientes con la lealtad de quienes vivían bajo su autoridad. Tras la invasión, cuando los monjes y sacerdotes budistas que lograron sobrevivir huyeron, los lugares de culto que quedaron en pie fueron dedicados a otros menesteres.

Sin embargo, muchos de los grandes lugares budistas se echaron a perder. Incluso hoy en día, los agricultores de Bihar encuentran al arar efigies de piedra dispersas que una vez fueron representaciones sagradas de Buda que adornaban monasterios y templos. Las estupas derribadas se convirtieron en una fuente de ladrillos reutilizables para la construcción de viviendas. El control de Bodh Gaya, que en tiempo de Buda habría acogido a los visitantes hindúes sin poner ninguna pega, pasó a manos precisamente de sacerdotes de esa religión. En 1234, un viajero tibetano informó de que allí solo quedaban cuatro monjes budistas. Visitantes posteriores informaron de que un sacerdote jefe hindú o *mahant* estaba al mando. Las cosas seguían así en 1886, cuando, bajo el Raj británico, el poeta y periodista inglés Edwin Arnold llegó a Bodh Gaya. Preguntó a sus anfitriones hindúes si podía coger una hoja del árbol Bodhi. Le contestaron: «Coge todas las que quieras [...] para nosotros no significa nada». Arnold se quejó del trato negligente que dispensaba el sacerdote hindú a las reliquias budistas, ya que, para él, ese lugar merecía ser considerado «La Meca o la Jerusalén de un millón de congregaciones orientales».[3]

Tras seis siglos en el olvido, los arqueólogos británicos del siglo XIX descubrieron las raíces indias del budismo, lo que en última instancia condujo a la reapertura de la Ruta de Buda. En 1837, Alexander Cunningham dirigió unas excavaciones en Sarnath e hizo dibujos detallados de lo que había encontrado allí para argumentar lo importante que fue ese lugar en la vida de Buda. Cinco años más tarde, hizo lo mismo en Sankassa (del segundo grupo compuesto por cuatro lugares asociados con Buda que se encuentran en la actual ruta de peregrinación). Y luego, en 1854, basándose en los relatos de personas como Xuan Zang, que habían visitado con anterioridad esos mismos lugares, Cunningham publicó *The Bhilsa Topes*, donde exponía, para una nueva generación de lectores, la historia de Buda y el auge que estaba viviendo el budismo en la India.

Cunningham colaboró estrechamente con eruditos indios. En las últimas décadas del siglo XIX, y gracias a las pruebas presentadas en sus libros, se puso en marcha un renacimiento budista autóctono, encabezado por, entre otros, Anagarika Dharmapala. Nacido en la Sri Lanka budista, visitó Bodh Gaya por primera vez en 1885 tras leer el relato de Edwin Arnold. Cuando regresó en 1892 para visitar el recién restaurado (por las autoridades británicas) templo de Mahabodhi, le disgustó que siguiera en manos de sacerdotes hindúes. Por esa razón fundó, en Calcuta, la Sociedad Mahabodhi, cuyo objetivo era hacer campaña a favor de que los budistas tuvieran voz y voto en igualdad de condiciones en la gestión diaria del templo. Fue una larga batalla legal que solo se resolvió después de su fallecimiento, ocurrido en Sarnath en 1933. Durante ese proceso, su sociedad luchó enérgicamente para que se reconociese el papel que tuvo el budismo en la historia de la India, y fue determinante a la hora de moldear su versión actual. Dharmapala desempeñó un papel fundamental, sobre todo en la restauración del cuarto de los principales lugares de la Ruta de Buda, en Kushinagar, donde murió Buda. Convirtió lo que hasta entonces no eran más que ruinas en un lugar capaz de inspirar de nuevo a los peregrinos.

Al igual que ocurre en Bodh Gaya, en Lumbini el día empieza muy pronto. Sin embargo, en este caso, el primer signo de vida no son los niños que rebuscan alrededor de un árbol Bodhi (aunque en Lumbini hay uno, al igual que ocurre con todos los demás lugares importantes de la Ruta de Buda, todos ellos esquejes de esquejes de esquejes del original). Lo que perturba la somnolienta atmósfera de esta ciudad todavía rural es el coro que se escucha en el santuario nada más amanecer. El sonido de tambores y campanas se mezcla con el canto en pali de pasajes de las escrituras budistas. Se pone en marcha una procesión de peregrinos, y las banderas de oración características de los budistas tibetanos añaden un toque de color, al igual que las túnicas granates de los monjes. Tras cruzar un pequeño canal, la procesión pasa junto a las ruinas de *viharas* (monasterios) budistas construidos entre el siglo III a. C. y el siglo V d. C. Luego bordea el *Pushkarini*, o estanque sagrado, donde se dice que la reina Maya Devi tomó un baño ritual hace 2.500 años, poco antes de dar a luz a Siddhartha Gautama en un bosquecillo de shalas. El destino final de los peregrinos es el sencillo templo de paredes blancas de Maya Devi, que se erige en el lugar exacto en el que nació Buda. Según la leyenda, nació hablando y sus primeras palabras fueron: «Este es mi último nacimiento».

El interior del templo está adornado con escenas de la vida de Buda pintadas en las paredes. Está claro que su deseo de no ser el centro de atención, y de que este lo ocuparan sus enseñanzas, ha sido muy difícil de respetar. «Quien me ve a mí, ve el *dharma* —afirmó en una ocasión—, y quien ve el *dharma* me ve a mí.» Por su parte, Buda se consideraba a sí mismo un guía, un maestro e incluso un ejemplo, pero posiblemente no un dios, aunque esta interpretación es discutida por las diversas escuelas budistas que han surgido a lo largo de los milenios. Para algunos, Siddhartha Gautama era el vigésimo octavo de una línea de Budas, nombre con el que se designa a seres sumamente iluminados de los que solo puede haber uno en el universo en un período determinado. Los que hoy aceptan ese hecho esperan la llegada del vigésimo noveno Buda, pero entienden que pueden pasar muchos miles de años antes de que eso suceda.

En el budismo se puede venerar al vigésimo octavo Buda de muchas formas: sentarse quieto —puede que bajo un árbol— y meditar sobre sus cualidades, leer las escrituras, honrar una figura suya o hacer ofrendas. Todas estas prácticas fomentan la disciplina espiritual que él preconizaba. Sin embargo, en Lumbini y en otros lugares de la ruta, los peregrinos tienen la sensación de que están siguiendo sus pasos. Lo hacen a pesar de saber que cualquier apego a una historia de la vida de Buda es, como dice la distinguida escritora religiosa Karen Armstrong, «algo muy poco budista, porque no se debe venerar a ninguna autoridad, por muy respetable que sea; los budistas deben motivarse a sí mismos y confiar en su propio esfuerzo, no en un líder carismático».[4] Aun así, los peregrinos son capaces de adoptar diversos enfoques simultáneamente, como atestigua el hecho de que, en los últimos tiempos, cada vez llegan más visitantes desde el norte de la India y Nepal. Lumbini, en concreto, recibió un importante impulso en 2013, cuando los arqueólogos excavaron bajo el templo de Maya Devi y hallaron no solo los restos del santuario que Aśoka había construido durante su estancia en esa ciudad, sino también, justo debajo, una estructura de madera aún más antigua. La datación por carbono dio a entender que esta construcción, hasta ahora desconocida, era más antigua que el santuario erigido por Aśoka. Tal vez se trataba de un recinto o altar al aire libre en el que pudo haber un árbol de la iluminación, lo que podría convertirlo en el lugar budista más antiguo que se conserva en el mundo. Los hechos, una vez más, son controvertidos, y algunos expertos arqueólogos creen que el «descubrimiento» podría ser simplemente un santuario de la naturaleza, centrado en el culto a los árboles.

Lo que atraía a los monjes budistas que viajaron a Lumbini durante sus primeros siglos como lugar de peregrinación era poder experimentar el mundo como lo habría hecho Buda al iniciar su propio peregrinaje hacia la iluminación. Por aquel entonces seguía siendo una zona pobre y aislada del mundo que se mantenía al margen del tiempo. Ese espíritu sigue vivo en los visitantes del siglo XXI no solo porque las recientes excavaciones los pueden «transportar» 2.500 años atrás, sino también porque los guardianes retrasan deliberadamente los relojes quince minutos. Su objetivo es que los peregrinos (muchos de los cuales tienen horarios muy ajustados para poder recorrer el circuito que pasa por los cuatro santuarios) dispongan de un tiempo extra durante el cual ignoren brevemente las insistentes exigencias del mundo exterior y cumplan con sus deberes espirituales.

La procesión del amanecer sigue su curso. Los peregrinos se postran en el suelo ante la versión de Lumbini del árbol Bodhi, se levantan y repiten el movimiento una y otra vez. Es un ritual cuyo objetivo consiste en alcanzar la atención plena, la cualidad más buscada en el mundo occidental actual. Al sentirse más unidos a la tierra pueden liberarse de las garras del ego. A medida que el grupo avanza entre las ruinas, algunos se detienen ante las estupas para depositar ofrendas, encender velas y varitas de incienso e inclinar la cabeza en señal de oración. Cuando, en otros lugares del camino, visitan otras que son más altas, utilizan tirachinas para lanzar seda blanca con peso para que su ofrenda se quede colgada de la parte superior de la estructura, donde se asentará como si fuera un extraño afloramiento.

Si seguimos la ruta, después de Lumbini viene Sarnath, donde, según la leyenda, Buda pronunció su primer sermón. Concretamente, lo hizo en Isipathana, en lo que por entonces era un santuario para ciervos al que acudían los sabios antiguos para meditar. Eso se produjo dos meses después de alcanzar la iluminación y fue hasta allí para reunirse con los mismos cinco monjes de los que se había separado antes de dirigirse a Bodh Gaya. La separación se había producido después de que Buda rechazara su ascetismo extremo en favor de lo que él llamaba «un camino intermedio». No estaba seguro de poder tener un reencuentro feliz o armonioso, pero, gracias a su «Discurso sobre el giro de la rueda del dharma», les convenció para que se convirtieran en los primeros miembros de la *sangha* (o comunidad de iluminados) que le siguieron.

Según la biografía que muchos budistas dan por buena, siempre regresaba a Sarnath para pasar la estación de los monzones en el Mulagandhakuti Vihara, frente al cual, más tarde, se erigiría el ahora célebre pilar ashokiano de Sarnath. El monasterio fue destruido por los invasores del siglo XIII, pero, en la década de 1930, la Sociedad Mahabodhi de Anagarika Dharmapala construyó un nuevo templo en el mismo lugar.

Después de Bodh Gaya, la última parada de la ruta de peregrinación es Kushinagar, pequeño en comparación con todo lo anterior. Es el lugar en el que Buda, con su discípulo Ananda a su lado, murió y alcanzó el *parinibbana*, la etapa final del nirvana. El objeto más preciado del conocido como «Lugar de la Gran Desaparición» es el Buda reclinado, de 3,5 metros de largo, tallado en una sola pieza de piedra y recubierto de pan de oro. Representa al iluminado en su lecho de muerte y, a diferencia de la mayoría de las representaciones, en las que está sentado con las piernas cruzadas en posición de loto, descansa sobre su costado derecho.

Cuando se dirigía con su compañero, Ananda, a Lumbini, el Buda tuvo la premonición de que su vida terrenal llegaba a su fin. Ya no pudo ir más lejos. Ananda le preparó un lecho junto al río Hiranyavati, entre dos árboles, con la cabeza orientada hacia el norte. «La naturaleza de las cosas dicta que debemos dejar a los que nos son queridos», le dijo el Buda. «Todo lo que nace contiene su propio final. Yo también he envejecido y, lleno de años, mi viaje se acerca a su fin.»

Gracias a una inscripción grabada en la estupa Parinibbana, la que contiene el Buda reclinado, sabemos que la figura fue esculpida en el siglo V d. C. por encargo de los gobernantes hindúes del Imperio Gupta, para quienes Kushinagar era un centro importante. Una vez más, se produjo un intercambio entre hindúes y budistas. Sin embargo, se tuvo que esperar hasta el año 1876 para que fuera redescubierto por el arqueólogo británico Archibald Campbell Carlyle. Fue necesario recomponer minuciosamente numerosos fragmentos dispersos.

Algunos peregrinos actuales se reunirán para recrear el ritual que su círculo más cercano llevó a cabo hace 2.500 años, justo después de su muerte, y que aparece descrito en el *Nibbana Sutta.*

«Se postraron a los pies de Buda, los tocaron con la cabeza, le rindieron homenaje, dieron un paso atrás y se sentaron a su lado.»[5]

Esta interpretación literal de las escrituras es una de las caras de la actual Ruta de Buda, pero junto a este enfoque tradicionalista de la peregrinación, cada vez tienen más cabida otros bastante diferentes que se integran con la facilidad y fluidez características del budismo y que atraen, sobre todo, a los conversos occidentales. Encuentran en su antigua sabiduría enseñanzas que siguen teniendo valor en el mundo moderno. En su libro *Confessions of a Buddhist Atheist*, el maestro budista británico Stephen Batchelor, un exponente de lo que denomina «budismo laico», resalta el hecho de que la Ruta de Buda es abierta, sin un final concreto, algo que cada año atrae a más visitantes procedentes de Europa y América del Norte. «Te encuentras en estos lugares —escribe—, oyes los mismos cantos de pájaros, respiras el mismo aire y estás rodeado de los mismos árboles y follajes de los que pudo estar rodeado Buda. Y eso, de alguna manera, es lo más cerca que puedes estar físicamente de la fuente de las enseñanzas que pones en práctica en tu vida diaria.»[6]

10

Shikoku
88 templos siguiendo los pasos del gran maestro

> Para escapar de un marasmo de depresión, para tratar de encontrar una respuesta al problema de cómo vivir, emprendí la peregrinación [a Shikoku]... Tomé estas resoluciones: aceptar lo que pasara sin ansiedad alguna, [y] no aferrarme a la vida tenazmente.
>
> TAKAMURE ITSUE, poeta e historiadora,
> *Musume Junreiki* (1979)

La peregrinación a Shikoku tiene una historia que empezó hace 1.200 años, uno por cada kilómetro de la ruta que transcurre alrededor de la isla meridional japonesa del mismo nombre. A lo largo de todo el recorrido, pueden escucharse diversas leyendas sobre su fundador, el monje erudito Kukai, nacido en el año 774 y conocido comúnmente como Kobo Daishi o Gran Maestro, creador de la escuela budista shingon en Japón. Entretejidas con las historias centenarias del camino de los 88 templos, hay relatos contemporáneos que son un reflejo del rápido desarrollo que ha sufrido este popular camino de peregrinación circular desde la década de 1970.

En un principio, el renacimiento moderno del camino de Shikoku se debió al deseo de la sociedad japonesa de volver a conectar con su propio patrimonio cultural y espiritual. Uno de los tesoros del «Japón perdido» que por entonces no se valoraban suficientemente en las prósperas metrópolis del país, sobre todo entre los jóvenes, era la rica tradición de peregrinación cuyo objetivo siempre fue encontrar lo sagrado en la naturaleza. Algunas de estas rutas pasadas eran estrictamente locales, pero había otras que eran muy conocidas a nivel nacional, en particular el camino de Shikoku. En la década de 1960, con el declive de la observancia religiosa en Japón, solo lo recorrieron unos quince mil *henro* cada año, una palabra que en japonés significa «región remota», pero que, en el contexto de Shikoku, es la preferida para designar a los peregrinos por encima de la más convencional, *junrei*. Sin embargo, a finales de la década de 1980, esa cifra había crecido hasta alcanzar los ochenta mil. En la actualidad, se calcula que unas 150.000 personas recorren esta isla, la cuarta más grande, la menos desarrollada y la más verde de las muchas que forman parte de Japón. Tres grandes puentes, que se construyeron gracias al auge económico experimentado en el país tras la segunda guerra mundial, la unen a la isla mayor de Honshu cruzando el mar Interior de Seto.[1]

En los últimos quince años no solo ha aumentado el número total de peregrinos, sino también el de *gaijin henro* (peregrinos extranjeros). Hubo que esperar hasta 1921 para que un extranjero completara la ruta circular de los 88 templos. El protagonista fue Frederick Starr, antropólogo estadounidense y experto en temas relacionados con Japón. En los registros de 2006 de la prefectura local sobre los peregrinos que recorren la ruta solo aparecen 74 *gaijin henro*. Una década después, ya eran miles.[2] No solo han llevado consigo sus mochilas y sus resistentes zapatos de senderismo: muchos de los que vienen de fuera para intentar recorrer parte o la totalidad de la ruta o *Henro Michi* (se puede hacer por etapas, año tras año, hasta completar todo el circuito) se sienten atraídos en parte por su parecido con el Camino de Santiago que ya recorrieron. Al fin y al cabo, ambos caminos de peregrinación tienen una antigüedad y una longitud similares, y atraviesan una variedad de paisajes muy diversos, desafiantes y a menudo dotados de una belleza sobrecogedora. También se ha hecho muy popular entre esos peregrinos la historia de una pareja que se conoció en el Camino de Santiago; él, americano de Texas, y ella, japonesa. Se enamoraron, fundaron su hogar en Japón, pero se llevaron un trozo del Camino español con ellos, creando su propio albergue al estilo del Camino en la ciudad de Matsuyama, en el camino de Shikoku. Se trata de un puente entre dos tradiciones de peregrinación de distintas partes del mundo, y una alternativa a los *ryokan* (pensiones) y *minshuku* (casas de huéspedes) japoneses que, desde hace tiempo, se encuentran a lo largo de la ruta, con sus futones, sus tatamis de paja de arroz y sus biombos *shoji* de papel y bambú.

Puede que tras contarla una y otra vez, los *gaijin henro* hayan ido modelando esta historia. Según algunas versiones, la pareja ya ha dado la espalda al negocio de la hostelería. Pero en las rutas de peregrinación, las historias evolucionan como una parte más de la vida cotidiana. Mientras que en muchos otros aspectos de nuestras vidas se hace hincapié en ser el primero, el pionero, en hacer las cosas antes y mejor que los demás, cuando se trata de peregrinos —ya sean palmeros, peregrinos del Camino de Santiago o *henro*— estas obsesiones contemporáneas pierden toda su importancia. El hecho de no ser los primeros y seguir los pasos de muchos otros que han recorrido antes ese mismo camino, contar y revivir de nuevo sus historias formando una cadena humana ininterrumpida a través de los tiempos que trasciende el aquí y el ahora, les nutre y les proporciona autoconocimiento.

En Shikoku, con su clima subtropical húmedo y la cercanía del océano Pacífico, las huellas que están grabadas con mayor solidez son las de Kobo Daishi. En cada uno de los 88 templos hay una estatua suya en la que porta la vestimenta tradicional de los peregrinos. A menudo está situada en una pequeña y sencilla garita, desde la cual recibe a los visitantes a su llegada. Sus palabras están impresas en japonés en los sombreros cónicos de juncia que los peregrinos llevan a imitación suya. Y en cada uno de estos lugares sagrados de la ruta circular existe una leyenda que vincula a Kobo Daishi con ese emplazamiento en particular y que se relata con orgullo en un himno creado para la ocasión. Algunas de esas historias están más basadas en hechos verídicos que otras. Se dice, por ejemplo, que en el templo número 75, Zentsu-ji, se encuentra la casa de su familia (el nombre honra al padre de Kobo Daishi) y probablemente también sea su lugar de nacimiento. Se cree que el joven Kukai se sentó una vez bajo un gigantesco alcanforero nativo que da sombra a la imponente pagoda de cinco pisos, buscando la iluminación a imitación del Buda que, en el siglo VI a. C., esperó pacientemente bajo el árbol Bodhi en el norte de la India.

Parece verosímil, pero se trata tan solo de uno de los muchos árboles situados en diferentes templos que han inspirado una historia similar. En el número 2 hay un «cedro de Daishi» y en el número 28, otro alcanforero, esta vez con una talla en el tronco supuestamente realizada por Kobo Daishi con las uñas en un acto de ascetismo extremo. Las leyendas son rastros de lo sagrado esparcidos por todas partes, como los pétalos de la flor rosa del cerezo que cubren tramos del camino que recorren los peregrinos durante la primavera. Se dice que, en el número 3, el Gran Maestro hizo brotar un manantial porque a los lugareños les faltaba agua. Y en el número 6 se le atribuye el agua caliente que allí mana y que, según muchos, puede curar enfermedades. A lo largo de los siglos, numerosos *henro* han dado por buenas estas leyendas. Algunos aseguran haber recibido la recompensa por su fe. En varios lugares de la ruta pueden verse aparatos ortopédicos, muletas y yesos desechados que dan testimonio de aquellos que creen haberse curado gracias a su peregrinación a Shikoku.

Sin embargo, muchos otros lugares de peregrinación del país también tienen asociadas leyendas relacionadas con el agua, y eso es algo que debería hacernos reflexionar. El suministro de agua siempre ha sido un problema en estas islas. Siempre ha llovido abundantemente, pero cuando el agua se escapaba del paisaje montañoso con demasiada rapidez como para poder ser gestionada se invocaba a poderes superiores. Y no solo se invocaba a Kobo Daishi, sino también a diversos guías espirituales de otras tradiciones budistas de Japón (el shingon es una de las muchas escuelas budistas que sigue de una u otra forma cerca del 70% de la población), así como a los miles de dioses de la naturaleza que forman parte del panteón del sintoísmo. La tradición religiosa autóctona de Japón es anterior a la llegada del budismo a estas islas y goza de la adhesión del 90% de la población.

Muchos japoneses combinan su lealtad al sintoísmo y al budismo, y en Shikoku ambas religiones se respetan mutuamente, sobre todo porque comparten su veneración por la naturaleza. Hay templos sintoístas a lo largo de toda la ruta, y en algunas ocasiones comparten emplazamiento con alguno de los 88 relacionados con Kobo Daishi. Sin embargo, no siempre ha habido tanta armonía. En el período comprendido entre las últimas décadas del siglo XIX y la segunda guerra mundial, el auge del nacionalismo japonés provocó una reacción violenta contra el shingon, que fue tachado de importación extranjera no deseada. Algunos de sus templos situados en el *Henro Michi* fueron cerrados, otros sufrieron actos vandálicos e incluso uno de ellos fue demolido.

Sin embargo, no se puede decir que el budismo japonés sea un recién llegado de ultramar. Sus orígenes se remontan a principios del siglo VI d. C., cuando el rey de Kudara (Paekche), en el extremo sudoeste de la península de Corea, envió una estatua de Buda y copias de los principales textos budistas como parte de una misión diplomática a la corte japonesa. Sin embargo, fue Kobo Daishi quien le dio la forma definitiva que acabó floreciendo en suelo japonés.

Nacido en Shikoku, de padre terrateniente perteneciente a la pequeña nobleza y emparentado con el antaño poderoso clan Otomo, Kobo Daishi siguió inicialmente el camino que esperaba su familia. De joven, se preparó en la Universidad de Nara para hacer carrera en el gobierno. Sin embargo, las turbulencias políticas que se produjeron en la corte mancharon el nombre de Otomo y ese futuro se desvaneció. Desde ese momento, quedó libre para explorar (según la prolija narrativa existente sobre su antigua vida) una llamada interior que había estado reprimiendo desde la infancia. Se sintió atraído por las escrituras budistas y se propuso explorar cómo podría vivir según lo que leía, meditando y recitando mantras en las montañas de Shikoku.

Su decisión de abrazar plenamente el sacerdocio y una vida de pobreza y servicio afligió a su familia, pero Kobo Daishi se negó a plegarse a sus deseos. Más adelante, en *Sangō Shiiki*, describió ese período hablando de sí mismo en tercera persona. «Dejó de tener contacto con sus parientes y vagó por el país como una pluma flotando en el agua o una hierba seca arrastrada por el viento [y] cumplió diligentemente con todos los preceptos del budismo».[3] Estos vagabundeos, una peregrinación en sí mismos, lo llevaron muy lejos. Incluso pasó un tiempo estudiando en China formando parte de una delegación japonesa enviada por el emperador. Finalmente, al otro lado del mar Interior, en la península de Kii, frente a la isla de Shikoku, fundó en el año 816 un monasterio en el monte Koya. Murió en el año 835 y allí fue enterrado, aunque algunos de sus devotos creen que no está realmente muerto, sino que sigue meditando en su mausoleo, a la espera de la llegada del próximo Buda.

A lo largo de toda su vida, Kobo Daishi ejerció una gran atracción sobre sus discípulos. Además de sus conocimientos espirituales y el estilo de vida sencillo para el que se sentía llamado, Kobo Daishi tenía fama de ser un talentoso poeta, calígrafo y artista. Incluso era lo suficientemente versado en ingeniería como para restaurar un gran embalse. Se dice que, en ocasiones, atravesaba el mar Interior con sus seguidores para llegar a Shikoku y volver a caminar por las montañas, los bosques de cedros y las aldeas agrícolas de la isla como parte de su búsqueda continua de iluminación. A diferencia de otras escuelas budistas, el shingon enseña que es posible alcanzar la iluminación en una única vida terrenal, aunque eso requiera un duro y continuo esfuerzo. No es necesario, a diferencia de lo que propugnan otras escuelas, pasar por repetidos ciclos de nacimiento, muerte y renacimiento.

La conexión entre el monasterio de Kobo Daishi y su lugar de nacimiento en Shikoku se fortaleció en los años posteriores a su fallecimiento. En el siglo x, ya se había erigido un templo (actualmente, el número 75) en la casa de su familia, al norte de la isla. Ese vínculo se mantiene vivo, y algunos peregrinos modernos se preparan subiendo primero al monasterio del monte Koya, una caminata cuesta arriba de 21 kilómetros apta solo para los más resistentes, o en tren para las almas más delicadas. Luego cruzan el mar Interior hacia Shikoku, donde iniciarán la ruta de los 88 templos en el puerto más cercano, Tokushima.

Nadie sabe cómo ha ido evolucionando el trazado del camino que serpentea desde el primer templo, situado a las afueras de Tokushima, y que pasa por las cuatro provincias de Shikoku. No hay registros al respecto. Según la leyenda (de nuevo aparece esta palabra), fue el propio Kobo Daishi el que lo recorrió y trazó en su totalidad. Esa creencia se ve reflejada en la historia de Emon Saburo, el primer peregrino que siguió la ruta en vida de Kobo Daishi. Era un hombre rico y codicioso, que se negó en repetidas ocasiones a darle limosna a Kobo Daishi cuando llegó mendigando a la puerta de su casa de la isla, que compartía con ocho hijos. Según algunos relatos, no solo se negó, sino que, en una ocasión, le rompió el cuenco que utilizaba para mendigar y en otro se lo llenó de excrementos.

Cuando, finalmente, Kobo Daishi dejó de pedirle limosna y se marchó, los hijos de Emon Saburo empezaron a morir, uno tras otro, día tras día. (A algunos devotos les incomoda este detalle de la historia, porque muestra al Gran Maestro como alguien vengativo en lugar de iluminado.) Desesperado, Emon Saburo se dio cuenta de lo equivocado que estaba, entregó sus tierras a sus arrendatarios y partió en busca de Kobo Daishi para obtener su perdón. La ruta que siguió es el camino de peregrinación actual. Siempre iba un paso o dos por detrás, y se vio obligado a mendigar para poder comer, de tal modo que aprendió a ser humilde. Finalmente, alcanzó a Kobo Daishi y fue absuelto. Murió poco después. Su tumba se encuentra entre los templos 12 y 13.

El bastón que utilizó mientras intentaba alcanzar a Kobo Daishi se plantó en el suelo junto a su tumba y se dice que creció hasta convertirse en el cedro que hay ahora.

La historia de Emon Saburo refuerza la leyenda principal del *Henro Michi*: que el peregrino nunca está solo. Él o ella recorre el circuito con Kobo Daishi siempre a su lado, una conexión que encuentra su expresión más clara en dos de los rasgos distintivos de la ruta. Los peregrinos llevan un bastón conocido como *kongō-zue* con la inscripción «Nosotros dos, peregrinamos juntos». Y cuando los lugareños se acercan a ellos para ofrecerles hospitalidad (que sigue siendo una característica importante de la peregrinación), no les dan un simple vaso de agua o un cuenco de arroz, o un pastel, sino dos, uno para el peregrino y otro para Kobo Daishi, que permanece a su lado, invisible, pero presente en todos los demás sentidos.

Sin embargo, los hechos no siempre concuerdan con la leyenda. Está claro que ciertos tramos de la ruta de Kobo Daishi, en particular el que va desde el primer templo actual, Ryozenji, en la aldea de Bando, atraviesa el valle del río Yoshino y llega al decimosegundo templo, fueron una ruta sagrada que se dirigía hacia las montañas mucho antes de que Kobo Daishi (o sus seguidores) lo hicieran suyo. El origen de este tramo del *Henro Michi* demuestra que las montañas siempre han sido muy veneradas en la cultura japonesa, en un país muy poblado donde, incluso hoy, el 70% de toda su superficie terrestre está destinada a parques nacionales, la mayoría de ellos montañosos. En el sintoísmo, al igual que ocurre en el budismo shingon, se cree que las montañas son el hogar de las almas de los antepasados. En otros países y territorios, y en otros lugares de peregrinación de todo el mundo, las montañas son el lugar donde el cielo y la tierra se encuentran, donde los dioses descienden para codearse con los simples mortales (el monte Sinaí en el canon judeocristiano, el monte Hira en el islam o el monte Olimpo para los antiguos griegos), pero en Japón se ha ido un paso más allá. Los antepasados y los dioses coexisten.

Las montañas son, por tanto, el lugar al que acudir para sentirse cerca de los familiares fallecidos. Y así, los *henro* siguen el camino de los 88 templos montaña arriba llevando en sus mochilas las cenizas de sus seres queridos, fragmentos de huesos u otros recuerdos, listos para enterrarlos o lanzarlos al viento cuando lleguen a las alturas. Los caminos están flanqueados por altas y delgadas lápidas de *henro* fallecidos, a menudo sin un nombre inscrito que los identifique, solo «un peregrino», sin otro detalle más que la fecha en que murieron.

Las montañas también están presentes en otro camino nacional de peregrinación japonés que rivaliza con el de Shikoku, el Kumano Kodo. Data del siglo X (más joven entonces) y transcurre por la península de Kii, al sur de Kioto, la antigua capital imperial. Se puede iniciar en Osaka y pasa por el monasterio de Kobo Daishi en el monte Koya. La red de rutas de peregrinación serpentea a lo largo del extremo sur de la península, atravesando montañas y bosques, pasando por cascadas y lagos, hasta converger en tres grandes santuarios.

La historia de la peregrinación a Shikoku no adquiere una base histórica sólida hasta el siglo XVII. Hasta ese momento, se cree que la ruta solo era conocida y utilizada principalmente por los lugareños. Desde luego, por ella no transitaban las élites de las grandes ciudades japonesas, que habrían rechazado realizar el viaje a la primitiva Shikoku. Atraía a los agricultores pobres de la isla, que salían de sus campos a recorrer algún tramo durante marzo y abril, en el intervalo entre la cosecha del trigo de invierno y la siembra de las semillas de arroz. Ese período del año sigue siendo su temporada alta. Sin embargo, en la segunda mitad del siglo XVII empezaron a llegar un gran número de forasteros, lo que propició que, en 1687, apareciese la primera guía sobre el *Henro Michi*, llamada *Shikoku henro michishirube*.

Se presentó en siete delgados volúmenes, impresos a partir de planchas de madera. Se cree que el autor fue un monje local, Yuben Shinnen, que había recorrido el circuito de templos muchas veces y conocía de primera mano los retos a los que se enfrentaría la nueva oleada de visitantes en un terreno tan accidentado como ese. Su ruta empezaba en la casa familiar de Kobo Daishi, el templo 75, y en ella enumera otros noventa y tres. Los 88 templos actuales forman parte de esa ruta, y los seis adicionales siguen en servicio como *bangai*, o santuarios menores.

En los siglos siguientes, se añadieron nuevas tradiciones e historias a lo que ya era de por sí un abundante tesoro. Una de las favoritas era la del paso a la madurez: los jóvenes de las ciudades de la isla y también de Hiroshima, al otro lado del mar Interior, realizaban el *Henro Michi* como ritual que marcaba su paso a la edad adulta. Era la prueba de que ya eran lo suficientemente maduros para el matrimonio, y sus pruebas físicas y sus sencillas costumbres eran consideradas la preparación perfecta para comprometerse como adultos con otra persona. Los pobres que aceptaban este reto no tenían tanto tiempo para dejar de lado su trabajo, por lo que lo hacían corriendo en lugar de andando, y poder completar así todo el circuito en las dos únicas semanas de que disponían: toda una hazaña, ya que tenían que recorrer 1.200 kilómetros. Y, como demostración de que, al igual que ocurre con esta ruta de peregrinación, la historia también puede girar en círculos, aquellos corredores de siglos pasados aspirantes a novios han sido sustituidos por una nueva generación de jóvenes japoneses urbanos, que combinan la exploración del pasado de su país con el propósito de mantenerse en forma, por lo que recorren los 88 templos con sus zapatillas de *running* de diseño y pantalones de licra, o en caras bicicletas de montaña.

En todas las religiones hay cifras que son muy significativas: tres, siete, diez, doce o cuarenta son las más comunes y compartidas por todas las confesiones. El budismo no es una excepción. En sus enseñanzas hay tres reinos o mundos (el del deseo, el de la forma y el carente de forma) y cuatro nobles verdades, ocho símbolos auspiciosos del Buda y 88 pasiones que la humanidad transmite de generación en generación. ¿Tuvo algo que ver esto con que se escogieran 88 templos para que formasen parte de la ruta de Shikoku, en lugar de los noventa y cuatro que Yuben Shinnen enumeraba en la guía original que elaboró?

Una vez más, la historia es confusa, pero los símbolos siguen siendo un componente esencial del *Henro Michi*, sobre todo para los cinco mil peregrinos que se calcula que lo recorren a pie, a diferencia del número mucho mayor que sube y baja en autobuses y coches, o toma atajos en sus viajes alrededor de él, razón por la cual solo pueden visitar los «grandes éxitos» del conjunto de templos. El blanco, por ejemplo, es el color japonés de la muerte, equivalente al negro en Occidente. La mayoría de los *henro* que emprenden el camino con total compromiso siguen vistiendo el blanco tradicional en sus *hakui* (una chaqueta larga hasta las caderas) y, menos a menudo, en los pantalones que las acompañan. Esa combinación es el reflejo de una creencia: intentar recorrer el circuito, en su totalidad o por partes en años sucesivos, es arriesgarse a morir. Según Kobo Daishi, era posible, aunque difícil, alcanzar la iluminación en la Tierra. El *Henro Michi* no es un largo paseo por el parque. Son muchas las dificultades a las que se ha de enfrentar el peregrino. Por ejemplo, tiene que atravesar tres cadenas montañosas, la más alta de las cuales llega —en el templo 66— a los mil metros de altura; subir las interminables escaleras cortadas en las empinadas laderas para poder llegar a muchos de los templos y, más recientemente, esquivar el incesante tráfico de las concurridas carreteras que han invadido la antigua ruta de peregrinos en las zonas más populares de la isla.

Otros elementos típicos de los peregrinos también están cargados de simbolismo. Además del bastón, que, como ya he mencionado, representa la presencia de Kobo Daishi al lado de cada peregrino, está la campana de latón que cuelga del cinturón de muchos peregrinos comprometidos. Al llegar a un templo, la tocan como recordatorio de la impermanencia humana, ya que su sonido se desvanece rápidamente al ser absorbido por la naturaleza. También llevan un rosario con 108 cuentas o *nenju*, además del *nōkyōchō*, el pasaporte del peregrino en el que se pueden recoger sellos de cada templo, y un paquete de *osamefuda*, unas tarjetas que tienen impreso el perfil del Gran Maestro. Antes de dejarlas en los templos que visitan, los peregrinos escriben en ellas su nombre y dirección, y su petición de salud y felicidad a los dioses. Al final de cada día, estos papeles se recogen y se queman por tandas; se cree que las oraciones que contienen ascienden en forma de zarcillos de humo hasta la deidad que preside el templo para que les preste atención. La mayoría de los *henro* utilizan papelitos blancos, pero, para los pocos valientes que han completado el circuito cinco o seis veces son de color verde, para aquellos que lo han completado entre siete y veinticuatro veces son rojos, plateados para los que lo han hecho entre veinticinco y cuarenta y nueve veces, y dorados para los que han superado esa cifra.

La división de las 88 paradas de la ruta en cuatro etapas distintas también tiene su carga de simbolismo. Cada una representa una de las cuatro etapas del camino que conduce a la iluminación: los templos 1 al 23 son el despertar; del 24 al 39, la austeridad y la disciplina; del 40 al 65, la búsqueda de la iluminación; y del 66 al 88, la entrada en el Nibbana/nirvana (o cielo). Sin embargo, una de las peculiaridades del budismo es que siempre consigue ser cuidadosamente organizado y equilibrado, y cuenta con la flexibilidad necesaria para adaptarse a cada peregrino como individuo. Muchos peregrinos no siguen el orden prescrito de los 88 templos, sino que inician su recorrido a mitad de camino. Otros lo hacen en orden inverso. En ambos casos, son recompensados con creces. Takamure Itsue, poeta e historiadora feminista japonesa del siglo XX, citada al principio de este capítulo, completó un circuito en 1918. «Si se hace al revés —explica—, las colinas son más empinadas, por lo que se considera más difícil y meritorio.»

Lo que es inalterable e inmutable es la forma circular del recorrido. A diferencia de otros caminos de peregrinación más lineales incluidos en este libro, los círculos no tienen ni principio ni final; por lo tanto, el final del viaje se alcanza cuando se llega de nuevo al punto de partida. Pero también existe un simbolismo añadido al haber cerrado el círculo. Podría decirse que expresa mejor la idea de que es el viaje, y no el destino, lo que constituye el núcleo y la esencia de la peregrinación. También es posible volver a dar la vuelta como una versión del viaje ininterrumpido e interminable que conduce a la iluminación.

En una ruta diseñada de esa forma, las características individuales de cada templo pierden importancia. Sin embargo, los 88 son bien diferentes. Por ejemplo, Koon-ji, el número 61, se distingue por tener una moderna sala principal de hormigón brutalista, mientras que el resto poseen estructuras de madera tradicionales. Algunos templos son grandes complejos; otros, en cambio, son pequeños cubículos encaramados a una cornisa, en lo alto de una montaña, con vistas panorámicas. Puede decirse que también hay una cierta uniformidad. Todos tienen su puerta de dos pisos o *sanmon*, a menudo con un tejado abocinado que en algunos casos se extiende hacia fuera y hacia arriba en forma de delfín que mueve la cola en señal de saludo. Dentro del recinto, todos disponen de una pila de piedra con largos cucharones de bambú para que los peregrinos se sometan a una purificación simbólica. La gran campana de bronce, o *bonsho*, cuelga de una pesada pieza de madera que puede balancearse para hacerla sonar y anunciar así las nuevas llegadas a la deidad del templo y al Gran Maestro.

A diferencia de algunos de los grandes templos de las principales ciudades japonesas, los 88 de Shikoku dan la impresión de estar habitados, aunque a veces parecen algo descuidados. Más que museos donde ejercitar nuestras dotes de observación, son lugares en los que los peregrinos pueden participar en el culto. En la entrada de la sala principal, o *hondo*, hay velas que encender, varitas de incienso que quemar y una reverencia que hacer. El sacerdote residente (que puede ofrecer hospitalidad a los peregrinos al final del día en las dependencias exteriores del templo) puede llevar a cabo rituales acompañados de cánticos, campanas y tambores. O, en tiempos más tranquilos, se deja a los *henro* solos para que recen en solitario.

Algunos rituales son dramáticos, especialmente aquellos que tienen que ver con el fuego, que en el budismo simboliza el yo (entre otras cosas). El *hiwatari*, en el que los sacerdotes y a veces los peregrinos caminan descalzos sobre brasas calientes, es un ritual de los budistas shingon que atrae a las multitudes. Pero en Shikoku no mandan los clérigos. Según la leyenda, se trata de una isla en la que peregrinan hombres santos errantes, no sacerdotes que lideran desde la primera fila al resto.

Los peregrinos actuales (incluidos los extranjeros, cada vez más numerosos) tienen más probabilidades de encontrarse con la población local que con los sacerdotes. Cuando lo hacen, gracias a la tradición *settai* que aún sigue vigente y según la cual se debe ser hospitalario con los visitantes que acuden a la isla, se les ofrece comida o bebida, o a veces alojamiento, con las palabras «*O henro san*» («querido/a señor/señora peregrino/a»), con la creencia de que tal generosidad complace a Kobo Daishi. Y en ese momento, gracias al espíritu de la peregrinación, dos mundos, el antiguo y el moderno, se encuentran cara a cara.

11

América del Norte
Senderismo optimista

> Así que abandonaron [aquella] buena y placentera ciudad, que había sido su lugar de descanso durante casi doce años; pero sabían que eran peregrinos, y estas cosas no les importaban mucho; sino que alzaron la vista hacia el cielo, su hogar más querido, y tranquilizaron sus espíritus.
>
> WILLIAM BRADFORD, *Of Plimoth Plantation* (1651)[1]

Se suele decir que la peregrinación es una empresa colectiva, ya sea porque el peregrino forma parte de un grupo organizado o porque es emprendida por un individuo que sigue una ruta de peregrinación en la que se relaciona con otros que hacen lo mismo. Mildred Norman se propuso algo diferente. El espíritu pionero había impulsado a los Padres peregrinos a escapar de la persecución religiosa en la Inglaterra anglicana por sus ideas puritanas y cruzar el Atlántico a bordo del *Mayflower* para fundar la colonia de Plymouth en Massachusetts en 1620. Guiada por ese mismo espíritu, Mildred, a sus cuarenta y tantos años, atravesó sola el continente seis veces entre 1952 y 1981 (el año en el que murió), recorriendo un total de más de cuarenta mil kilómetros (un buen día dijo que había dejado de contarlos). Siempre iba vestida con una característica túnica azul en la que, con letras grandes, gruesas, llamativas e inequívocas, cosidas todas ellas a mano, anunciaba cuál era su misión: «Peregrina de la Paz».

A todo aquel con el que se encontraba le decía: «Seguiré siendo una vagabunda hasta que la humanidad haya aprendido los caminos de la paz».[2]

Los Padres peregrinos (nombre que no usaron para sí mismos, pero con el que siguen siendo conocidos en Estados Unidos) no eran aficionados a la peregrinación tradicional. Sus ideas teológicas se hallaban en el extremo opuesto del espectro religioso del catolicismo. Aunque Europa seguía siendo mayoritariamente católica, estos protestantes de pura cepa de la Inglaterra posterior a la Reforma habrían considerado que la peregrinación era una especie de culto a falsos ídolos, ya que intentaba dotar a la fe de una forma física y un escenario, y para ellos era básicamente inmaterial. Indudablemente, se llevaron consigo esta objeción al Nuevo Mundo, lo cual explica en cierta medida por qué durante tanto tiempo la peregrinación ha gozado de muy poco entusiasmo en Estados Unidos. Sin embargo, los Padres peregrinos podrían haber sentido cierto respeto por Mildred Norman y su determinación para, a través de la peregrinación, expresar opiniones que se consideraban heréticas en tiempos de cambios políticos, culturales y espirituales como los que vivía la América de la guerra fría durante los años cincuenta y sesenta.

Al principio, quienes conocieron a Peregrina de la Paz (no le gustaba el uso del artículo determinado) pensaron que era una excéntrica. En el país de la industria del automóvil, una persona prefería utilizar zapatillas de tenis como medio de transporte (decía que cada par le duraba al menos 2.500 kilómetros). Se definía a sí misma como una «senderista optimista», lo que en la práctica significaba que no llevaba una gran mochila, ni siquiera una esterilla para dormir, sino que confiaba en la amabilidad y la caridad de los desconocidos con los que se cruzaba. También era un regreso al estilo de vida de las órdenes mendicantes originales del cristianismo, como los franciscanos y los dominicos. En la Europa de los siglos XII y XIII, sus fundadores reaccionaron ante el auge de la economía monetaria deshaciéndose de sus posesiones y echándose a los caminos para servir mejor a los necesitados de su entorno. Al igual que ellos, Mildred vivía de la generosidad de los demás. Cuando no recibía nada (nunca sacaba un cuenco para pedir limosna), dormía en estaciones de autobús o en maizales al borde de la carretera.

Su tenacidad y su compromiso a la hora de hacer que su vida fuera un contrapunto de los valores del mundo moderno fueron atrayendo cada vez más la atención sobre su mensaje de paz. Tanto es así que, en el momento de su muerte, ya se había presentado una candidatura formal al comité organizador del Premio Nobel de la Paz. Hija de un granjero avícola de Nueva Jersey, tras el fracaso de su matrimonio inició, en tiempos difíciles, una peregrinación que iba a durar treinta años. Buscando un espacio para reflexionar sobre los altibajos de su vida, salió a pie de su casa en 1952, sin compañía, sin ninguna clase de apoyo y con poco más que un peine, un cepillo de dientes plegable y un bolígrafo que cabían en sus bolsillos, dispuesta a recorrer el sendero de los Apalaches, una ruta de 3.500 kilómetros de longitud que va desde Nueva Inglaterra hasta Georgia, en el este de Estados Unidos. En algún punto del camino tuvo una visión que la marcaría para el resto de su vida y daría origen a su misión de peregrina. Según escribió en sus memorias, se le reveló que aquel era «el momento adecuado para que un peregrino diera un paso al frente. La guerra de Corea hacía estragos y la era McCarthy estaba en su momento álgido... Había mucho miedo y lo más seguro era mostrarse apático. Sin duda era el momento adecuado para que un peregrino diera un paso adelante, porque el deber de un peregrino es despertar a la gente de la apatía y hacerla pensar».[3]

Eso es lo que hizo esta mujer de pelo cano y sonrisa perenne. Cuando un admirador le preguntó por qué no decía cuál era su nombre de nacimiento ni ningún detalle de su vida anterior, respondía: «Prefiero que se acuerden de lo que es importante y no de lo que no lo es».[4] Puede que hubiera otra razón. El FBI, entonces muy interesado en descubrir comunistas, había empezado a hacer preguntas sobre ella, y una de las preocupaciones de Mildred

Norman era proteger a su familia. El hecho de que viviera como una peregrina perpetua sin nombre, con sencillez y una gran confianza espiritual, causó un gran impacto. Su compromiso con la peregrinación hizo que aceptara ser entrevistada por periódicos y emisoras de radio locales de las distintas poblaciones por las que pasaba. En algunas ocasiones, los que la conocieron y le dieron comida o un lugar en el que dormir, organizaban reuniones locales improvisadas a las que la gente podía acudir para escuchar lo que tenía que decir sobre sus viajes y sobre la fuerza que la impulsaba a hacer lo que hacía. Hablaba de la paz entre las naciones, entre los individuos y en el interior de cada individuo, y de su propia espiritualidad, que vivía «a pie y guiada por su fe». Al final de cada reunión, repartía los pequeños folletos que llevaba consigo.

Peregrina de la Paz ofrecía, a partir de su propia experiencia, una demostración moderna y contundente del valor histórico que tiene la peregrinación a la hora de lograr que las personas adopten un punto de vista desde el que el mundo parece muy diferente:

> Estaba paseando una mañana temprano. De repente, me sentí muy animada, más que nunca. Recuerdo que sentí la intemporalidad, el espacio infinito y la ligereza. Era como si no estuviera caminando sobre la tierra. A mi alrededor no había personas ni tampoco animales, pero cada flor, cada arbusto, cada árbol parecía estar rodeado por un halo. La luz emanaba de todas partes y motas de oro caían como lluvia zarandeada por el aire... Lo más importante no eran esos fenómenos: lo más importante era la comprensión de que todos los seres de la creación estamos unidos.[5]

Su muerte, a los setenta y dos años, o su «gloriosa transición», que es como la llamó a medida que envejecía, no sirvió para frenar el interés que suscitaba. Desde entonces, Amigos de Peregrina de la Paz, la organización creada en su memoria, ha impreso y distribuido en inglés más de un millón y medio de ejemplares de su breve folleto *Pasos hacia la paz interior*. Se ha traducido a 31 idiomas. Si el peregrino moderno necesita un patrón o patrona, es difícil superarla.

Aunque en América del Norte existen varios destinos de peregrinación, entre los que destaca el monumento al peregrino en Massachusetts, dedicado a los primeros colonos puritanos, carece de rutas históricas de peregrinación que rivalicen con las de otros continentes. Existen lugares sagrados que pueden visitarse, pero no hay caminos trillados que conduzcan hacia esos lugares a lo largo de los cuales los peregrinos se puedan preparar física y psicológicamente. Esto explicaría por qué las andanzas que durante décadas realizó Peregrina de la Paz la llevaron a cruzar Estados Unidos (incluidos Alaska y Hawái), México y Canadá, aparentemente al azar. No había rutas de peregrinación establecidas que pudiera seguir.

Sin embargo, su primera peregrinación «oficial» nos permite conocer una historia más compleja de la peregrinación en América del Norte. Se produjo en 1953, después de que, gracias a la visión que tuvo mientras recorría el sendero de los Apalaches, viera cómo iba a ser el resto de su vida. En esta ocasión, Peregrina de la Paz inició su peregrinación en el Desfile de las Rosas de Pasadena (California), donde caminó entre la multitud repartiendo folletos sobre su misión pacifista. Desde allí partió hacia Washington D.C., un viaje que duraría once meses. Aunque en Estados Unidos no existe una ruta autorizada, y mucho menos un camino de peregrinación, su sueño de ir de costa a costa quedó grabado en la psique de la nación por razones históricas, geográficas y cívicas, aunque no espirituales. El anhelo de dirigirse hacia el oeste que hizo que los primeros colonos siguieran el ejemplo de los Padres peregrinos, el afán por explorar y conquistar territorios que superó todos los obstáculos físicos encontrados a lo largo de este vasto paisaje, incluidos sus habitantes indígenas, se emprendió a pie, a caballo, en caravanas de carretas o en los trenes que circulaban sobre las recién construidas vías férreas que acabaron uniendo todo el continente. Esta es una etapa clave y muy venerada de la historia fundacional de América. Para los estadounidenses, existía, y hasta cierto punto sigue existiendo, un sentimiento de veneración cuando visitan por primera vez la capital federal, Washington D.C. Poder verla en persona llegó a convertirse para muchos ciudadanos en una especie de peregrinación cívica a un santuario sagrado desde el punto de vista constitucional y nacional.

En este contexto, el destino final de la peregrinación es el National Mall o Explanada Nacional. Se trata de un extenso parque verde situado en pleno corazón de Washington en el que pueden visitarse los monumentos de dos de los presidentes más venerados de Estados Unidos, Abraham Lincoln y George Washington. En las cercanías también se encuentra la sede del Congreso en el Capitolio, el Museo Nacional de Historia Americana, el Museo Nacional de Historia y Cultura Afroamericanas y otros monumentos erigidos en honor a aquellos que han sacrificado su vida en defensa de la libertad de Estados Unidos en las guerras de ultramar en Europa, Corea y Vietnam. Paisaje, historia, identidad, lealtad y fe en uno mismo se entrelazan a la perfección en este lugar que es visitado por unos veinticuatro millones de personas al año. En 2013 se produjo un hecho que demuestra cuán grande es la veneración casi religiosa que siguen sintiendo los estadounidenses por este lugar. Con motivo del quincuagésimo aniversario de la marcha sobre Washington por el Trabajo y la Libertad, encabezada por Martin Luther King Jr., la revista *National Geographic* dijo que aquella fue la «mayor peregrinación de toda la historia» del país.

El uso de esa palabra se podría justificar por las connotaciones religiosas que tuvo este acontecimiento que acabó reuniendo, el 28 de agosto de 1963, a 250.000 personas en el National Mall. Algunos de los asistentes más destacados que se encontraban en las escaleras del Lincoln Memorial eran pastores, sacerdotes y rabinos. En el discurso titulado «Tengo un sueño», pronunciado ese día por el reverendo Martin Luther King Jr., abundaban las referencias e imperativos bíblicos en su petición de igualdad cívica y económica. Sin embargo, lo que también convirtió aquella marcha y concentración en una peregrinación, al menos para *National Geographic*, fue la sacralidad del lugar en el que permaneció la multitud para escuchar las palabras del doctor King.

Del mismo modo, otras rutas que recorrió Peregrina de la Paz para cumplir su misión nos ayudan a entender el punto de vista de los estadounidenses sobre la peregrinación. Su inspiración original para ser peregrina, como podría haber dicho John Bunyan, le llegó mientras recorría el sendero de los Apalaches, uno de los senderos nacionales de gran recorrido que atraviesan vastas zonas montañosas, bosques, desiertos y llanuras. Son lugares en los que puede experimentarse a fondo lo que se denomina «la religión de lo salvaje». El desafío físico es enorme. Además, estos senderos nacionales pasan, en algunas ocasiones, por lugares sagrados para los pueblos indígenas americanos, quienes creen que la manifestación física del Gran Espíritu se encuentra en el paisaje. Al recorrerlo, el caminante puede entrar en contacto con esa otra dimensión. Es lo mismo que buscaban los monjes celtas del siglo VI cuando se dirigían a la costa occidental de Gales.

Sin embargo, la palabra «peregrinación» rara vez se asocia pública u oficialmente con los senderos nacionales, financiados por el gobierno, en un país en el que Iglesia y Estado están separados. Esa palabra se oye más cuando se habla de destinos religiosos específicos. Suelen ser lugares que se desarrollaron con las continuas oleadas de inmigrantes, procedentes sobre todo de la Europa católica o del sur de la frontera con México, que llegaron buscando una nueva vida en Estados Unidos y Canadá. En esos lugares pretendían establecer una conexión emocional y espiritual duradera con sus países «de origen». Aunque los primeros en llegar a Estados Unidos procedían de países puritanos y protestantes, en Canadá ya se habían establecido colonos franceses cuando los Padres peregrinos llegaron a tierra firme. Y aunque, en la actualidad, tan solo el 22 % de la población de Estados Unidos es católica, constituyen el grupo religioso más numeroso, y casi la mitad de los estadounidenses afirman tener algún tipo de relación con el catolicismo. Al otro lado de la frontera, en Canadá, alrededor del 35 % de la población es católica. No es de extrañar, pues, que en ambos países se haya extendido la devoción tradicional a la Virgen María y a su supuesta capacidad para obrar milagros.

En Attleboro, Massachusetts, se encuentra el Santuario Nacional de Nuestra Señora de La Salette, un homenaje al santuario de los Alpes franceses que se edificó después de que el Vaticano diera por buena la aparición de la Virgen María ante dos niños pequeños en 1846. También está el santuario de Saint Laurent, en la zona rural de Saskatchewan, que para los canadienses es su propia Virgen de Lourdes. A partir de finales de la década de 1870, en Saint Laurent se registraron curaciones milagrosas de personas ungidas con el agua que manaba de un manantial en la ladera de la colina situada por encima de esta pequeña iglesia católica, en una gruta construida especialmente para la ocasión. Desde 1905 se celebran peregrinaciones anuales durante todo el verano, en las que no falta ninguna de las características de la tradición mariana europea descritas en el capítulo 6.

Sin embargo, no existe ninguna ruta de peregrinación que conduzca a estos santuarios, ni a los muchos otros santuarios católicos, a semejanza de los caminos que llevan a Roma, Walsingham o Santiago de Compostela. Puede que tan solo sea cuestión de tiempo. En la Edad Media, la inmensa mayoría de los peregrinos europeos que querían visitar lugares santos no tenían más remedio que caminar, por lo que se crearon caminos. Cuando surgieron los santuarios norteamericanos, ya había ferrocarriles y, más tarde, coches y autocares que los llevaban hasta allí, a mucha mayor velocidad, sin necesidad de construir lugares de descanso y albergues. Además, en Estados Unidos en particular, la comunidad católica siempre ha pensado que debía mantener un perfil bajo, ya que vivían en un país que durante siglos se consideró orgullosamente blanco, anglosajón y protestante (WASP por sus siglas en inglés). Sabían que, desde la Reforma, los protestantes rechazaban las manifestaciones extravagantes, los milagros y la mariología de Roma. Estos católicos estadounidenses pensaron que, aunque les permitirían mantener iglesias y comunidades, no harían lo mismo con sus caminos de peregrinación, para cuyo trazado era necesario, además, realizar corredores a través de los campos. Estas percepciones tardaron en cambiar. En 1960, John F. Kennedy se convirtió en el primer católico elegido presidente de Estados Unidos y, durante su campaña, se enfrentó a un aluvión de prejuicios.

Y una demostración de la velocidad a la que ha cambiado esa percepción durante el siglo XXI es la gran proliferación de iniciativas que pretenden crear rutas de peregrinación, inspiradas a menudo en estadounidenses que, como el personaje de Martin Sheen en *The Way*, han recorrido el Camino de Santiago e intentan construir algo parecido en su país. La Oficina del Peregrino de Santiago de Compostela recoge anualmente datos de todos los peregrinos que llegan al final del recorrido. En el registro de 2016, los estadounidenses fueron el cuarto grupo nacional más numeroso, detrás de españoles, italianos y alemanes.

Con esa idea, una de las rutas cuyo diseño todavía se halla en las primeras fases es el Camino del Norte, un trayecto de 185 kilómetros que trascurre por Chimayó, en el estado suroccidental de Nuevo México. Se trata de la ampliación de una tradición local, la peregrinación de Semana Santa que llega hasta el santuario de Chimayó, donde, desde hace décadas, algunos caminantes portan réplicas de tamaño natural de la cruz en la que Jesús fue crucificado en el Calvario, mientras que otros aparcan sus coches junto a la autopista situada al norte de Santa Fe y recorren los últimos kilómetros a pie para llegar a la iglesia de adobe de Chimayó, construida a principios del siglo XIX y declarada Monumento Histórico Nacional por las autoridades estadounidenses en 1970.

«Como ocurre en buena parte del norte de Nuevo México —escribió Rebecca Solnit, la galardonada historiadora social y cultural estadounidense, sobre su visita a Chimayó en 2001 cuando escribía el libro sobre senderismo que se tituló *Wanderlust*—, en el pueblo de Chimayó se percibe una sensación de antigüedad que lo distingue del resto de los repetitivos territorios de Estados Unidos... Caminando campo a través nos adentramos en la naturaleza, el paraíso de los no creyentes, antes de llegar a aquel destino religioso enormemente tradicional.»[6]

Construido por el terrateniente local don Bernardo Abeyta alrededor de 1810 junto a un manantial considerado sagrado por los indios tewa locales, el pequeño y robusto santuario de Chimayó fue un vástago de otro santuario, el Cristo Negro de Esquipulas de Guatemala. La iglesia de don Bernardo se apropió también de las pretensiones de Esquipulas de ser considerada un lugar de curación. En una pequeña capilla sin pavimentar, un agujero en el suelo contiene barro húmedo y quebradizo que los peregrinos recogen como si fuese «tierra sagrada». Se trata de una curiosa variación de la leyenda del pozo sagrado. Antiguamente, el barro se añadía al agua y se bebía como brebaje curativo. Hoy se frota sobre el cuerpo, ya que se cree que puede curar enfermedades de forma milagrosa. Como prueba de ello, en las paredes del santuario cuelgan muletas y escayolas desechadas.

El propósito es que, en la versión final de esta ruta, se combinen esos elementos de naturaleza eterna y religión tradicional que Solnit identificó en ese mismo lugar. A diferencia de lo que ocurre actualmente, este camino estará operativo no solo durante Semana Santa. Con una duración de siete a diez días, el nuevo camino lleva a los «senderistas optimistas» desde San Luis, en Colorado, hasta Chimayó, a través de caminos forestales, montañas y planicies de artemisa semidesérticas poco pobladas.

En el otro extremo del continente, en la provincia canadiense de Quebec, la artista autóctona Sylvie Cimon diseñó, tras regresar de España, otra ruta de peregrinación inspirada en el Camino de Santiago. El Sentier Notre-Dame Kapatakan, que se recorre en diez días, se conoce como la «Pequeña Compostela» y nació durante la primera década del siglo XXI con el apoyo financiero del gobierno de Canadá. Situado al norte de la ciudad de Quebec, recorre 215 kilómetros a través de montañas y bordeando los fiordos que separan dos destinos de peregrinación locales que pertenecen a una época anterior de la fe. El punto de partida es una espectacular estatua de nueve metros de altura de Nuestra Señora de Sagueney, de finales del siglo XIX, desde la que se divisa un afluente del río San Lorenzo. Fue erigida como agradecimiento por un hombre que, sorprendido por la rotura del hielo del río, logró sobrevivir, aunque en circunstancias normales habría perecido ahogado. El hombre atribuyó el milagro a la intervención de la Virgen María. La ruta concluye en la ermita de Saint Antoine, centro de retiro de los capuchinos de Lac-Saint-Jean que, desde principios del siglo XX, es un lugar de peregrinación muy frecuentado por los católicos francófonos de la región que buscan acercarse a Dios a través de la inmersión en la naturaleza.

Peregrina de la Paz caminaba no solo por sí misma y por su bienestar espiritual, sino también para propagar su anhelo de paz con su ejemplo, su resistencia y sus palabras. La suya era una forma amable de evangelizar, nada agresiva, pero eficaz, como demuestra su reputación. Las actividades de la Iglesia de Jesucristo de los Santos de los Últimos Días, más conocida como Iglesia mormona, tienen un enfoque evangelizador similar. Con quince millones de miembros en todo el mundo, es la mayor confesión de origen estadounidense. Durante las últimas ocho décadas, ha promovido una peregrinación a un lugar conocido como colina Cumorah, cerca de la pequeña ciudad de Palmyra, al sureste de Rochester, en el estado de Nueva York.

En la colina Cumorah, cuya superficie es de 98 hectáreas, nació la Iglesia mormona. Según se cuenta, en 1823, su fundador, Joseph Smith, que vivía allí en una granja con su familia, devotamente cristiana, recibió la visita de un ángel que se identificó con el nombre de Moroni. En una serie de revelaciones, el ángel le indicó al joven Smith, que por entonces tenía dieciocho años, el lugar donde podría encontrar una serie de tablas de oro enterradas en una caja de piedra en la ladera de una pequeña colina cercana. Durante cuatro años, Smith pudo ver las tablas, pero no tocarlas. Cuando el ángel finalmente le dio permiso para desenterrarlas, también le otorgó el poder de traducir lo que estaba escrito en ellas. El relato que Smith leyó hablaba de una civilización judeocristiana perdida, originaria de América del Norte, que había sido aniquilada por culpa de batallas intestinas. En 1830, lo publicó como el Libro de Mormón, y en su introducción explicaba que, una vez terminada su traducción, el ángel recuperó las planchas.

En el texto se menciona un lugar sagrado para la civilización perdida de los nefitas, conocido como Cumorah. Muchos mormones creen que ese debe ser su lugar de peregrinación, y por eso lo han bautizado como colina Cumorah. En la década de 1920, la Iglesia de Jesucristo de los Santos de los Últimos Días estaba en plena expansión, por lo que pudo comprar los terrenos situados alrededor de la antigua casa de Smith para permitir así el acceso de los peregrinos a la arboleda sagrada en la que creen que fueron enterradas las tablas de oro. En 1935, se decidió introducir algo más evangelizador, y fue así como empezó a organizarse, en la colina Cumorah, un desfile anual. Desde entonces, han ido acercándose hasta Palmyra peregrinos procedentes de muchos lugares para presenciar la representación el 24 de julio, fecha designada en el calendario mormón como Día del Pionero. Esa festividad recuerda la llegada, en 1847, de una caravana de mormones a Salt Lake City, sede de su Iglesia hasta hoy.

Durante las primeras ediciones, el desfile era bastante modesto, el escenario estaba iluminado por los faros de los coches aparcados y se representaba una recreación de los acontecimientos descritos en el Libro de Mormón en forma de obra de teatro, conocida a partir de 1937 como *America's Witness for Christ.* En muy poco tiempo, atrajo a miles de peregrinos mormones de todo el país y, a menudo, del extranjero. Se calcula que hasta cinco millones de personas habían visto la obra en alguna de sus representaciones anuales cuando la Iglesia decidió que la producción de 2021 fuera la última. Muchos de los que allí acudían eran mormones que llegaban en peregrinación, pero otros acudían por curiosidad, para saber más sobre una Iglesia cuya reputación en el país ha sido muy controvertida desde sus primeros días, sobre todo por su práctica de la poligamia. Al abrir las puertas del desfile a todo el mundo de forma gratuita, la Iglesia pretendía dar una imagen pública más positiva. Ese objetivo tuvo éxito, y muchos de los que acudieron se convirtieron en miembros. La peregrinación fue un instrumento de evangelización.

Por término medio, acudían unas 25.000 personas cada año. Tanto el reparto de la obra, compuesto por unas setecientas personas, como el equipo de producción estaban formados casi en su totalidad por peregrinos. Participar en la obra, ya fuera delante o detrás del escenario, se convirtió en una parte fundamental de la experiencia de la peregrinación. Nada más llegar, familias enteras de mormones, jóvenes y mayores por igual, participaban en varias audiciones abiertas a todos que se celebraban en un solo día. A los que no eran seleccionados se les animaba a volver a intentarlo al año siguiente, mientras que los elegidos dedicaban siete días a los ensayos y representaciones, y salían conociendo el libro sagrado de su fe mejor que nunca.

Aunque a primera vista parece algo bastante peculiar (el desfile fue parodiado en las escenas iniciales del exitoso musical de 2011, *The Book of Mormon*), existe algún precedente parecido. Es posible que fuera una consecuencia más de la predilección de los estadounidenses de mediados del siglo XIX y principios del XX por organizar carnavales, procesiones y desfiles públicos, locales y regionales, como homenaje a su localidad. Un poco más atrás en el tiempo se organizaban representaciones de milagros, pasiones y misterios que eran los grandes espectáculos públicos de la Europa medieval. Para algunos mormones, sobre todo los de familias humildes, la peregrinación a Palmyra era una experiencia única en la vida (sobre todo si lograban ser elegidos para participar en la obra), ya que aquel lugar era como La Meca para los musulmanes o el Kumbh Mela para los hindúes. La Iglesia también organizó otros eventos parecidos, pero la colina Cumorah destacaba por encima de los demás debido al marco histórico en el que se celebraba.

En 2018, las autoridades mormonas decidieron poner fin a esa tradición, aunque el centro de visitantes y la arboleda sagrada siguieron abiertos después de 2021. La razón que expusieron para cancelarla fue que, aunque para ellos la peregrinación y la evangelización seguían estando interrelacionadas, en lugar de concentrar tanta energía y recursos en un único lugar situado en el estado de Nueva York se prefería dar más importancia a la peregrinación (que para ellos era un sinónimo de viajar) a diversos lugares, a menudo situados en el extranjero, para evangelizar en nombre de la Iglesia mediante diferentes medios. «Se pueden celebrar la cultura y la historia de los diferentes lugares a nivel local —decía el anuncio oficial—, pero se desaconsejan las grandes producciones como, por ejemplo, los desfiles.»

Sin embargo, al mismo tiempo que la Iglesia de Jesucristo de los Santos de los Últimos Días cerraba la puerta a la peregrinación tal y como se concebía hasta entonces, se abría otra... o, mejor dicho, se reabría. Los mormones están inextricablemente ligados a la que puede considerarse, con razón, la única gran ruta de peregrinación religiosa de Estados Unidos. En 1978, el presidente Jimmy Carter añadió cinco nuevos «Senderos Históricos Nacionales» a la red ya existente de «Senderos Paisajísticos Nacionales» (incluido el de los Apalaches) que gestionaba el Servicio de Parques Nacionales desde 1968. Uno de ellos era el Sendero Histórico Nacional de los Pioneros Mormones, una ruta de dos mil kilómetros que parte de Illinois, pasa por Iowa, Nebraska y Wyoming, y termina en Salt Lake City, en Utah.

Esa ruta es un reflejo de la historia de los turbulentos primeros días de la Iglesia fundada por Joseph Smith. Después de atraer a muchos miles de conversos gracias a la publicación del Libro de Mormón, Smith y sus seguidores vieron cómo se frustraban sus planes de establecer una base en un lugar fijo debido a una combinación de disputas internas y hostilidad externa. Fueron desplazándose progresivamente hacia el oeste para escapar de sus detractores y en 1844 acabaron en la ciudad fronteriza de Nauvoo, Illinois, en un recodo del río Misisipi. Pero tampoco allí pudieron encontrar la libertad religiosa que buscaban. Se produjo un enfrentamiento que llevó a Smith a prisión, donde fue asesinado a los 38 años de edad cuando una turba enfurecida irrumpió en la cárcel.

Hubo después una batalla entre sus seguidores por la sucesión, que se resolvió en 1846 a favor de Brigham Young. Este decidió que la situación de los mormones en Nauvoo era insostenible, por lo que condujo a unos catorce mil fieles hacia el oeste, en busca del valle del gran lago salado del que habían oído hablar. Se decía que era un lugar aislado, por lo que era muy posible que, allí, su incipiente Iglesia pudiera dedicarse a sus asuntos sin ser molestada. La ruta que siguieron los mormones es la base del actual Sendero Histórico Nacional de los Pioneros Mormones. Pero no fueron los primeros en recorrerlo: otros lo habían hecho antes, siguiendo caminos indígenas ya existentes como parte de una migración de personas hacia el oeste con el objetivo de hacer fortuna. Sin embargo, lo que acabó asociando para siempre esa ruta a los mormones fue el sufrimiento extremo padecido por los que la recorrieron y el espíritu inquebrantable que mostraron en su peregrinación para conseguir llegar finalmente a su prometida Sion.

El plan inicial era instalar pequeños asentamientos de mormones a lo largo del camino, dejando en ellos a algunos miembros del grupo, para que los que les siguieran pudieran recibir una cálida bienvenida y dispusiesen de lugares donde descansar. En 1846, Young y otros 143 mormones se adelantaron al grupo principal y pasaron el invierno en Nebraska, sobreviviendo al frío, al cólera y a una serie de agotadoras escaladas. Finalmente, llegaron a la cresta de Big Mountain, que forma parte de la cordillera Wasatch, donde vieron cómo se extendía ante sus ojos el legendario valle salado. Se cree que, en ese momento, Young les anunció: «Este es el lugar. Sigan adelante». Sus palabras están impresas en una placa colocada en el camino moderno, en el emplazamiento en el que las pronunció.

Su éxodo hacia el oeste está descrito en los anales de la Iglesia como el equivalente a una epopeya bíblica, en la que Brigham Young aparece como el «Moisés mormón». La leyenda de aquellos pioneros que sobrevivieron a las penurias sigue reflejándose en las sociedades creadas por los mormones para preservar su historia: los Hijos e Hijas de los Pioneros de Utah. El primer grupo abrió el camino y otros le siguieron rápidamente. Gracias al Fondo de Emigración Perpetua creado por los mormones en 1850, se fletaron barcos con los que los emigrantes europeos carentes de recursos cruzaron el Atlántico. Una vez en tierra, se dirigieron hacia Utah. En las dos décadas siguientes llegaron otros ochenta mil, muchos de los cuales tuvieron que soportar una ruta tan infernal como la sufrida por los pioneros originales, luchando contra la tuberculosis a causa de la cual murieron algunos niños, y que quedó reflejado en sus diarios.

En 1869, el ferrocarril transcontinental llegó a Utah, por lo que los trenes de la Union Pacific ya podían transportar a los recién llegados hasta Salt Lake City. El sendero cayó en desuso y apenas quedó rastro de él. No fue hasta la década de 1930, con motivo de la celebración del centenario de la publicación del Libro de Mormón, cuando se inició un movimiento para localizar y salvar todo lo que se pudiera. En la actualidad, los tramos mejor conservados del Sendero Histórico Nacional de los Pioneros Mormones se encuentran en la última etapa, la más cercana a Salt Lake City. Caminantes y peregrinos pueden recorrerlo a pie o en coche. De momento, siguen siendo pocos. Con tantas interrupciones, y dado que el sendero desaparece en muchas zonas bajo tierras privadas, el trabajo se complica y queda mucho por hacer. También se intenta recordar no solo la resistencia física de los pioneros que lo recorrieron a mediados del siglo XIX, sino toda su peregrinación.

Un grupo de entusiastas ha elaborado mapas y guías, pero los vestigios que quedan de su pasado mormón no siempre dan una buena impresión de la Iglesia. En Echo Canyon pueden verse los restos de fortificaciones que ordenó construir Brigham Young en 1857 con el objetivo de defenderse del intento del presidente James Buchanan de someter a la Utah mormona al control federal. Puede que nunca se produjera ninguna batalla, pero es un recordatorio de la incómoda posición que han ocupado los mormones durante mucho tiempo en Estados Unidos y que, en cierta medida, siguen ocupando. En 2012, se cuestionó enormemente si el hecho de que el candidato presidencial republicano, Mitt Romney, perteneciera a la Iglesia de Jesucristo de los Santos de los Últimos Días podía o debía descalificarlo para ser el jefe del Estado.

Tal vez esta sea una de las razones por las que el Sendero de los Pioneros Mormones está luchando por conseguir el tipo de renacimiento que han experimentado rutas similares en Francia, Alemania, Italia, Gales y España. En muchos sentidos, Europa es ahora poscristiana, por lo que la religión institucional ha dejado de condicionar la vida de las personas. Recorrer una ruta por la que antaño caminaban los fieles permite que afloren los aspectos más positivos de la fe. Sin embargo, la perdurable reputación de la Iglesia de Jesucristo de los Santos de los Últimos Días hace que todo lo que suene a mormón sea tratado con cierta cautela. Eso inhibe bastante el abrazo peregrino de corazón y mente abiertos que sí encontramos en el Camino de Santiago. El tiempo dirá si el sendero de los Pioneros Mormones evoluciona para que eso pueda ocurrir y llegue a alcanzar la gran resonancia de aquel.

12

Machu Picchu
Lugares de poder

En el siglo XIX eran Londres, París, Roma y Grecia. Hoy es un bufé global: un safari en África, la Gran Muralla China, el Taj Mahal, Machu Picchu y el Carnaval de Brasil.

PAUL THEROUX[1]

«Rodeamos el promontorio y nos encontramos con algo totalmente inesperado», escribe Hiram Bingham, historiador y explorador de la Universidad de Yale, describiendo el momento en que, en la mañana del 24 de julio de 1911 y siguiendo a través de la selva a un guía local, Pablito Álvarez, de once años, llegó a la cima de una montaña y se topó con la ciudadela inca «perdida», a la que llamó Machu Picchu por el peñasco rodeado de nubes a cuya sombra se alzaba. Ante sus ojos se extendía «un gran tramo de terrazas de piedra bellamente construidas, quizá cien, cada una de ellas de cientos de metros de largo y tres de alto. Los muros de las casas en ruina estaban construidos con la mejor piedra inca [...] parcialmente cubiertas de árboles y musgo que crecían allí desde hacía siglos [...] La visión me dejó embelesado [...] Parecía un sueño increíble. ¿Qué era aquel lugar?».[2]

Lo que tenía frente a él era un lugar tan insólito que se mareó, aunque la elevada altitud de los Andes peruanos (2.500 metros), donde el aire está enrarecido, también podría haber influido. Es la misma sensación que experimentan actualmente cada día los cinco mil visitantes que suben a Machu Picchu en temporada alta, entre mayo y agosto (su número está limitado para evitar que se produzcan más daños a lo que ya es considerado Patrimonio de la Humanidad de la UNESCO). Sin embargo, puede que su pionero, el profesor Bingham, cuya imagen publicitaria con sombrero de ala ancha, pañuelo en el cuello y ropa caqui para ir por la selva se dice que sirvió de inspiración en Hollywood a la hora de crear su aventurero favorito, Indiana Jones, exagerara un poco a la hora de redactar su apasionante relato. Y es que, décadas más tarde, se supo que no se trataba de la ciudad inca perdida de Vilcabamba que Bingham estaba buscando, la última fortaleza del último emperador, Manco Inca. Esta fue descubierta en 1964, en un lugar que el explorador había visitado antes de llegar a Machu Picchu, pero que terminó descartando.

Y Machu Picchu («monte viejo» en la lengua quechua local del altiplano andino) tampoco había estado perdido realmente. Aunque estaba deshabitada desde hacía mucho tiempo, permaneció oculta a los conquistadores españoles que llegaron en el siglo XVI (en ninguna de las muy estudiadas crónicas de la invasión y ocupación españolas aparece nada remotamente parecido a Machu Picchu). Sin embargo, los lugareños siempre supieron que estaba ahí arriba, invisible desde abajo, situada en un estrecho collado entre dos picos y protegida en la superficie por el río Urubamba, que se enrosca alrededor de su base como una serpiente. Se cree que ya habían conducido hasta ese lugar a otros aventureros a finales del siglo XIX, pero estos no tenían los medios para conseguir que su hallazgo tuviera alcance internacional, algo que sí consiguió Bingham gracias al artículo que publicó en la revista *National Geographic*. Cuando el joven Pablito condujo a Bingham hasta allí, algunos de los granjeros locales todavía utilizaban partes de las complejas terrazas de piedra originales, que se extienden por la ladera de la montaña alrededor de la ciudadela inca, para cultivar patatas, maíz y caña de azúcar.

Sin embargo, Machu Picchu tenía y sigue teniendo un innegable halo de misterio que atrae a un número cada vez mayor de visitantes: casi 1,6 millones en 2018, frente a los 150.000 de 1980. Como en este lugar inverosímil hay tanto por esclarecer, los que vienen, ya sean historiadores, arqueólogos, turistas o peregrinos, pueden recurrir a sus propias ideas y creencias. Eso es justo lo que hizo Bingham cuando la (re)descubrió. Machu Picchu fue construida en el siglo XV, y se abandonó, sin motivo aparente, cien años después. Hay muy poco consenso y mucha especulación sobre qué era y para qué fue construida. Incluso su nombre es dudoso. Puede que Bingham decidiera llamarla Machu Picchu, pero algunos de los expertos que han escrito sobre este tema desde entonces afirman que sus creadores incas la conocían como Yllampu, que en quechua significa «morada de los dioses».[3]

Esa conexión con los dioses, lo divino y el mundo de los espíritus, ya sea en el cielo, en la naturaleza o incluso en la tierra, que se percibe en uno de los lugares de nuestro planeta en los que tierra y cielo se encuentran más próximos, y que parece diseñado para dirigir nuestra mirada hacia arriba, ha hecho que Machu Picchu resulte especialmente atractiva para los buscadores espirituales de hoy en día. Estos buscadores «de la Nueva Era» recorren en masa el Camino Inca, construido hace quinientos años a través de los Andes. A veces los acompañan chamanes locales que ejercen de «guías espirituales», mucho más numerosos en esta zona que en el resto del país, y que forman parte de una red de pequeñas pero vibrantes comunidades con sus propios rituales y nombres, tales como los Hijos del Sol (Inti Churincura), inspirados en el culto inca a un dios solar. Una vez llegan a Machu Picchu, intentan realizar sus ceremonias, algo que puede ser problemático para las autoridades que vigilan el lugar. Algunos chamanes (de quienes se dice que poseen poderes especiales para entrar en el mundo de los espíritus) creen que la Piedra Intihuatana, la atracción más popular y misteriosa de Machu Picchu, confiere iluminación si se toca con la frente. Sin embargo, los arqueólogos han aconsejado a los visitantes que no lo hagan porque pueden desgastar la piedra, por lo que en este caso lo histórico y lo espiritual van en direcciones antagónicas. Eso ha obligado a colocar un guardia junto a la piedra para mantenerla a salvo durante las horas de apertura. Lo mismo se hizo cuando algunos visitantes, deseosos de absorber mejor las energías de la tierra del que creían era un lugar sagrado, empezaron a quitarse la ropa para sentir toda su fuerza.

Se cree que en Machu Picchu las personas pueden conectar con una antigua religión perdida. Esta convicción está bien arraigada y forma parte de la esencia de Machu Picchu desde que Bingham publicó sus primeras especulaciones sobre el lugar. Según él, había descubierto el mítico Tamba Tocco, una especie de jardín del Edén de la mitología inca que fue el lugar donde nacieron los antepasados de este pueblo. Partiendo de esta hipótesis, argumentó que los edificios del suelo sagrado de Machu Picchu eran un santuario, con un convento al que acudían mujeres elegidas en todo el Imperio inca para servir al líder y a su camarilla como «vírgenes del Sol». Para Bingham, la prueba que demostraba esta teoría era el centenar de esqueletos que se desenterraron desde que se topó por primera vez con el yacimiento, de los cuales tres cuartas partes eran mujeres. Sin embargo, estudios arqueológicos más recientes han demostrado que los huesos allí enterrados son de hombres y mujeres en la misma proporción.

Según su teoría, Machu Picchu, al ser un santuario, también habría sido un lugar de peregrinación, lo que explicaría por qué era mucho más pequeña que otras ciudades incas (aunque era lo suficientemente grande para dar cabida a setecientos residentes). Los desafíos que debió plantear su geografía también habrían influido, por otra parte. Las evidencias arqueológicas dejan claro que los incas no fueron los únicos que vivieron en Machu Picchu: entre los restos óseos hallados se encuentran los de otros habitantes de las regiones costeras de los actuales Perú y Chile, así como de zonas remotas de los Andes. También se han desenterrado cerámicas típicas de comunidades tan alejadas como las que vivían en las orillas del lago Titicaca. Historiadores y arqueólogos coinciden en algunos puntos; por ejemplo, que las construcciones de Machu Picchu datan de alrededor del año 1450, probablemente de la época del emperador inca Pachacuti (1438-1471) y su sucesor Túpac (1472-1493). Todos coinciden también en que fue abandonada aproximadamente un siglo después, coincidiendo con la llegada de los españoles a Sudamérica, decididos a saquear sus riquezas, derrotar a sus gobernantes y convertir el lugar en una colonia. Sin embargo, nadie tiene claro por qué Machu Picchu fue abandonada. ¿Fue para que los conquistadores no pudieran encontrarla, porque el suministro de agua era muy poco fiable a tanta altura o porque un brote epidémico (posiblemente de viruela) acabó con sus habitantes? También existen opiniones muy divergentes en cuanto al propósito que tenían en mente los creadores de este conjunto de palacios y templos, plazas y plataformas, viviendas y almacenes cuando lo construyeron.

Algunos creen que este complejo formaba parte de una serie de *pucarás* anteriores a la conquista, emplazamientos fortificados situados en las montañas gracias a los cuales los incas podían controlar un imperio que se extendía por las regiones costeras y montañosas de los actuales Bolivia, Ecuador, Chile, Perú y el norte de Argentina. Otros creen que se trataba de un refugio real o un palacio de verano, pero la explicación que cuenta con más adeptos sigue siendo que se trataba de una especie de santuario religioso. Sin embargo, las dudas no solo tienen que ver con el porqué, sino también sobre el cómo: ¿cómo pudo, una civilización que no conocía la rueda y que no poseía más bestias de carga que las llamas que aún hoy se alimentan de la hierba de sus terrazas, transportar los cientos, puede que miles, bloques de piedra necesarios para construir en un lugar tan inaccesible? Y, dado que parece ser que los incas no poseían herramientas de metal, ¿cómo dieron forma, pulieron y encajaron con tanta precisión, elegancia y resistencia aquellas piedras para construir edificios que, en su mayor parte, permanecen intactos, salvo sus tejados, casi seiscientos años después? Un visitante comentó una vez que era como construir la gran basílica de San Pedro sin poder utilizar ningún tipo de escalera.

En la actualidad, la ruta o Camino Inca/Inka, que es como suele denominarse, lleva a los turistas modernos más decididos a través de puertos de montaña y afloramientos rocosos elevados de la selva amazónica hasta llegar a Machu Picchu. Para los pusilánimes o los que no disponen de mucho tiempo, hay un tren que lo recorre en tres horas y media de ida y otras tres y media de vuelta. Parte de Cuzco y llega a la ciudad más cercana al lugar, Aguas Calientes. La infraestructura del sendero se mantiene en muy buen estado, gracias, una vez más, a la extraordinaria durabilidad de la ingeniería inca. Los túneles, las escaleras de piedra que suben y bajan por las escarpadas laderas de las montañas y los altos muros de contención, que siguen tan rectos como el primer día, son los que, hace cinco siglos, protegieron y permitieron a los peregrinos llegar al santuario de Machu Picchu. En 1535, Hernando Pizarro, hermano menor de Francisco, que lideró a los conquistadores que derrotaron y sometieron al Imperio inca, recorrió otros tramos del Camino Inca. Escribió que «el camino que atraviesa las montañas es digno de ver, porque está construido sobre un terreno muy complicado. En el mundo cristiano no hemos visto caminos tan hermosos. Superan todos los tramos con agua con puentes de piedra o madera».[4]

Los incas, pues, eran hábiles, ingeniosos y laboriosos. Como los romanos, un pueblo que ya antes había levantado un imperio y son célebres por sus construcciones, los incas intentaron unir sus lejanos dominios (a los que llamaban Tahuantinsuyo o Cuatro Regiones) mediante una red de calzadas de piedra, conocida como Qhapaq Ñan, cuya longitud total era de unos 23.000 kilómetros. Se extendía tanto por las llanuras costeras (donde las vías pavimentadas tenían hasta cinco o seis metros de ancho) como por las altas montañas. En este último caso, el terreno exigía que los caminos fueran más estrechos, a veces de no más de un metro de ancho, pero seguían siendo arterias militares, administrativas y comerciales esenciales, así como una ruta para quienes querían llegar a los lugares sagrados. La razón por la que los incas decidieron construir estos caminos en las montañas a pesar de que podrían haber optado por otro trazado más accesible y llano, que llegaría igualmente hasta Machu Picchu siguiendo la cuenca del río Urubamba (y que en la actualidad utiliza el ferrocarril), es otro misterio. Parece ser que la explicación tiene algo que ver con el lugar que la naturaleza y sus dioses ocupaban en su cultura. ¿Por qué optar por la solución más fácil cuando se podía caminar con los dioses?

Además de prácticos, los incas eran profundamente religiosos. El culto al dios del sol, Inti, al que consideraban su antepasado, constituía un elemento sin duda relevante en el estado teocrático inca. Cada uno de sus emperadores era en parte dios y en parte humano, mientras que Inti, con forma humana, aparecía representado en los edificios públicos sobre discos dorados de los que salían rayos y llamaradas. En junio se celebraba el Inti Raymi, que formaba parte de un ciclo de festivales en los que se honraba y aplacaba al dios Sol con sacrificios de animales y con danzas rituales. El panteón inca era muy amplio, y todos sus dioses y espíritus se encontraban en la naturaleza: en la luna, las estrellas, las montañas, los ríos y los bosques. Las similitudes con el chamanismo actual (o lo que los expertos llaman neochamanismo, ya que muchas de sus prácticas están inspiradas o basadas en religiones antiguas e indígenas) son asombrosas, sobre todo en lo que respecta a la conexión de lo divino con la naturaleza y la tierra.

En el punto de partida del Camino Inca que conduce hasta Machu Picchu se encuentra la antigua capital imperial, Cuzco, saqueada por Francisco Pizarro en 1535. Se cree que la ciudad fue diseñada en forma de puma, animal sagrado para los incas, pero tras la conquista fue reconstruida y perdió su forma. Aún se conservan algunos vestigios del culto inca: el palacio dorado del emperador, el Coricancha, también conocido como Templo del Sol, así como el Templo de las Vírgenes del Sol, el mismo grupo compuesto únicamente por mujeres que Bingham creía que tenía su base en Machu Picchu. Cuando los visitantes se adentran en el sendero, los guías no se olvidan de recordarles que hubo un tiempo en que ese lugar fue (al menos para algunos viajeros) un camino sagrado. En el asentamiento de Huiñay Huayna (que se puede traducir como «eternamente joven»), construido en una empinada ladera con vistas al río Urubamba, pueden visitarse las ruinas de unos baños rituales, mientras que en Patallacta hay un santuario, llamado Pulpituyuq, cuyas paredes son circulares, y donde se cree que se celebraban las ceremonias religiosas.

Para los incas que recorrían este sendero, la presencia de lo sagrado no solo se manifestaba en los edificios que habían construido a lo largo de él. También estaba en el paisaje que rodeaba al camino, en todos sus lados y ángulos. Cada montaña tenía su propio *apu* o espíritu. La más alta de la región era el nevado Salcantay, de 6.250 metros de altura, la «montaña salvaje». Su *apu* era venerado como una de las deidades principales que controlaban el clima y la fertilidad. Los dioses incas podían ser tanto benévolos como destructivos. Los Andes son una zona sísmica. Se cree que esa es una de las razones por las que no se utilizaba argamasa en la construcción; de esa forma, las piedras podían «bailar» libremente cuando se producían temblores, sin que se cayeran de su sitio. La diosa Pachamama era una diosa «madre tierra» cuyo buen humor hacía florecer los cultivos plantados en las montañas, mientras que su furia (si, por ejemplo, no se le habían ofrecido suficientes sacrificios humanos y de animales) podía hacer que el suelo convulsionara y se abriera. Todavía hoy, cada mes de agosto, en el momento álgido de la temporada de siembra, los campesinos locales le hacen ofrendas en hojas de coca, aunque, desde la época colonial, su personalidad inca original (como madre y a veces esposa del dios del sol, Inti) se ha fusionado con determinados aspectos de la veneración católica a la Virgen María.

Uno de los itinerarios más populares del Camino Inca que llega hasta Machu Picchu empieza en Piscacucho, una pequeña aldea situada en las afueras de Cuzco. Desde allí, y durante cuatro días y tres noches, grupos de caminantes, acompañados por guías y portadores, emprenden una agotadora ascensión hacia el paso de la Mujer Muerta (Warmiwañusca), a 4.200 metros de altitud. A continuación, se dirigen al paso del «Pueblo de las Nubes» (Phuyupatamarca), a 3.650 metros, antes de descender más de mil metros por una escalera de piedra inca de 1.500 peldaños que conducen hasta la Puerta del Sol o *Intipunku*, que Hiram Bingham atravesó antes de vislumbrar por primera vez Machu Picchu. El camino es duro, agravado por el mareo que muchos sufren por la gran altitud y por el peligro constante que conlleva cruzar montañas. Si alguien coloca un pie en el lugar equivocado corre el riesgo de caer rodando por la ladera. Además, la infraestructura para mitigar el riesgo es muy rudimentaria. Sin embargo, como ya he dicho en capítulos anteriores, sobre todo cuando he hablado de los monjes celtas y la isla de Bardsey, además de la resistencia física, correr alguna clase de peligro puede ser parte de la experiencia del peregrino.

La mayoría de los que recorren el Camino Inca programan su llegada a la Puerta del Sol para que coincida con la salida del astro rey, momento en el que la atmósfera mágica y misteriosa asociada a Machu Picchu es más evidente. Cuando, a las seis de la mañana, los vigilantes abren las puertas, los viajeros se ven inmersos en un lugar que parece de otro mundo. De hecho, el atractivo que supone experimentar esa sensación ha llegado a ser tan grande que, desde 2016, las autoridades peruanas han limitado el número de pases que expiden para recorrer el principal Camino Inca a solo quinientos por día, de los cuales más de la mitad suelen ser para guías y portadores.

Quienes no planifiquen su ruta con suficiente antelación, o prefieran no utilizar una de las empresas turísticas acreditadas que tienen fácil acceso a los pases, tienen que buscar rutas alternativas a través de las montañas si quieren llegar a Machu Picchu. Ni la ruta de Lares ni la de Salcantay sufren restricción alguna. A diferencia del Camino Inca, que un visitante estadounidense reciente comparó con el puente George Washington sobre el Hudson en Nueva York en hora punta, estas rutas tienen el atractivo adicional de estar poco concurridas. Eso permite a los caminantes sentirse más «alejados de las cosas» y más en armonía con la naturaleza, aunque el camino sigue siendo utilizado por los lugareños para transportar plátanos y aguacates al mercado. Se dice que el Lares, aunque transcurre a mayor altura, es más fácil de recorrer, pero el principal inconveniente es que los que lo recorren no entran en Machu Picchu por la Puerta del Sol, sino por debajo de la ciudadela, por lo que hay que mezclarse con los turistas que están de excursión.

Los especialistas que estudian las múltiples manifestaciones de las peregrinaciones modernas han creado una categoría especial para lo que denominan «lugares de poder». Según el erudito Michael Stausberg, se trata de lugares cuya popularidad ha ido en aumento desde la década de 1960: «Suelen ser al mismo tiempo iconos del turismo nacional y lugares de interés arqueológico, pero también son hitos que forman parte del mapa global mental y espiritual de la Nueva Era, de diversos paganismos y de diferentes religiones contemporáneas (druidas, Movimiento de la Diosa y similares)».[5] Algunos ejemplos son Stonehenge, las pirámides egipcias, el Taj Mahal, Uluru (también llamado Ayers Rock, en Australia) y Sedona (una ciudad del desierto de Arizona rodeada de extrañas colinas de rocas rojas), así como Cuzco y Machu Picchu. Al igual que ocurre en otros lugares religiosos más convencionales que cuentan con una larga tradición histórica y en los que se reúnen peregrinos para celebrar sus servicios y rituales, a estos «lugares de poder» acude una nueva generación de viajeros espirituales para poner en práctica los suyos.

En el caso de Machu Picchu, suelen estar dirigidos por guías chamanes. La propia ciudadela les da mucho juego. Los arqueólogos han dividido los edificios de Machu Picchu en varios grupos para satisfacer sus teorías favoritas sobre el origen y la finalidad del lugar, pero todos ellos están de acuerdo en que existe un santuario o zona ceremonial, a veces llamada Plaza Sagrada, separada de los almacenes y edificios residenciales por muros, zanjas y lo que podría ser un foso. El mayor atractivo que tiene esta sección para turistas y buscadores espirituales es una escultura monolítica labrada en piedra granítica que se alza sobre una terraza piramidal. Se especula que, según las creencias incas, esta roca llamada Intihuatana (nombre que en quechua significa algo parecido a «donde se ata el sol») representaba un extremo de una conexión invisible entre la Tierra y el Sol, similar a la que existe entre una cometa y la persona que está en el extremo de la cuerda.

En su base hay una serie de recovecos que es posible que sirvieran como altar para las ceremonias. Luego hay una curiosa lengüeta que sobresale (y que nadie debe perderse), orientada hacia el norte magnético y que, según se dice, durante la estación de las lluvias apunta directamente a la constelación de la Cruz del Sur, utilizada durante mucho tiempo como punto de referencia clave por los navegantes. Y, durante ese período del año, la Cruz del Sur está situada sobre la cumbre del cercano Salcantay. Pero en diciembre, durante el amanecer del solsticio de verano, la luz del sol se proyecta a través de los espacios interiores y circundantes de la Intihuatana, produciendo un patrón triangular que ilumina dos círculos concéntricos en el suelo junto a ella. Se desconoce cuál era la función de esos círculos. Algunos piensan que era un reloj de sol o que servía para medir el paso de los días en el calendario, pero no existe consenso al respecto.

Esa misma mezcla poderosa de astrología, geografía, ceremonia y culto a los espíritus de la tierra también está presente en otras partes de Machu Picchu, pero la Intihuatana es sin duda el ejemplo más llamativo de todos. Algunos historiadores se preguntan si fueron su presencia y su reputación lo que hizo que Machu Picchu se abandonase cuando se supo que habían llegado los conquistadores. Presumiblemente, los incas querrían evitar que este objeto sagrado fuera saqueado o dañado. La destrucción posterior de estructuras similares en otros yacimientos incas que fueron ocupados por los españoles sugiere que tal cautela estaba justificada.

Da la impresión de que también diseñaron otros edificios de tal forma que pudiesen captar determinados efectos naturales, como la Sala (o Templo) de las Tres Ventanas, donde hay una hilera de aberturas gigantes orientadas hacia el este, lo que da a entender que están dispuestas así por alguna razón. En el Torreón, o Templo del Sol, existe una estructura curvada muy poco común en la geometría de líneas de Machu Picchu, en la que, durante el solsticio de invierno (21 de junio en el hemisferio sur), la luz entra a través de una ventana formando un misterioso rectángulo sobre una losa de granito. Algunos especialistas creen que el Torreón pudo ser una especie de observatorio, al que le falta el clásico techo abovedado. Puede que el escritor suizo Erick von Däniken se inspirara en este edificio para elaborar y presentar en su libro superventas de 1968, *Carros de los dioses*, la teoría de que los orígenes de Machu Picchu tenían algo que ver con la visita de unos alienígenas.

Otro lugar destacable es Intimachay o «cueva del sol». Está situada justo debajo de las ruinas principales y su única ventana está orientada hacia el este. Durante cuarenta y nueve semanas al año no entra luz a través de ella, por lo que los recovecos más profundos de la cueva quedan sumidos en la oscuridad. Sin embargo, en los amaneceres de los diez días anteriores y posteriores al solsticio de verano, en diciembre, los primeros rayos de sol entran brevemente por la ventana y llegan a la pared posterior de Intimachay. Una vez más, existen muchas teorías al respecto. La mayoría dan por hecho que este era el lugar en el que los incas celebraban la festividad del dios Sol. Es muy posible que una de sus ceremonias fuese el ritual de iniciación en el que se perforaban las orejas de los jóvenes para marcar su paso a la edad adulta.

Nada de esto se puede demostrar de forma concluyente, pero incluso el visitante más despreocupado, para el que Machu Picchu es tan solo un misterioso museo situado entre las nubes, se dará cuenta de que fue construido para mostrar de la mejor manera posible las maravillas de la naturaleza. Por eso está encaramado en la cima de una montaña y sus edificios están alineados con los picos circundantes. Y por eso resulta tan atractivo para los chamanes de hoy en día que buscan los «centros de energía de la tierra», ya que, según ellos, los chakras de cada individuo resuenan allí con una intensidad especial.[6] Son siete puntos clave por los que fluye la energía del cuerpo, bien conocidos por los practicantes de yoga. Algunos están tan interesados en acceder a estos centros energéticos sin ser molestados que existen informes sobre grupos que han intentado colarse en Machu Picchu por la noche, cuando sus puertas están cerradas.

En los últimos años, alrededor de Machu Picchu también se ha construido una red de alojamientos destinados a acoger a los peregrinos de la Nueva Era con la esperanza de que, a la sombra de la misteriosa ciudadela, encuentren algún tipo de epifanía en sus vidas. Balnearios, centros de retiro y hoteles, algunos de ellos muy caros, ofrecen caminatas y visitas guiadas por chamanes, limpiezas rituales, curaciones y ceremonias de «pago a la tierra». A menudo, estas actividades son organizadas por la población local de habla quechua, cuyos antepasados tenían las mismas creencias enraizadas en la naturaleza que los incas, aunque en generaciones más recientes también se impregnaron del catolicismo que llegó con el colonialismo. El híbrido resultante es una mezcolanza de tradiciones diversas, alimentada por el consumo de ayahuasca local, elaborada a partir de hojas de plantas (algunas de las cuales se recolectan en ceremonias religiosas que se organizan de madrugada) con propiedades alucinógenas. Los misioneros católicos que llegaron con los españoles creían que estos cócteles eran «obra del diablo», pero hoy forman parte de lo que viajeros, turistas y peregrinos denominan «ambiente *hippie*» de Machu Picchu.

Sin embargo, este es solo uno de los diversos aspectos de la evolución de este yacimiento en los cien años que han transcurrido desde que Hiram Bingham lo diera a conocer a todo el mundo. En otros tiempos, los quechuas quisieron mantenerlo oculto. Su apertura al mundo durante el siglo XX ha proporcionado grandes beneficios económicos a la zona. Pero las multitudes que han acudido también han supuesto una dura carga para este lugar histórico, para las infraestructuras locales y para el modo de vida de los lugareños. El «éxito» de una ruta de peregrinación puede traer consigo ventajas y desventajas, algo que podemos aplicar a todas las rutas analizadas en este libro.

Epílogo

Si vienes hasta aquí,
siguiendo cualquier ruta, partiendo desde cualquier lugar,
en cualquier momento o época del año,
siempre será igual: tendrás que dejar de lado
el sentido y la noción. No has llegado hasta aquí para verificar,
aprender o satisfacer tu curiosidad o informar de lo visto.
Estás aquí para arrodillarte
en un lugar donde ha sido válida la oración.

T. S. ELIOT, «Little Gidding» (1942)[1]

¿Es este el final del viaje? No precisamente. Para mí, T. S. Eliot es el poeta que mejor ha sabido entender lo que es la peregrinación en todas sus dimensiones. En «Little Gidding», el último de los poemas que forman parte de su obra *Cuatro Cuartetos*, describe cómo el atractivo de la peregrinación abarca generaciones, siglos y religiones. Peregrinar es unirse a una cadena humana cuyos eslabones se remontan milenios atrás en un viaje que nos lleva (tanto si somos religiosos, espirituales o ninguna de las dos cosas) a un lugar donde una vez «ha sido válida la oración». Y ese hecho, incluso en nuestros tiempos seculares, impregna el lugar en cuestión, y a veces también el camino que conduce hasta él, de una atmósfera característica. Así era en 1936, cuando Eliot llegó a la iglesia de la remota aldea de Little Gidding, situada en lo más profundo de las llanuras orientales de Inglaterra, donde, en el siglo XVII, vivió una comunidad anglicana moralista. Y es igualmente cierto hoy en día en las diferentes rutas que aparecen en este libro, tanto si los visitantes deciden empaparse de ellas como si solo se limitan a recorrerlas.

Sin embargo, la curiosidad que despierta la fe en los peregrinos los hace más receptivos, de forma pasiva o activa. Cuando deciden caminar tras las huellas de quienes han recorrido el mismo camino durante cientos, si no miles, de años, lo hacen estando potencialmente abiertos a ella. Porque, como muy bien expresa Eliot, están saliendo de un tiempo para entrar en otro de mayor extensión. No tienen por qué arrodillarse, ni siquiera rezar, ni encender una vela, ni siquiera sentirse atraídos a hacerlo. El mero hecho de estar allí expondrá al peregrino moderno a la acumulación de todo lo que las generaciones anteriores de peregrinos han llevado y ofrecido a ese lugar: sus penas y alegrías, sus deseos y miedos, sus creencias y sus dudas. Tal concentración de sentimientos queda al descubierto en lugares como estos ante un poder que se cree que es mucho mayor. Eso hace que la brecha entre el mundo visible, tangible, tecnológico y científicamente avanzado del siglo XXI y una dimensión invisible, intemporal, imprecisa, metafísica y espiritual (si es que algo así existe) sea menor, lo que permite que cada peregrino pueda tender un puente entre ambas. Eso sigue ejerciendo una gran atracción, incluso en tiempos de escepticismo, porque las grandes cuestiones de la vida, la muerte y el sufrimiento, a las que siempre se han enfrentado los seres humanos, allí pueden afrontarse con más claridad.

La lista de lugares de peregrinación ha crecido a lo largo de los siglos. Mientras que algunos son conocidos en todo el mundo, otros más recientes atraen a un público más reducido. Los hay que no tienen raíces religiosas evidentes y, sin embargo, atraen a visitantes que, en algunos aspectos, asumen el papel de peregrinos. Como la corriente de buscadores, en su gran mayoría jóvenes, que se adentran en el complicado terreno del remoto Parque Nacional de Denali, en la zona central de Alaska, hasta llegar a un lugar apartado unos cincuenta kilómetros de la ciudad más próxima. Siguen los pasos de Chris McCandless, un licenciado estadounidense cuya problemática relación con el mundo les resulta de algún modo afín. A principios de los noventa, McCandless donó todas sus pertenencias a una organización benéfica y se adentró en la naturaleza para rehacer su vida. Su objetivo no era explícitamente religioso, pero la búsqueda de la iluminación era precisamente lo que los hombres y mujeres santos han hecho a lo largo de los siglos, desde Buda hasta los Padres del Desierto del cristianismo del siglo III.

McCandless se instaló en un autobús de Fairbanks abandonado que había servido en otro tiempo como refugio improvisado para cazadores. Permaneció en ese lugar cuatro meses y allí murió, a los 24 años. Los periódicos que se hicieron eco de la noticia fueron la base sobre la que se escribió un libro muy popular sobre él,[2] que luego dio lugar a una película galardonada, ambos titulados en España *Hacia rutas salvajes.* Las pruebas que presentan indican con toda claridad que murió a causa de una intoxicación alimentaria, tras haber comido bayas silvestres o alguna planta forrajera. Sin embargo, para los peregrinos de hoy en día, la historia de ese hombre que llevó el ascetismo tan al límite que acabó matándose de hambre se ha convertido en una especie de evangelio que los atrae hasta el lugar en el que falleció. Para algunos, su ansia de comunión con el espíritu de McCandless les lleva incluso a poner en práctica un ritual: dormir en el autobús en el que murió, igual que los peregrinos medievales pasaban la noche ante las reliquias de un santo concreto en el lugar en el que su vida en la tierra había llegado a su fin.

A muchos les puede parecer que el abrumador deseo de McCandless de buscar la reclusión en una celda tan improbable en el fondo del más allá es, cuanto menos, extraño, pero habría tenido mucho sentido para uno de los escritores más aclamados del siglo XX, el viajero Patrick Leigh Fermor. En la década de 1950, vivió durante un tiempo en varios monasterios remotos y gracias a su reflexión en silencio, separado del mundo y viviendo la misma rutina todos los días, llegó a la conclusión de que «las aguas turbulentas de la mente se aquietan y se aclaran, y una buena parte de lo que está oculto y todo lo que lo enturbia y flota en la superficie puede ser eliminado de la misma forma que se retira la nata de la leche; y, al cabo de un tiempo, se alcanza un estado de paz impensable en el mundo ordinario».[3]

La ruta hacia las tierras salvajes de Alaska revela otra faceta de la peregrinación moderna: la necesidad de volver al origen o a la fuente. Al igual que los amantes del arte necesitan viajar para ver directamente el lienzo allí donde esté el museo que lo exponga, a pesar de la gran disponibilidad de libros profusamente ilustrados y de impresiones de alta calidad de grandes cuadros, el peregrino moderno también quiere ver y sentir por sí mismo aquellos lugares en los que puede percibirse de una forma especialmente penetrante la condición humana.

Es una cualidad que, a primera vista, hace que sea bastante improbable que exista alguna relación entre un autobús oxidado abandonado en Alaska y los prístinos y bien ordenados cementerios de guerra del norte de Francia y más allá. Estos últimos también atraen a un número cada vez mayor de visitantes que poseen algunos rasgos característicos de los peregrinos. Rudyard Kipling, el escritor y poeta inglés, visitó uno de estos cementerios hace casi un siglo para rendir homenaje a su hijo John, que, como los cientos de miles de personas enterradas allí, había muerto en las trincheras de la primera guerra mundial. Describió los parajes con los que se encontró como un «mar Muerto de vidas detenidas». En todos los cementerios de la Comisión de Tumbas de Guerra de la Commonwealth, tanto los de Francia como los que se crearon posteriormente en todo el mundo para recordar a los caídos en la segunda guerra mundial y en conflictos posteriores, está ausente el lenguaje y la parafernalia característicos de la religión. No hay cruces ni ángeles que adornen las filas de lápidas idénticas, rectangulares y blanquecinas. En cada una de ellas hay grabado un símbolo religioso, pero el orden en el que están dispuestos no está relacionado con la creencia profesada, el rango o la fecha de defunción. Y como epicentro de cada cementerio, la Piedra del Recuerdo de Edwin Lutyens y la Espada del Sacrificio de Reginald Blomfield, que no son ni un altar ni un crucifijo (aunque a muchos les puede parecer que sí).

En estos cementerios se procuró prescindir de la fe, la base de los lugares de peregrinación de todo el mundo y el recurso bajo el cual muchos se cobijan ante una tragedia humana tan incomprensible como la que afligió a tantas personas durante las dos guerras mundiales. Sin embargo, como demuestra el libro de recuerdos de cada uno de los cementerios —que tan bien cuidados están, por otra parte—, en las últimas décadas han acudido un número creciente de visitantes que son más peregrinos que dolientes. Antes solo los visitaban los familiares directos de los allí enterrados, a menudo en viajes organizados y financiados por la comisión. Más tarde fueron sus descendientes, deseosos de conocer la historia familiar. Cada vez acuden menos visitantes de este tipo, mientras que aumentan los de otro: los que quieren seguir las huellas de los que murieron para que nosotros pudiéramos vivir, para tener así la oportunidad no solo de recordar a los muertos, sino también de reflexionar (como ocurre en los santuarios de peregrinos) sobre el verdadero significado de sus vidas y de la vida misma en lugares en los que la presencia de la muerte es abrumadora.

Con el tiempo, algunos de estos cementerios han pasado a formar parte de mis propias peregrinaciones, junto con los viajes a los destinos religiosos tradicionales de la educación católica de los que hablé al principio de este libro. Sin embargo, en esta parte final me parece oportuno reflexionar sobre otra peregrinación, una más acorde con el espíritu flexible que caracteriza a esta palabra en el siglo XXI. En 2019 viajé a El Salvador con una organización benéfica.[4] No se centraba tanto en un lugar sino en una persona, monseñor Óscar Romero, un honesto arzobispo católico de San Salvador que ejerció entre 1977 y 1980, y fue aclamado en vida como «la voz de los sin voz» por defender a los pobres y marginados durante la guerra civil que asoló al país.

Le costó muy caro. Fue asesinado por quienes querían silenciarlo, razón por la cual muchos lo consideran un héroe y un modelo a seguir. En 2018, la Iglesia lo declaró santo. Así que el grupo al que me uní caminaba, como han hecho los peregrinos durante siglos, tras las huellas de alguien cuya fe en Dios era inquebrantable, para pararse en los lugares en los que él estuvo y conocer sus obras con la esperanza de que dejarían alguna huella indeleble en nuestras vidas.

Todo ello era profundamente tradicional, al igual que el ritual de la misa diaria, olvidado durante mucho tiempo (y extrañamente tranquilizador). Pero esta peregrinación era, al mismo tiempo, moderna, porque tenía varios objetivos; entre ellos, comprobar cómo seguía influyendo el legado de Romero en la vida cotidiana de una sociedad que sigue dividida e inmersa en la inestabilidad y, de paso, visitar sus montañas y su océano, que componen un paisaje tan desconocido como hermoso.

En otras palabras, no caminábamos con uno, sino con dos propósitos, el primero basado en la fe y el segundo completamente secular. Me pareció que coincidían con notable facilidad. La conexión era perfecta. Primero, asistíamos a una misa en la que se celebraba la memoria de Óscar Romero en una comunidad rural, y luego éramos testigos de los esfuerzos que realizan los lugareños para ser mejores agricultores utilizando métodos ecológicos. Para algunos de mis correligionarios más devotos, esta combinación implicaba politizar demasiado la peregrinación (un papa anterior, Juan Pablo II, bloqueó la santidad de Romero por razones muy parecidas), pero para mí demostraba cómo y por qué la peregrinación ha seguido siendo tan relevante incluso cuando el apogeo confesional se tambalea, tanto en El Salvador como en todo Occidente.

Sin embargo, lo que más me sorprendió (porque no influyó en mi decisión inicial de apuntarme) fue el regalo que supuso la compañía de un grupo de treinta desconocidos con ideas afines. Si los peregrinos de Chaucer en el camino a Canterbury se unieron de una manera que iba más allá de su común excursión, claramente religiosa, lo mismo ocurrió en nuestro caso (aunque, quizá, no de forma tan alborotada), a pesar de que todos nosotros procedíamos de sociedades mucho más individualistas. Estaba patente en las comidas compartidas, en la preocupación común por el bienestar de un grupo que oscilaba ampliamente en resistencia física y en edad, desde los 18 a los ochenta años, y por encima de todo, en la emergencia gradual —en medio de la lentitud general, que sigue siendo una característica esencial de toda peregrinación— del deseo de compartir con los demás la historia personal de cada uno y el motivo que le llevó hasta allí. Son cosas que ya no suelen suceder en nuestras comunidades fragmentadas, en las que el énfasis se ha desplazado hacia el cuidado de lo propio, la desconfianza hacia el extraño y el no aventurarse en lo desconocido.

Su presencia en este viaje, y en el resto de las rutas de las que he hablado en este libro, desde el Camino de Santiago hasta Shikoku, es uno de los factores que más influye en el renacimiento de la peregrinación en una época de atomización social. Es cierto que es parecido al vínculo instantáneo que surge entre las amistades trabadas en un tiempo tan fugaz como es el de las vacaciones, pero el aspecto compartido de búsqueda de significado que conlleva peregrinar lo hace más intenso y duradero. Una peregrinación no es, pues, otro sinónimo de vacaciones. Es algo más que tomarse un descanso de la vida cotidiana para recargar las pilas y relajarse. La peregrinación consiste, aunque sea de forma indirecta, en contemplar la vida con más detenimiento y, por tanto, con mayor profundidad, y hacerlo de un modo que no resulta fácil en estos tiempos: deteniéndose y reflexionando, normalmente en compañía de otras personas, vivas o muertas.

> Con la atracción de este Amor y la voz de esta Llamada
> no cesaremos en la exploración
> y el fin de nuestra búsqueda
> será llegar adonde comenzamos,
> y conocer el lugar por primera vez.

T. S. Eliot, «Little gidding»[5]

Agradecimientos

Si uno desea recorrer el mundo en peregrinación tiene que contar con un buen conjunto de personas en las que apoyarse, por lo que agradezco la compañía que he tenido en mis rutas: Remona Aly, Michael Arditti, Twiggy Bigwood, Rachel Billington, Dustin Lance Black, Anthony Coles, Sue Cramp, Clare Dixon, el reverendo Peter Doll, Julian Filochowski, Fiona Fraser, Louis Jebb, Etta Levi-Smythe, Jane Nicholson, Nigel Planer, Guy Stagg, Marina Warner, y Martin y Ann Weiler.

También ayuda contar con mucha comprensión, por lo que doy las gracias a Piers Blofeld, mi agente, y a Ben Hayes, Isabella Luta y Julia MacKenzie de Thames & Hudson.

Y hacerlo en familia es la mejor opción de todas. En esto, y en todo, doy las gracias a Kit y Orla Stanford, y a Siobhan Cross.

Notas

Introducción. La nueva geografía del poder espiritual

1. Alan Bennett, «Allelujah», extracto de su diario de 2018, *London Review of Books* (3 de enero de 2019).

2. Bess Twiston Davies, «Oh to be a pilgrim in Britain's green and pleasant land», *The Times*, 21 de septiembre de 2019.

3. Extracto de «Dover Beach», elogio a la decadencia de la religión, escrito por el poeta lírico inglés e incluido en su Antología de 1867 titulada *New Poems*.

4. Rebecca Solnit, *Wanderlust: A History of Walking*, Londres, Verso, 2001 [hay trad. cast.: *Wanderlust: Una historia del caminar*, Capitán Swing, Madrid, 2020].

5. Gerard W. Hughes, *Walk to Jerusalem: In Search of Peace*, Londres, Darton, Longman & Todd, 1991.

Capítulo 1. Santiago de Compostela: El camino de Santiago

1. Citado en Peter Davies, *Leading Matters: How to Enjoy and Lead a Walk in Ten Easy Steps*, Grosvenor House Publishing, Londres, 2014.

2. Nancy Louise Frey, *Pilgrim Stories: On and Off the Road to Santiago*, University of California Press, Berkeley,1998.

3. http://oficinadelperegrino.com/wp-content/uploads/2016/02/peregrinaciones2018.pdf

4. *Ibid.*

5. http://oficinadelperegrino.com/wp-content/uploads/2016/02/peregrinaciones2018.pdf

6. Extraído del libro del distinguido abogado británico Jonathan Sumption titulado *Pilgrimage: An Image of Medieval Religion*, Faber and Faber, Londres, 1975.

7. Jonathan Sumption, *Pilgrimage: An Image of Medieval Religion*, Faber and Faber, Londres, 1975.

8. También se le atribuye haber llevado el Santo Grial, la copa utilizada por Jesús en la última cena, a Glastonbury. Más adelante, su conexión con esta ciudad desempeñó un papel destacado en la leyenda artúrica.

9. Extraído de una copia privada del diario inédito, compartida por la autora.

Capítulo 2. Jerusalén: La tierra prometida

1. *The Book of Margery Kempe*, Penguin Books, Londres, 1985 [hay trad. cast.: *Libro de Margery Kempe: la mujer que se reinventó a sí misma*, Publicacions de la Universitat de València, Valencia, 2012].

2. *Ibid.*

3. Sura 17:2, *The Qur'an*, OUP, Oxford, 2010 [hay trad. cast.: *El Corán*, traducción de Juan Vernet, Austral, Barcelona, 2010].

4. Beda el Venerable, *Ecclesiastical History of the English People*, ed. D. H. Farmer, Penguin, Londres, 2003 [hay trad. cast.: *Historia eclesiástica del pueblo de los anglos* (edición de José Luis Moralejo), Akal, Madrid, 2013].

5. *Ibid.*

6. Gerard W. Hughes, *In Search of a Way*, Darton, Longman & Todd, Londres, 1986, y *Walk to Jerusalem: In Search of Peace*, Darton, Longman & Todd, Londres,1991.

7. Guy Stagg, *The Crossway*, Picador, Londres, 2018.

8. *Ibid.*

Capítulo 3. Roma: Ver es creer

1. Tal como aparece relatado en las famosas «Charlas de sobremesa» (número 6059) que dedicó a sus seguidores.

2. «Charlas de sobremesa», número 3428.

3. La versión original en inglés, *The Path to Rome*, está disponible en línea en: https://www.gutenberg.org/files/7373/7373-h/7373-h.htm [hay trad. cast.: *El camino de Roma*, Editorial Juventud, Barcelona, 1959].

4. Las cifras proceden de la Confraternity of Pilgrims to Rome.

5. Según las cifras que aparecen en las guías Cicerone.

6. Brian Mooney, *A Long Way for a Pizza: On Foot to Rome*, Thorogood, Londres, 2012.

7. Christopher Lambert, *Taking a Line for a Walk*, Antique Collectors' Club, Woodbridge, 2004.

8. Mateo 16:18, *The Jerusalem Bible*, edición popular, Darton, Longman & Todd, Londres, 1974 [hay trad. cast.: *Biblia de Jerusalén,* Editorial Alfredo Ortells, Valencia, 1991].

9. Según la tradición católica, Pedro fue obispo de Roma durante veinticinco años. Las primeras pruebas aparecen en la *Carta a los romanos*, escrita por san Ignacio, obispo de Antioquía en el siglo II. Es probable que esta tradición no naciera antes de principios o mediados del siglo III.

10. De *Julius Exclusus* (1517) en J. A. Froude, *Life and Letters of Erasmus*, Londres, 1895 [hay trad. cast.: Incluido en *Escritos de crítica religiosa y política*, Círculo de Lectores, Barcelona, 1996].

11. Juan 10:9, *The Jerusalem Bible*, edición popular, Londres, Darton, Longman & Todd, 1974 [hay trad. cast.: *Biblia de Jerusalén,* Editorial Alfredo Ortells, Valencia, 1991].

12. Judith Champ, *The English Pilgrimage to Rome*, Gracewing, Leominster, 2000.

13. Editado por E. Parthey, *Mirabilia Urbis Romae*, Berolini, Roma,1869.

14. Lynne Withey, *Grand Tours and Cook's Tours: A History of Leisure Travel 1750 to 1915*, William Morrow, Nueva York, 1997.

15. *Ibid.*

Capítulo 4. La Meca: Un mundo aparte

1. Sir Richard Burton, *Personal Narrative of a Pilgrimage to Al-Madinah and Meccah*, Tylston and Edwards, Londres, 1893 [hay trad. cast.:

Mi peregrinación a Medina y La Meca, 3 tomos, Laertes Editorial, Barcelona, 1989-2004].

2. *Ibid.*

3. *Ibid.*

4. *Ibid.*

5. Jason Mohammad, *Y Daith*, en el canal de televisión S4C, 8 de noviembre de 2009.

6. Sura 22:28-29, *The Qur'an*, OUP, Oxford, 2010 [hay trad. cast.: *El Corán*, traducción de Juan Vernet, Austral, Barcelona, 2010].

7. *The Autobiography of Malcolm X*, Grove Press, Nueva York, 1965 [hay trad. cast.: *Autobiografía,* Capitán Swing, Madrid, 2019].

8. Muhammad ibn Ishaq, *Sirat Rasul Allah*, 969, traducido al inglés por A. Guillaume, *The Life of Muhammad*, OUP, Oxford, 1955.

9. Génesis, capítulos 16 y 21, *The Jerusalem Bible*, edición popular, Darton, Longman & Todd, Londres, 1974 [hay trad. cast.: *Biblia de Jerusalén,* Editorial Alfredo Ortells, Valencia, 1991].

10. Sura 2:124-127, *The Qur'an*, OUP, Oxford, 2010 [hay trad. cast.: *El Corán,* traducción de Juan Vernet, Austral, Barcelona, 2010].

Capítulo 6. Lourdes, Medjugorje y los santuarios marianos: María y los milagros

1. Victor Turner y Edith Turner, *Image and Pilgrimage in Christian Culture*, Columbia University Press, Nueva York, 1978.

2. Jean-Pierre Bely, en un programa de BBC Radio 4, *The Miracle Men*, emitido el 11 de enero de 2002.

3. En una entrevista para este libro con la autora.

4. Colm Tóibín, *The Sign of the Cross: Travels in Catholic Europe*, Jonathan Cape, Londres, 1994 [hay trad. cast.: *La señal de la cruz: viaje al fondo del catolicismo europeo*, Anaya & Mario Muchnik, Madrid, 1996].

5. Gerard W. Hughes, *Walk to Jerusalem: In Search of Peace*, Darton, Longman & Todd, Londres, 1991.

6. James Mulligan, *Medjugorje: What's Happening?*, Paraclete Press, Brewster, Mass., 2011.

7. Desmond Seward, *The Dancing Sun: Journeys to the Miracle Shrines*, Macmillan, Londres, 1993.

8. James Mulligan, *Medjugorje: What's Happening?*, Paraclete Press, Brewster, Mass., 2011.

Capítulo 7. Camino de los Peregrinos de Gales del Norte: Renacimiento celta

1. Poema que, en su versión original, está incluido en la colección *Frequencies*, Macmillan, Londres, 1978.
2. Texto del siglo x, *Brendan's Voyage*, del cual existen algo más de cien manuscritos repartidos por toda Europa [hay trad. cast.: Benedeit, *El viaje de san Brandán,* Siruela, Madrid, 1995].
3. Véase Ian Bradley, *Celtic Christianity: Making Myths and Chasing Dreams*, Edinburgh University Press, Edimburgo, 1999.
4. John O'Donohue, *Anam Cara: A Book of Celtic Wisdom*, Bantam, Londres, 1996 [hay trad. cast.: *Anam Cara, el libro de la sabiduría celta*, Salamandra, Barcelona, 1998].
5. La Biblioteca Británica posee una versión digitalizada de su *Itinerarium Cambriae.*
6. Véase Victor Turner y Edith Turner, *Image and Pilgrimage in Christian Culture*, Columbia University Press, Nueva York, 1978.
7. Peter Stanford, *The Extra Mile*, Continuum, Londres, 2012.
8. Una de las obras más conocidas en las que se incluyen sus poemas es la compilación de Jim Cotter, *Etched by Silence: A Pilgrimage Through the Poetry of R. S. Thomas*, Canterbury Press, Norwich, 2013.
9. En la colección *Frequencies*, Macmillan, Londres, 1978.

Capítulo 8. Kumbh Mela: La peregrinación más larga del mundo

1. Puede consultar su artículo, «Kumbh Mela Festival», en la página web de BBC News, 11 de enero de 2012.
2. Véase Kama Maclean, *Pilgrimage and Power: The Kumbh Mela in Allahabad, 1765-1954*, OUP, Oxford, 2008.

Capítulo 9. La ruta de Buda: El peregrino peripatético

1. En «The Buddhist Trail», *Condé Nast Traveller* (12 de septiembre de 2012).

2. Henry Clarke Warren, *Buddhism in Translation*, Harvard University Press, Cambridge, Mass., 1896.

3. Edwin Arnold, *The Light of Asia: Being the Life and Teaching of Gautama, Prince of India and Founder of Buddhism*, Trübner & Co., Londres, 1879 [hay trad. cast.: *La luz de Asia o La gran renunciación (Mahâbhinishkramana): Vida y enseñanzas de Gautama, príncipe indio y fundador del budismo*, Miraguano Ediciones, Madrid, 2008].

4. Karen Armstrong, *Buddha*, Weidenfeld & Nicolson, Londres, 2000 [hay trad. cast.: *Buda*, Random House, Barcelona, 2002].

5. De la versión de Kosho Yamanoto del *Nibbana Sutta*, traducida al inglés por Tony Page en 2004.

6. Stephen Batchelor, *Confessions of a Buddhist Atheist*, Spiegel & Grau, Nueva York, 2010 [hay trad. cast.: *Confesión de un ateo budista*, Ediciones la Llave, Barcelona, 2012].

Capítulo 10. Shikoku: 88 templos siguiendo los pasos del Gran Maestro

1. Las cifras están extraídas de: Robert Sibley, *The Way of the 88 Temples*, University of Virginia Press, Charlottesville, 2013.

2. Véase la investigación realizada por el Centro de Investigación de la Universidad de Ehime sobre el camino de Shikoku y las peregrinaciones que se realizan en todo el mundo: https://henro.ll.ehime-u.ac.jp/eng/

3. Traducción al inglés realizada por Oliver Statler para el libro *Japanese Pilgrimage*, Pan, Londres, 1984.

Capítulo 11. América del norte: Senderismo optimista

1. En el Proyecto Gutenberg, se puede encontrar, en inglés, en múltiples formatos [hay trad. cast.: William Bradford, *De la plantación de Plymoth*, Publicaciones Universidad de León, León, 1994].

2. *Peregrina de la Paz, Peace Pilgrim: Her Life and Work in Her Own Words*, Ocean Tree, Nuevo México, 1982.

3. *Ibid.*

4. *Ibid.*

5. *Ibid.*

6. Rebecca Solnit, *Wanderlust: A History of Walking*, Verso, Londres, 2001 [hay trad. cast.: *Wanderlust: Una historia del caminar*, Capitán Swing, Madrid, 2020].

Capítulo 12. Machu Picchu: Lugares de poder

1. Al describir su libro, *The Tao of Travel: Enlightenments from Lives on the Road* in 2011, Houghton Mifflin Harcourt, Nueva York, 2011 [hay trad. cast.: *El tao del viajero*, Alfaguara, Barcelona, 2012].

2. Hiram Bingham, *Lost City of the Incas*, Weidenfeld & Nicolson, Londres, 2003 [hay trad. cast.: *Machu Picchu, la Ciudad Perdida de los Incas*, Ediciones Rodas, Madrid, 1975].

3. Consúltese la página web del escritor británico superventas Graham Hancock: grahamhancock.com.

4. Pedro de Cieza de León, *The Discovery and Conquest of Peru: Chronicles of the New World Encounter*, Duke University Press, Durham, NC, 1998 [hay trad. cast.: *Descubrimiento y conquista del Perú*, Editorial Zero, Madrid, 1984].

5. Michael Stausberg, *Religion and Tourism: Crossroads, Destinations and Encouters*, Routledge, Londres, 2011.

6. No existen estadísticas fiables sobre el número de personas que se describen a sí mismas como paganas cuando se les pregunta por su afiliación religiosa. Pero, en el censo del Reino Unido de 2011 (en el que no figuraba la opción del chamanismo entre las confesiones religiosas), esa cifra rondaba los ochenta mil.

Epílogo. Regreso al punto de partida

1. T. S. Eliot, *Little Gidding*, Faber and Faber, Londres, 1942 [hay trad. cast. Incluido en: *Cuatro cuartetos*, Alianza editorial, Madrid, 2021].

2. Jon Krakauer, *Into the Wild*, Random House, Nueva York, 1996 [hay trad. cast.: *Hacia rutas salvajes*, Punto de Lectura, Barcelona, 2000].

3. Patrick Leigh Fermor, *A Time to Keep Silence*, Queen Anne Press, Londres, 1957 [hay trad. cast.: *Un tiempo para callar*, Editorial Elba, Barcelona, 2012].

4. Organización benéfica Romero, con sede en Londres (romerotrust.org.uk).

5. T. S. Eliot, *Little Gidding*, Faber and Faber, Londres, 1942 [hay trad. cast. Incluido en: *Cuatro cuartetos*, Alianza editorial, Madrid, 2021].

Créditos de las imágenes

Frontispicio Bridgeman Images; 1 akg-images; 2 Luisa Ricciarini/Bridgeman Images; 3 blickwinkelAlamy Stock Photo; 4 John Dambik/Alamy Stock Photo; 5 Biblioteca Británica, Londres; 6 Administradores del Museo Británico, Londres; 7 Yves Trenet/Alamy Stock Photo; 8 Foto Ignacio Doménech; 9 akg-images; 10 Sony Herdiana/Shutterstock; 11 John Dambik/Alamy Stock Photo; 12 © KNA; 13 Colección Wellcome, Londres; 14 Colección de historia 2016/Alamy Stock Photo; 15 Cavan/Alamy Stock Photo; 16 dbimages/Alamy Stock Photo; 17 Hans-Joachim Aubert/Alamy Stock Photo; 18 Dinodia Photos/Alamy Stock Photo; 19 John S. Lander/Getty Images; 20 The Picture Art Collection/Alamy Stock Photo; 21 Colección Newberry, Chicago; 22 Philip Scalia/Alamy Stock Photo; 23 Fotografía de Robert W. Kelley/Colección de fotografías LIFE a través de Getty Images; 24 Rubens Alarcon/Alamy Stock Photo; 25 Lukas Bischoff/Alamy Stock Photo.

Lecturas adicionales

General

Brown, Mick, *The Spiritual Tourist: A Personal Odyssey Through the Outer Reaches of Belief*, Bloomsbury, Londres, 1998 [hay trad. cast.: *El turista espiritual*, RBA Libros, Barcelona, 2001].

Chaucer, Geoffrey, *The Canterbury Tales*, Penguin Books, Londres, 2005 [hay trad. cast.: *Cuentos de Canterbury*, Planeta, Barcelona, 1988].

Eliot, T. S., *Little Gidding*, Faber and Faber, Londres,1942 [hay trad. cast.: *Cuatro cuartetos,* Barral Editores, Barcelona, 1971].

Fermor, Patrick Leigh, *A Time to Keep Silence*, Queen Anne Press, Londres, 1957 [hay trad. cast.: *Un tiempo para callar*, Editorial Elba, Barcelona, 2012].

Kempe, Margery, *The Book of Margery Kempe*, traducido al inglés por B. A. Windeatt, Londres, Penguin Books, Londres, 1985 [hay trad. cast.: *Libro de Margery Kempe: la mujer que se reinventó a sí misma,* Publicacions de la Universitat de València, Valencia, 2012].

Krakauer, Jon, *Into the Wild*, Random House, Nueva York, 1996 [hay trad. cast.: *Hacia rutas salvajes*, Punto de Lectura, Barcelona, 2001].

Kneale, Matthew, *Pilgrims* (novela), Atlantic Books, Londres, 2020.

Stausberg, Michael, *Religion and Tourism: Crossroads, Destinations and Encounters*, Routledge, Londres, 2011.

Sumption, Jonathan, *Pilgrimage: An Image of Medieval Religion*, Faber and Faber, Londres, 1975.

Santiago de Compostela

Coelho, Paulo, *The Pilgrimage*, HarperCollins, Londres, 1995 [hay trad. cast.: *El Peregrino de Compostela: Diario de un mago*, Ediciones Martínez Roca, Madrid, 1990].
Frey, Nancy, *Pilgrim Stories: On and Off the Road to Santiago*, University of California Press, Berkeley, 1998.
Kerkeling, Hape, *I'm Off Then: Losing and Finding Myself on the Camino de Santiago*, Simon & Schuster, Londres, 2009 [hay trad. cast.: *Bueno, me marcho*, Suma, Barcelona, 2009].
MacLaine, Shirley, *The Camino: A Journey of the Spirit*, Simon & Schuster, Londres, 2000 [hay trad. cast.: *El camino*, Plaza & Janés, Barcelona, 2000].

Jerusalén

Armstrong, Karen, *A History of Jerusalem: One City, Three Faiths*, HarperCollins, Londres, 1996 [hay trad. cast.: *Jerusalén: una ciudad y tres religiones*, Ediciones Paidós Ibérica, Barcelona, 1997].
Butcher, Justin, *Walking to Jerusalem: Blisters, Hope and Other Facts on the Ground*, Hodder & Stoughton, Londres, 2018.
Hughes, Gerard W., *Walk to Jerusalem: In Search of Peace*, Darton, Longman & Todd, Londres, 1991.
Montefiore, Simon Sebag, *Jerusalem: The Biography*, Phoenix, Londres, 2011[hay trad. cast.: *Jerusalén: la biografía*, Editorial Crítica, Barcelona, 2011].
Stagg, Guy, *The Crossway*, Picador, Londres, 2018.

Roma

Belloc, Hilaire, *The Path to Rome* (1902), www.gutenberg.org [hay trad. cast.: *El camino de Roma*, Editorial Juventud, Barcelona, 1959].
Champ, Judith, *The English Pilgrimage to Rome*, Gracewing, Leominster, 2000.

Hughes, Gerard W., *In Search of a Way*, Darton, Longman & Todd, Londres, 1986.
Lambert, Christopher, *Taking a Line for a Walk*, Antique Collectors' Club, Woodbridge, 2004.
Mooney, Brian, *A Long Way for a Pizza: On Foot to Rome*, Thorogood, Londres, 2012.

La Meca

Ali Beg, Irfan, *A Pilgrimage to Mecca* (1896), Hansebooks, Norderstadt, 2019.
Armstrong, Karen, *Islam: A Short History*, Weidenfeld & Nicolson, Londres, 2011 [hay trad. cast.: *El islam*, Random House, Barcelona, 2002].
Burton, sir Richard, *Personal Narrative of a Pilgrimage to Al-Madinah and Meccah*, 2 volúmenes, Tylston and Edwards, Londres, 1893 [hay trad. cast.: *Mi peregrinación a Medina y La Meca* (3 tomos), Laertes Editorial, Barcelona, 1989-2004].
Shah, Idries, *Destination Mecca* (1957), ISF Publishing, Londres, 2019.

Lalibela

Binns, John, *The Orthodox Church of Ethiopia: A History*, I. B. Tauris, Londres, 2017.
García Rodero, Cristina, *Lalibela*, La Fábrica, Madrid, 2017.
Mercier, Jacques y Claude Lepage, *Lalibela: Wonder of Ethiopia*, Paul Holberton Publishing, Londres, 2011.

Santuarios marianos

Craig, Mary, *Spark from Heaven: The Mystery of the Madonna of Medjugorje*, Ave Maria Press, Notre Dame, Indiana, 1988.
Mulligan, James, *Medjugorje: What's Happening?*, Paraclete Press, Brewster, Mass., 2011.

Seward, Desmond, *The Dancing Sun: Journeys to the Miracle Shrines*, Macmillan, Londres, 1993.
Tóibín, Colm, *The Sign of the Cross: Travels in Catholic Europe*, Jonathan Cape, Londres, 1994 [hay trad. cast.: *La señal de la cruz: viaje al fondo del catolicismo europeo*, Anaya & Mario Muchnik, Madrid, 1996].
Turner, Victor y Edith Turner, *Image and Pilgrimage in Christian Culture*, Columbia University Press, Nueva York, 1978.

Camino de los Peregrinos de Gales del Norte

Bradley, Ian, *Celtic Christianity: Making Myths and Chasing Dreams*, Edinburgh University Press, Edimburgo, 1999.
Cotter, Jim, *Etched by Silence: A Pilgrimage Through the Poetry of R. S. Thomas*, Canterbury Press, Norwich, 2013.
O'Donohue, John, *Anam Cara: A Book of Celtic Wisdom*, Bantam, Londres, 1996 [hay trad. cast.: *Anam Cara: el libro de la sabiduría celta*, Salamandra, Barcelona, 1998].
Palmer, Martin y Nigel Palmer, *Sacred Britain: A Guide to the Sacred Sites and Pilgrim Routes of England, Scotland and Wales*, Piatkus, Londres, 1997.

Kumbh Mela

Maclean, Kama, *Pilgrimage and Power: The Kumbh Mela in Allahabad, 1765-1954*, OUP, Oxford, 2008.
Mehrotra, Rahul, *Kumbh Mela: Mapping the Ephemeral Megacity*, Niyogi Books, Delhi, 2017.
Tully, Mark, *The Kumbh Mela*, Indica Books, Varanasi, 2002.

La ruta de Buda

Armstrong, Karen, *Buddha*, Weidenfeld & Nicolson, Londres, 2000 [hay trad. cast.: *Buda*, Random House, Barcelona, 2002].

Arnold, Edwin, *The Light of Asia: Being the Life and Teaching of Gautama, Prince of India and Founder of Buddhism*, Trübner & Co., Londres, 1879 [hay trad. cast.: *La luz de Asia: vida y enseñanzas de Gautama, príncipe indio y fundador del budismo*, Miraguano ediciones, Madrid, 2008].
Warren, Henry Clarke, *Buddhism in Translation*, Harvard University Press, Cambridge, Mass., 1896.

SHIKOKU

Sibley, Robert C., *The Way of the 88 Temples: Journeys on the Shikoku Pilgrimage*, University of Virginia Press, Charlottesville, 2013.
Statler, Oliver, *Japanese Pilgrimage*, Pan, Londres, 1984.

AMÉRICA DEL NORTE

Peregrina de la Paz, *Peace Pilgrim: Her Life and Work in Her Own Words*, Ocean Tree, Nuevo México, 1982.
Rebecca Solnit, *Wanderlust: A History of Walking*, Verso, Londres, 2001 [hay trad. cast.: *Wanderlust: Una historia del caminar*, Capitán Swing, Madrid, 2020].

MACHU PICCHU

Bingham, Hiram, *Lost City of the Incas*, Weidenfeld & Nicolson, Londres, 2003 [hay trad. cast.: *Machu Picchu, la ciudad perdida de los incas*, Ediciones Rodas, Madrid, 1975].
Cieza de León, Pedro de, *The Discovery and Conquest of Peru: Chronicles of the New World Encounter*, Duke University Press, Durham, NC, 1998 [hay trad. cast.: *Descubrimiento y conquista del Perú*, Editorial Zero, Madrid, 1984].
Theroux, Paul, *The Tao of Travel: Enlightenments from Lives on the Road*, Houghton Mifflin Harcourt, Nueva York, 2011 [hay trad. cast.: *El Tao del viajero*, Alfaguara, Barcelona, 2012].

Índice onomástico

Índice

Esta obra, publicada por CRÍTICA,
Se acabó de imprimir en marzo de 2024